感情の哲学

分析哲学と現象学

西村清和
Kiyokazu NISHIMURA

keiso shobo

序

もしも感情というものがなかったとしたら、どうだろう。ＡＩを搭載した自動車ならば、客観的に見て危険とされる事態を察知して、われわれのように恐怖に駆られてまちがってアクセルを踏んでしまうといったこともなく、あらゆる情況を想定し、最近話題のディープ・ラーニングの能力を備えたプログラムにしたがって、そのつど確実にブレーキをかけて障害物との衝突を回避できるかもしれない。その代わりにわれわれのように、自分にとって安心できるだけの車間距離をとろうとか、あるいはいつなんどき事故に遭うかもしれないという恐怖からいっそ車に乗るのをやめてしまうということもないだろう。じっさい、絶対に安全だと保証された自動運転のバスに乗る乗客のなかには、たとえその運転が合理的であっても、ときにその運転に恐怖を感じるひともいるにちがいない。ということはつまり、感情とは客観的な事態に対する一般的な反応というのではなく、なによりも個々人にとって、自分が立っている〈いま・ここ〉の情況についての、あるしかたでの理解であり反応だということである。ＡＩのように感情をもたなかったとしても、おそらくわれわれは、ある事態を認識したりそれにふさわしい行動をとったりする合理的な能力はもつだろうが、われわれが心と呼んでいるようなものはもたないだろう。

感情は時間や空間と同様に、われわれ個々人がまちがいなく感じているにもかかわらず、いざそれを説明しようとしたとたんに、客観的な概念的思考や論理の手をすり抜けて謎めいたものに変貌してしまうような、根本的な経験の事実であり、だからこそ、これまで哲学が苦手としてきたテーマである。なるほどプラトンやアリストテレス、ストア派の古代感情論、近代のデカルトやヒューム、二〇世紀にはいってもシェーラーやサルトルなど、感情についての哲学的考察がなかったわけではない。だがそれらはおおむね、怒りや恐怖、悲しみなどタイプとして分類される諸感情のさまざまな現象について、その特性を記述するという点では有意義ではあるものの、われわれの心を構成する知覚や思考や判断、信念や欲求や意志と区別してとくに「感情」と呼ばれる心的現象ないし心的状態についての原理的分析という点ではなお不十分であった。しかし一九七〇年代以降、英語圏の哲学、とりわけ分析系の「心の哲学」の内部で、それまで哲学が苦手としてきた「感情」が、ホットトピックとして盛んに論じられるようになる。それというのも、感情を問うことは結局は、ひとの「心」とはいかなるものであるかという根本的な問題に深く分け入ることになるからである。しかし分析系の哲学者たちにとっても感情はなによりも個々人の心の経験であり、これをかれらはしばしば「志向的」で「現象学的」な経験と呼ぶ。さらには第一章で論じるように、七〇年代以降の感情の分析哲学を牽引し、その後の感情論に影響をあたえたロバート・ソロモンの感情論の根底には、意外なことにハイデッガーの現象学がある。本書は、客観的な合理性を追求する分析哲学が個人的で現象学的な感情経験をあつかうときにどのような問題が生じるのか、またそれはいかにして解決されうるのかをあきらかにすることで、分析哲学と現象学が切り結ぶ地点に立って、あらためて感情の原理論の構築をめざすものである。本書の副題が「分析哲学と現象学」となっているのも、このためである。

第一章は、分析哲学における信念の命題的態度論をモデルとしつつ、これにハイデッガーの現象学を組みこむかたちで構想されたソロモンのいわゆる感情の認知理論ないし判断主義と、これを修正するべく展開された感情の知覚理論を批判的に検討することで、問題の所在をあぶりだす。そこであきらかになる難点のもとをたどれば、〈命題＝永久文〉にかかわる概念主義や信念のパズルといった、そもそも命題的態度論が直面する原理的な問題に帰着する。それゆえ第二章では、信念のパズルで問われている命題的態度論の問題点をあきらかにした上で、それを解決するべく着想された、信念主体である「自己」にかかわるあたらしい議論に注目し、それがハイデッガーやメルロ＝ポンティの現象学と通底するものであることを確認する。これを踏まえて第三章ではあらためて、「自己」といい「心」と呼ばれている領域のうちに、しかもそのホーリズムとしてのあり方に留意しつつ、知覚や信念、判断、欲求といった心的諸能力とのかかわりにおいて感情を位置づけること、すなわち「感情のトポグラフィー」をこころみる。また古来感覚や感情の一種とされてきた「快・快楽」とはほんとうのところなんなのかを、快楽主義の問題をも視野にいれつつ考察する。第四章では、感情の認知理論が問題にした感情の合理性の問題、すなわち、がんらい主観的で個人的な感情反応もそれに対応する情況に適切で合理的なものであるべきだという、いわば感情の当為にかかわる「感情の義務論」の問題を、信念の正当性にかかわる「信念の義務論」を検討することであきらかにする。その際、信念の合理性との対比で注目される意志の弱さ《アクラシア》や自己欺瞞、希望的観測、現実逃避といった信念態度の実質を見きわめることで、病的恐怖《フォビア》や「御しがたい感情」にまつわる感情の不合理性をめぐる葛藤についてもあきらかにする。第五章では、感情と行為の義務論、したがって感情と道徳の関係を問う。これは一八世紀イギリスにおける道徳情操論のテーマであったが、最近になってこれを再評価しようとする主張が見られるようになる。これらの主張が依拠するのは、ひさしく忘れられていたが一九七〇年代以降の感情論の隆盛にともなってにわかに注目されるようになった「感情移入」の概念である。それゆえ本章では、あらためて「感情移入」の概念を検証することで、現代の道徳の情操主義の有効性を検討する。そしてこれを受けて第六章では、道徳の情操主義を排して、現代のカント主義を標榜するトーマス・ネーゲルの「合理的利他主義」を吟味することで、その可能性とともに問題性をもあきらかにし、あらためて感情と道徳のかかわりについて論じる。最後の第七章では、芸術と感情とのかかわりをとりあげる。近代のロマン主義美学では、芸術は作者の内面の自己表現とされ、われわれ鑑賞者も作品をまえにしてその美に感動し、あるいはフィクションの物語世界に没入して喜怒哀楽を感じるとされてきたし、現代のわれわれもなおその末裔である。それゆえわれわれとしてはここまでの感情と快についての議論を踏まえて、芸術と感情のこうしたかかわりについて、あらためて美的快や美的感情、美的義務論、そしてフィクション経験における感情移入と共感という論点から考察する。

なお本書で使用される基本用語について、ひとこと注意を促しておきたい。わが国の心の哲学ではしばしば「emotion」を「情動」と訳すが、情動という日本語は心理学や生理学、脳科学などの科学用語として用いられているにしても、日常用語として用いられることはない。そこで本書では「emotion」を日常語の「感情」と訳す一方で、「affect」を日常用語としての感情や科学用語としての情動をもふくむよりひろい概念として、「情動」と訳すことにする。このほかにも、「passion」は

「情念」と訳し、「sentiment」は文脈に応じて「心情」ないし「情操」と訳している。より複雑なのは、英語における「emotion」と「feeling」の関係である。英語の「feeling」には二種類の意味がある。ひとつは痛みやかゆみといった身体生理学的な感覚であり、これはときに「身体的感覚（bodily feelings）」ともいわれる。もうひとつは、恐怖や悲しみ、苦痛や喜びと名指される特定の感情の種ないしタイプがそのつど個々人の心的状態のエピソードとして生起することで、たとえば恐怖と呼ばれる「ある感情を感じる（feel an emotion）」とか「恐怖の感覚・感じ（a feeling of fear）」といわれるばあいである。これはときに「感情の感覚（emotion feelings）」といわれたりもするが、このように英語の「feeling」は身体的な「感官的感覚（sensations）」を感じ、感覚することにも、また感情のような心的状態を感じ、感覚することにも用いられる。それゆえ本書では、身体的感覚が話題になっている文脈では「feeling」を「感覚」と訳す。また「emotion」と「feeling」が感情のタイプとエピソードとしてはっきり区別されている文脈では、「feeling」が「感情の感覚」として容易に受けとられうるばあいには「感覚」と訳すが、それがあいまいなばあいにはとくに〈感情＝感覚〉と明記することにする。このほかにも「意味」ないし「意義」と「指示」や、「思念（思想）」といった語のように、訳語として一般に安定していないものがあるが、これらについてはそのつど本文ないし注で説明しておいた。「pleasure」については、本書でわたしはときに「快」といったり「快楽」といったりするが、それはとりあえず語呂の問題で、これらは基本的に同義語として使っている。

感情の哲学——分析哲学と現象学　目次

第一章　感情の認知理論

1　感情の合理性

ウィトゲンシュタインは「犬は恐怖を感じることができるのに後悔を感じることはできないのはなぜか。「犬は話すことができないからだ」というのは正しいのだろうか」と問い、「ある種の概念はたとえば言語を所有している存在者にのみ適用できるということは、なんら驚くべきことではない」[(1)]という。これはそのとおりだろう。とはいえ犬も恐怖は感じる。ところで恐怖とか後悔とかは、われわれの心的状態といわれる。分析哲学ではこれら心的状態としての知覚や信念、欲求、そして感情を命題的態度として論じるのが習わしである。命題的態度とは、真か偽と評価される従属節（that 節）つまり命題によって明示される内容を対象として、これに対して主体がとる志向的態度のことである。ドナルド・デヴィッドソンは、思考のもっとも基本的な形態は信念だというが、これは多くの哲学者にとっても同様で、命題的態度はおおむね信念（believe that p）を範型として論じられてきた。それゆえデヴィッドソンは、知覚や欲求、感情など、すべての態度は「その内容に実質をあたえるために信念に依存する」[2]といいつつも、感情についてはまれに、しかもごく断片的にふれるのみである。

多くの哲学者も感情という心的状態を命題的態度とみなすが、一九五〇年代以降の命題的態度をめぐる論争にあって、感情を命題的態度として主題的にとりあげることはほとんどなかったといってよい。命題的態度にもとづいて志向性の理論を構築しようとするジョン・サールにしても、「多くのトピック、たとえば感情は、議論されずに残されている」[3]と認めている。一方でとりわけ七〇年代以降、こうした命題的態度論のいわば主流とは別に、感情を命題的態度として主題的に論じる哲学者たちがあらわれる。その大きなきっかけとなったのは、たとえば一九七三年に論文「感情と選択」（以下、「選択」論文と呼ぶ）を発表し、また一九七六年には著書『情念』を公刊したロバート・ソロモンや、一九八七年に『感情の合理性』を公刊したロナルド・ド・スーザに代表される、感情の「認知理論」と呼ばれるあらたな主張である。

プラトンやストア派の伝統に見られるように、感情は知的認識や理性にもとづく道徳判断にしばしば対立する情動や感覚にかかわるもの、それゆえそれ自体は不合理なものとして、知性や理性によって制御されるべきものとされてきた。このことは近代になっても基本的には変わらず、二〇世紀前半まで支配的な考え方であり、これはこんにち感情の「感覚理論（the feeling theory）」と呼ばれている。ウィリアム・ジェームズはこの伝統に立ちながらも、一八九〇年の著書『心理学原理』でそれまでの考え方に大きな変革をもたらした。それまでの感覚理論が「ある事実についての心的知覚が感情と呼ばれる心的情動（affection）を引きおこし、そしてこの心的状態が一定の身体表現をもたらす」と考えてきたのに対して、ジェームズはこれとは逆に「刺激となる事実の知覚に引き続いてただちに一定の身体的変化が生じ、まさにこの変化をそれが起こるとおりにわれわれが感じること（*our feeling*）が、感情である(4)」と主張する。常識的にはひとは、「われわれは幸運を逃して残念に思い、涙を流す」とか「熊に出くわして、怖くなって逃げだした」と語るが、このいいかたは正しくない。むしろわれわれは泣き叫ぶから残念に感じるのであり、ぞっとするから怖いのであり、感情とは「身体変化の知覚」そのものだというのである。ジェス・プリンツはこれを感情の「身体的（somatic）感覚理論(5)」と呼ぶが、これは近年の脳科学の進展や、それにともなう心の哲学におけるいわゆる自然主義の流行の先駆けとなるものといえる。ともあれ、一九七〇年代に心の哲学において感情が主題的に論じられるようになったきっかけは、感情にかんする伝統的な感覚理論に対するアンチテーゼとしてあらたに呈示された感情の認知理論であったが、その背後にあるのは、感情が認識判断や信念の内容とされる命題にかかわり、それゆえ感情にもある種の合理性や正当性を認めようとする主張である。

たとえばド・スーザは、人間のような生命体にとっては生き延びることが至上命題であり、進化論的に見て感情はそのために不可欠な、遺伝的に人間に組みこまれた行動選択機構だという。ライオンが目のまえにあらわれるとき、ただちに恐れが起動し、その強度が決定され、それにしたがった適切な行動、たとえばあるしかたでの逃げ方が選択されるが、これが恐怖という感情へと進化する。しかし一方で人間には知覚や信念、欲求、感情といった、動物の本能や「向性（tropism）」とはことなったより高いレベルの志向性がそなわっている。そしてわれわれが感情にかんするボキャブラリーに精通しているのは、パラダイム・シナリオとのつながりによってだという。パラダイム・シナリオとは特定の「情況に対する特徴的な、あるいは〈標準的な〉反応の集合(6)」であり、それは幼児期に日常生活のなかで探りだされ、のちにはわれわれが出会う物語や芸術や文化によって強化され洗練されるが、アリストテレスがいうように「喜ぶべきことを喜び、苦痛と感ずべきことを苦痛と感ずる」(7)ようにしつけられることこそ道徳教育の中心的な部分をなす。いずれにせよ、ド・スーザにとって感情がひとつの志向性だとすれば、それは外部世界にむかうべき対象をもち、そしてある感情たとえば怒りは、それがむかう対象のなにが、あるいはどのようなアスペクトが怒りを引きおこしているかについて、その「根拠を特定する命題」(8)によって記述され規定される。それゆえ怒りという感情の対象は命題的対象であり、それはかならずしも真とはかぎらないが、これが真であればその怒りは事態に対応して適切で正当で「認可される（warranted）」感情として合理的だというのである。

一方ソロモンは「選択」論文の冒頭で、「われわれは自分の感情を選択するか。われわれは自分の怒りに対して責任があると見なされることができるだろうか」と問うている。一般に感情は不合理で混乱したものと見なされていることからすれば、この問いは奇妙にひびくが、ソロモン自身は「感情は不合理で混乱したものというよりも合理的で目的に適ったものであって、行動に大変よく似たものであり、それゆえわれわれはある行動方針を選択するように、ある感情を選択する」(9)と主張したいという。この論文が一九八〇年に出版されたアメリー・ローティ編の論集『感情を説明する』に再録されるにあたって、ソロモンはこれにあらたに「補遺」（以下「補遺」と呼ぶ）をつけているが、そこでかれは自分のテーゼの先駆けとして、たとえば怒りについて「どんな人々に対して怒るのを常とするか、またどのようなことで怒るか」(10)と問うかぎりで、感情にはある認知や志向性がふくまれると考えているであろうアリストテレスや、感情を理性と折り合うことのない不合理なものと見なしつつも、

「感情はひとつの判断であり、そのかぎりでわれわれの能力のおよぶ範囲にある」[11]としたストア派のセネカをあげて、自分の関心は「このふるくからの見かたを、ある明白に実存主義的なひねりを加えてよみがえらせ擁護すること」[12]にあるとしている。ソロモンがここにいう「実存主義的なひねり」とは、ハイデッガーの気分の現象学である。七〇年代以降の分析哲学における感情論の隆盛が、その根底において大陸の現象学への強い関心に支えられているというのは注目すべき事実である。

一九七〇年代から二〇〇〇年代にかけて展開されたソロモンの感情の認知理論を要約してみると、（1）感情は志向的である、（2）感情は判断である、（3）われわれは感情を選択でき、したがって自分の感情に責任がある、（4）感情は「自分の世界」を構築する、という四つのテーゼにまとめられるが、ここには、分析哲学が現象学をとりこむかたちで感情という心的現象ないし経験を論じようとする際に直面する、いくつかの原理的な問題が見てとれる。以下の節では、そうした問題点のそれぞれについてよりくわしく見ていくことにしよう。

2　感情と判断

ソロモンは「選択」論文で、「ジョンがわたしの車を盗んだことでわたしは怒っている」というとき、この「こと（that...）」という名詞節は信念を範型とする命題的態度の対象の名辞であり、この意味で感情は信念に大変よく似たものであるという。それゆえソロモンは、「感情とは判断――規範的な、そしてしばしば道徳的な判断である」[13]というが、このかぎりではソロモンの立場は、感情の命題的態度論といってもよさそうである。しかしソロモン自身は二〇〇三年の論文「感情、思念、感覚――感情の「認知理論」とはなにか、それは情動性を無視しているか」では、「信念は命題的態度だが、感情の多くはそうではない」[14]として、これに異議を唱えている。感情とはなにかある対象に「ついての」ものであるという意味で志向的であり、なるほど信念もその意味では志向的だが、感情とその対象のあいだの志向的な関係は、信念とその対象である命題のあいだのそれとはことなるというのである。

ソロモンによれば、「選択」論文の発表当時「志向性」という概念は、その乱用と現象学者たちの用法の曖昧さに対する反感から容赦ない攻撃にさらされていた。事実一九六〇年に出版された『ことばと対象』でクワインは、命題的態度にかんする議論のなかで、ローデリック・チザムが「ブレンターノのテーゼ」[15]としてもちだし評価する志向性の概念に言及して、これを批判している。命題を発話情況に依存せず「どの話者にとっても、そしてどの時刻においても、真理値が固定したままの文」としての永久文だとするクワインにとって、一人称的経験を陳述する個人的な発話を三人称的な観察者が共有しうるより客観的な文へと翻訳することで、言語習得の過程の個人差を「消し去ることがコミュニケーションの関心事である」[16]。それゆえクワインは、なるほど日常的にはもちいられているにもせよ、個人的な経験にかかわる語の志向的な用法は、より客観的な概念にもとづく合理的な科学的探求においてほとんど収穫を約束しないとして、これをかれの考える文の「正準的表記法」からは排除する。

ブレンターノは、すべての心的現象は意識に「内在的な（immanente）対象性」を特徴とするとして、これをスコラ哲学にならって「対象の志向的（おそらくはまた、心的 mentale）内存在（Inexistenz）」と呼ぶ。[17] ブレンターノに学んだマイノングにとっても、志向的対象は意識によって把握されるかぎりでの心的内存在だが、一方でマイノングにとって「対象は、それが［意識によって］把握されるかどうかにかかわらず、まさにそれがそれであるところのものである」。[18] このようにマイノングは、意識とは独立した現実存在を想定することで、対象存在を意識内在的な志向的対象と、意識にとって超越的な現実的対象とに二重化した。フッサールはマイノングのような対象の二重化をくり返し批判しているが、フッサールにとって「世界それ自体は、その存在全体をなんらかの「意味（Sinn）」としてもち、そしてその意味は、意味付与の領野としての絶対的意識を前提している」[19] のであり、したがって志向性の〈ノエシス・ノエマ〉構造におけるノエマは、まずは意識があたえる意味である。だがクワインに代表される批判者たちは、命題が指示するものの実在によって真偽が決定できない志向的内存在を対象とは認めない。これに対してソロモンは、かれらは志向的対象ないし志向的内存在を「原因」という用語による説明へと還元することによって、「この観念をすべて排除しようと企てた」[20] と批判するが、それはつまり、現象学的意識における〈ノエシス・ノエマ〉の志向的構造を、それぞれに自存する物理的存在である主観と客観のあいだの因果性の関係に還元することである。じっさいには、志向性概念に対するそうした批判にもかかわらず、チザムやサールに典型的に見られるように、分析哲学、とりわけ命題的態度論の内部で志向性の概念は着実に地歩を固めていくのであり、ソロモンも感情論の領域においてではあるが、その潮流に与したひとりである。

ソロモンに先だって感情論にブレンターノやチザムの志向性概念を導入したのは、一九六三年に

『行為、感情、意志』を公刊したアンソニー・ケニーであるが、しかしケニーはこの本では志向的対象の意識内在性を強調するかたちで、これを「内包的（intensional）対象」と呼んでいる。その上でケニーは、ウィトゲンシュタインの「恐怖の対象と恐怖の原因とは区別されるべきである。したがって、われわれを怖がらせたりうっとりさせたりする顔（恐怖や魅惑の対象）はその原因ではなく――そういってよければ――それがむかうものである」[21]ということばを引いて、「感情はその対象によって特定される」[22]という。だれかが恐れているのを見て「君はなにを恐れているのか」と問い、かれが「暗闇が怖い」と答えるとき、それは恐れという心的態度の対象を問うている。さらにつづけて「君はどうして暗闇が怖いのか」と問うとき、それは原因を問うているが、これに対しては、たとえば幼児期のトラウマのようにかならずしも当人が意識しておらず答えられないばあいもありうる。ケニーはさらに、われわれが感情の対象というとき、この対象はスコラ哲学の区別にならって、ふたつの意味で理解される必要があるという。ひとが暗闇を怖がるとき、暗闇それ自体は恐れの感情の、外部世界に実在する「実質的（質料的、material）対象」である。だがアリストテレスが「弁論術」で、恐れの対象は「破滅、あるいは苦痛をもたらす差し迫った悪いもの」[23]であるというように、ひとがじっさいに恐れているのは、暗闇という個々の実在というよりは、それが当人に対して「破滅や苦痛をもたらす」とされるその意味ないし性質である。それゆえケニーは、それは実在する対象とは区別された意識に内在する内包的対象であるとして、これを「形式的（形相的、formal）対象」[24]と呼ぶ。

ソロモンもケニーに見られる感情の現象学的説明を評価した上で、信念の命題的態度論をモデルとする感情の分析的説明では、感情という心的態度は命題内容としての that 節をその対象としてもつことになるが、そうだとすれば信念がそうであるように、感情ももっぱら命題によって記述され指示される事実としての実質的対象をもつことになると批判する。たとえばデヴィッドソンはヒュームの「誇り」の感情についての記述を分析しつつ、ここには「誇りと同定されるひとつの判断[25]」が存在するというが、そうだとすると感情は外部世界に実在する実質的対象についての三人称的で客観的な命題にすぎないということになり、これによって一人称的で現象学的な経験としての感情の志向性は排除されてしまう。これに対してソロモンはデヴィッドソンの、感情には判断が本質的な役割を果たすという分析は正しいとしつつも、感情は「一連の命題的態度以上のなにか[26]」だという。しかし他方でソロモンは、ケニーが感情の原因にかかわる実在的対象と、感情の理由にかかわる形式的対象とを区別し、後者を心的現象として意識に内在する「内包的」対象とすることで、ブレンターノのいう「内存在」という側面はとらえながらも、信念の命題的態度論をモデルとするかぎりで、感情の主体とその対象はそれぞれにことなった実体であるとする分析的な原子論的思考におちいっていると批判する。それはつまり、ケニーのいう形式的対象は現実の外部世界に実在する〈対象＝客観〉ではないにしても、感情の〈主体＝主観〉にとってはやはりひとつの客観であり、ケニーは依然として分析的説明の枠組みをなす主観・客観関係に依存しているために、志向的内存在の「志向性」の側面をとらえそこなっているということである。

ソロモン自身は「選択」論文で、感情の原因と対象の区別にかかわるケニーの議論を修正する。「ジョンがわたしの車を盗んだので、わたしは怒っている」というとき、わたしは「ジョンがわたしの車を盗んだ」という命題が指示する客観的事実を自分としても信じている必要があり、そして信念とは「ジョンがわたしの車を盗んだ」という命題的対象に対する志向的態度の一種である。しかしわたしの怒りの形式的対象とは、信念の対象としての「ジョンがわたしの車を盗んだ」という命題内容に対してわたしがもつ、そのことによって「ジョンはあるしかたでわたしを不当に扱った」という内容である。それゆえ信念も命題を対象とする志向的な態度の一種だとしても、感情とその対象のあいだの志向的関係はそれとはことなって、「わたしがそれについて怒っているもの」すなわち怒りの対象は、「わたしが怒っていることと区別されることはできない」[27]というのである。一九八三年の論文「感情の神秘的対象」でもソロモンは、感情はあるものをわたしがある種のもの「として見るあるやり方」であり、それゆえ対象を見るひとつの見かたとしての感情と、感情をとおして見られた対象ないし事態とは、ふたつのことなった項目ではなく「一元的なゲシュタルト」[28]だという。わたしがもつ怒りという感情の対象は、わたしによって信じられた「ジョンがわたしの車を盗んだ」という命題的事実が、怒りというやりかたでわたしによって見られた、その志向的意識の内容である。ところが分析哲学は命題的態度による信念の分析をそのまま感情の分析に敷衍することで、命題的な「感情の記述」を現象学的な「感情の内容」ととりちがえてしまうことで、感情経験をとり逃してしまう。それゆえソロモンは、ケニーに見られる感情の分析的説明と現象学的説明のあいだの混乱は「志向性についての議論と、内包性にかかわる分析との粗雑な混同」に由来すると批判する。そしてケニー自身も『行為、感情、意志』の二〇〇三年の新版序文では、初版で自分が「志向性」をあえて「内包性」と呼んだその理由は「いまとなってはわたしには適切とは思えない」[29]と自己批判するのである。

いま見たように、わたしは「ジョンがわたしの車を盗んだ」という命題が指示する事実を実質的対象として信じると同時に、この事実がわたしにとってもつ意味ないし性質である、わたしを「不当に扱った」という形式的対象として、これに怒りを感じる。信念は「ジョンがわたしの車を盗んだ」という命題が指示する事態を対象として、その真偽を問う認知的な判断だが、感情にあっては、ジョンはわたしを「不当に扱った」という判断はそのまま、わたしの怒りによって内含されている「〈情動的（affective）〉ないし規範的」な判断である。それゆえ「ある感情をもつことは、自分の情況についてのある規範的判断をもつことだ」[30]というのである。そうだとして、信念における認知的判断と感情に内含されている「情動的判断」とは、いずれも判断としてどのように区別されるのか。これに対してソロモンは、信念のような認知的で熟慮された判断とはことなって〈感情＝判断〉は「性急で、典型的にはドグマ的な判断」だが、だからといってただちに不合理だというわけではないという。一般に合理性は反省的思考にあるといわれるが、たとえばチェスのプレイヤーのように、自分のうちなるある種の合理的直観を信頼することもあるといい、〈感情＝判断〉もこれと似た意味で「前反省的な（あるいは「直観的」な）論理」[31]だという。なるほど、自分の意図が妨げられたり頓挫した情況に直面して、ひとはしばしば感情的になって的外れの行動をとり、情念に駆られてキャリアや結婚や人生を台無しにすることはある。それゆえときに〈感情＝判断〉は三人称的で客観的な「反省の法廷」では、事態を見誤った近視眼的で盲目で愚かなものと見えるかもしれないが、それは下級審の判決が上級審では覆ることもあるのと同様の事態だというのである。

ソロモンにとって〈感情＝判断〉は認知的な判断同様、われわれ個々人の「自己についての、また自分が生きる世界において自分がとる位置についての基底的判断」の一種である。友人の軽率なコメントに侮辱されたと怒りをおぼえるとき、「かれのコメントは軽率である」は告発される事実（「実質的対象」）であり、その罪（「形式的対象」）は、それがわたしに対して「侮辱的だ」ということであり、そして怒りの感情は、下級審の判事が「被告は有罪だと宣告するのとおなじやり方で、かれのコメントは侮辱的であると宣告する」[32]のだというのである。だが、これはいかにも奇妙な主張である。なるほど判事による判決は、慣習や憲法によって構築された特定の法体系の内部での判断にもとづくが、しかしこの法体系の構築は三人称的で客観的な世界の構築である。だからこそソロモンもこれを「反省の法廷」と名指すのであって、下級審にしてもこの法体系に内属することに変わりはない。下級審であれ上級審であれ、裁判で問題になるのは、まずは犯罪の事実の三人称的で客観的な認定の真偽であり、また量刑の妥当性にしても、やはり「反省の法廷」における三人称的に構築された法体系内部の整合性にもとづく妥当性であって、〈感情＝判断〉のように一人称的な「わたしの判断」ではありえない。それゆえ「補遺」ではさすがにソロモンも、怒りという判断を下す法廷は、一人称的判断主体が同時に「判事、陪審員、検察官の役割をにない、またときには刑執行人の役割をも果たす」ような、したがってリンチのように正規の法的手続きをとらないインチキ法廷としての「カンガルー法廷の類いであって、ここではあきらかに正義よりも自尊心が優先している」[33]とつけくわえることで、つまるところ〈感情＝判断〉は法廷的な判断、したがって基底的判断とは本質的に異なることを認めざるをえない。

　そもそも感情が性急で熟慮されず非反省的な判断であるとは、なにを意味するのか。チェスのプレイヤーの直観にしても、数かぎりない推論と試行錯誤を積み重ねてはじめて、そのつど瞬時に正しい手を判断し選択しているのであって、それは熟慮の末に身についたものである。ソロモンにしても、感情はそれに特有の基準にもとづく合理性にしたがっており、それが前反省的で直観的な論理だとしても、すべて論理がそうであるように「それが反省され明示化されるや、表層にもたらされることができる」[34]という。だがそうだとすれば、論理という点において〈感情＝判断〉と認知的な判断とはたんに潜在的と顕在的のちがいにすぎなくなる。ソロモン自身、自分の「判断」という概念がもつあいまいさや問題性を自覚している。その上で、信念が命題の論理とあまりにも緊密に結びついているのに対して、判断は「知覚判断」といわれるように知覚と連動していて、自分が置かれている情況に直接かかわる一方で、認知的判断一般がそうであるように知覚とは独立の心的作用として考えることもできるから、意識的で反省的な命題的知と前反省的な知覚のあいだを橋渡しするという理由で、自分は「判断という概念を好む」[35]というのである。

ソロモンは『情念』の一九九三年版の序文で、「選択」論文における「感情は判断である」という自分の主張は「判断という観念がもつ複雑さを単純化しすぎていて、生理学や感覚の役割を過度に最小化し、欲求が果たす本質的な役割を軽く扱いすぎている」[36]と自己批判している。ともあれ、「判断」をめぐるこのあいまいさのゆえに、ソロモンにあっては、いったん〈ノエシス・ノエマ〉の志向的構造の内に配された感情とその対象とは、結局は命題的態度論における信念ないし判断主体と that 節の命題的対象との主観・客観関係のうちにさしもどされることになる。

3　感情の選択と「世界構築」

感情の分析的記述と区別された感情の内容とは、まずは一人称特権にもとづく現象学的経験であり、当の感情の実質的対象である事実の真偽はともかく、すくなくとも当人がそのように感じることは矯正不可能なものである。安全だと頭ではわかっていても飛行機に乗るのが怖いといった、いわゆる「強情な（intractable）感情」あるいは「御しがたい（recalcitrant）感情」などはその典型例のひとつである。この意味では、怒りを感じている当人にとって自分の怒りの対象は自明だが、かれは自分の怒りの「原因を見分けるのに最悪の位置にある」。じっさい、あるひとがわたしに対して「きみはジョンがきみの車を盗んだと信じているので怒っているが、ジョンはそんなことはしていない」とはいえても、わたし自身がわたしに対してそのようにいうことはパラドクスでありナンセンスである。しかし、客観的にはジョンはわたしの車を盗んでいないのに、わたしがそう信じて怒るということはしばしばある。「ジョンがわたしの車を盗んだ」というのが三人称的・客観的に事実かどうかは、一人称的なわたしの怒りとは別物であり、それゆえソロモンは、われわれがある感情を自分自身に帰属することと他人に帰属することとのあいだにはことなりがあるという。この、感情の一人称帰属と三人称帰属のあいだの齟齬とそれゆえのパラドクスというのは、次章で見るように、信念の命題的態度論において「信念のパズル」としてよく知られた問題に対応するもので、ソロモンはこの信念の「〈語用論的〉（pragmatic）〉パラドクス」は感情にも適用されるという。ともあれ、ソロモンのいう〈感情

＝判断〉の一人称的で意識内包的な形式的対象が、三人称的で客観的な、したがって命題が指示する外部世界の実質的対象に照応していないとき、第三者はその〈感情＝判断〉を理不尽で不当で不適切なものとして批判し矯正する必要がある。ソロモンもこのような意味での感情の正当性や適切さを感情の合理性とし、ド・スーザと同様に、これを感情の「認可」にかかわる問題とするのである。

　自分の感情が三人称的で客観的な合理性に照らして認可されないとき、わたしは他者の批判に応じて、自分の感情の原因がはたして正しいのかどうかをあらためて認識しようとこころみる。その結果正しい原因についての認識にいたれば、わたしは自分の〈感情＝判断〉を撤回し怒りを放棄する。だがそのように、他者の判断を考慮することで自分の〈感情＝判断〉を放棄することができるということは、「われわれの感情はある意味でわれわれがなすこと（*our doing*）であり、われわれは自分の感情に責任がある」ということである。ここからソロモンは、「〈なすこと〉は随意的（voluntary）であり、随意的であるものは選択される。それゆえ感情は選択される」[37]という結論を引きだす。なるほどひとは端的に「感情をもつことを決断する」ことはできないが、情況についての正しい判断をなすべく、議論したり説得されたり証拠を探したりといったさまざまな活動を遂行することで、自分を正しく怒るように導くことはできるというのである。だがこの主張はあきらかにまちがっている。他人から指摘されるにせよ自己反省によるにせよ、自分の一人称特権にもとづく〈感情＝判断〉が不当であると反省し認識することは、第三者的で客観的な認知的判断の結果であって、〈感情＝判断〉それ自体が「なすこと」ではないし、これによって自分の不当な怒りを放棄するとしても、それはわたしの決断や選択の結果ではなく、怒りの原因となる事実の存在しないことが判明したことによる自然な結果である。ソロモンにしても『情念』では、〈感情＝判断〉と「自分の感情についてのわれわれの反省的判断」とを区別した上で、「自分が怒っていること」あるいは「怒るべき（ought to）であること」についての規範にしたがう自己反省的判断によって、感情は制御することができるというのである。(38)

ソロモンのこの、〈感情＝判断〉の随意性と選択、そしてそれにともなう責任にかんする議論は、信念の随意性と責任にかかわる問題系、第四章で詳論するいわゆる「信念の義務論」を背景としている。わたしは「太陽は地球のまわりを回っている」といった判断や信念を勝手気ままに選択してもつことはできないという意味で、一人称特権にもとづく信念所有は不随意的で矯正不可能だが、一方で信念ないし判断は合理性の規範にしたがうものであるから、批判され反論され拒絶されることができる。それゆえわたしは客観的な証拠や知識を探索することで自分の誤謬や偏見をとりのぞくことによって、より適切な信念をもつべく努力することができるし、またそうあるべきである。そしてソロモンは、感情についても同様だというのである。だが信念の義務論は、がんらい命題的対象の真偽にかかわる認知的判断の正当性にかかわる問題系であり、またソロモンのいう感情の制御にしても、〈感情＝判断〉の原因となる命題的対象の真偽についての反省的判断によるものである以上、「感情の義務論」というものがありうるとしても、それは感情そのものを直接制御するようなものではないといわなければならない。じっさいわたしのあきらかな誤認というケースはともかくとして、第三者がわたしの怒りについて、冷静になって客観的に考えてみればそれは怒るほどのことではないと批判したとしても、そしてわたしも頭ではそれが正しいとわかっていたとしても、だからといってわたしはただちに怒りを放棄することを選択できるとはかぎらないし、むしろわたしにはそれでも怒るそれなりの理由もあるというのが、感情をめぐる日常経験であるだろう。ともあれソロモン自身も「補遺」では、「選択」論文における自分のもっとも無造作な一手は、「〈感情は判断である〉ということから、われわれは感情を〈選択する〉という着想へとむかう、わたしの安易な推論であった[39]」といい、この点で自分は批判者たちに同意すると認めている。

ソロモンはまた「選択」論文で、感情が判断であり、判断はひとつの行為であり、そして「すべての行為がそうであるように、判断は世界を変えるという目的に照準されている」とすれば、感情もまた「世界を変えること……をめざす行為である」という。ここでソロモンがもちだすのは、ハイデッガーの日常性の現象学的分析である。ハイデッガーによれば、われわれが日常生活をいとなむ環境世界はそのつどの行動が配慮する「……のために（um-zu）」という目的連関によって構造化されているが、ソロモンによれば欲求は感情の一部であり、それゆえ感情もまたこの目的連関によって説明されるという。たとえばわたしの怒りはジョンのふるまいを非難し、わたしが車をとりかえすことに「勝利するための戦略」のひとつであり、サルトルが感情を「世界の魔術的変形[40]」と呼んだのもこの理由によるというのである。

ソロモンは『情念』では、感情の世界変様ないし世界構築という側面について、「選択」論文とくらべていっそうハイデッガー的な言い回しで説明している。基底的な判断が、われわれがそのなかで生きている世界の構造を提供する判断だとすれば、感情もまたそれに特有の仕方で世界を構造化し構築するひとつの判断である。感情はそれとして客観的に存在する「世界（the world）」についての

「解釈や価値評価を見いだすのではない。感情はそれらを構築する」[41]。たとえば、ある子どもの犬に対する恐怖は仮定でもたんなる信念でもなく、かれにとっての、恐るべき犬が存在する世界の構築であり、その世界への関与である。それゆえ感情は、われわれ個々人にとって「自分の世界（*our* world）」が欲求や希望、要求、期待からなる集合ないし枠組みとして「どうあるべきか」にかかわっているという。こうしてソロモンは、この「自分の世界」の枠組みのなかでわたしは、たとえばパーティで出会った不愉快な人物に対して「自分自身が憤激しているのを見いだす（find ourselves outraged）」というが、ここにいう「自分自身が……であるのを見いだす」という表現はおそらく、のちに見るようにハイデッガーが気分や感情を現象学的に記述する際に用いて、これを「情態性（Befindlichkeit）」と術語化した、「自分が……にあるのを見いだす（sich befinden in...）」という表現を踏まえたものだろう。ともあれ感情とはこのように「主観的な判断や身構えであり、個人的な風合いをともなった投影（*projections*）や解釈」であり、これによってわたしは「この世界における自分の位置を刻みこむ」[42]。このような意味での主観的な判断や身構えをソロモンは、「個人的なイデオロギー」あるいは「感情のイデオロギー」といったいささか風変わりな名前で呼ぶが、たとえば怒りは「懲罰と害をあたえるというイデオロギー」をふくむし、愛は「気づかいと赦しと助力のイデオロギー」をふくむという。そしてその意味では感情は、世界に対する自分自身のたんなる投影にとどまらず、「自分自身の企投（our *projects*）」である。ソロモンはさらに、感情のイデオロギーが投影された自分の世界を「日常生活の個人的な演技の舞台」と見て、これもいささか奇妙な表現といわざるをえないが、この個人的な演技を「神話」と呼ぶ。感情を通じてわれわれは「自分の世界を構築し神話化」することで自分の世界に生きるが、このわれわれ個々人にとっての「自分の世界」をソロモンは、客観的な世界の「現実性（Reality）」に基礎をもちながらも、この現実に対して感情が「主観的なやり方で再秩序化する（reorder）」ものとして、これをわれわれ個々人にとっての「自分の超現実性（our surreality）」と呼ぶ。われわれは、恐怖や悲しみや怒り、獲得や喪失、名誉や不公正、親密さや不平等のような感情によって主観的に価値づけられた対象が住まう世界としての「自分の超現実性」のうちに生きる。もちろん、じっさいにはわれわれは感情的判断において使用する解釈や基準をみずからつくりだすのではなく、両親や同僚によって教導や例示を通じて教えられるのであり、これら客観的な「権力やポリティクスがかかわる諸現実（Realities）」は自分の世界を舞台にした個人的な演技の筋立ての骨格を提供するが、一方で感情は「それ自身の超現実のポリティクス」をもっている。それゆえ感情は「自分の世界と同様に、まさにこの［現実の］世界（*the* world）が変わることを要求する」[43]というのである。

ソロモンは「補遺」で、自分は「選択」論文では、感情を志向的感覚としながらも感情とその対象との関係を主観・客観関係としてあつかう点でケニーを批判したが、そこではなお志向性の概念が十分に理解されていなかったためにケニーに対する批判は不完全なものにとどまっていると自己批判した上で、しかし『情念』では超現実性という「準ハイデッガー的観念」にもとづく「志向的構造についての理論」[44]を展開することで、ケニーのような立場を十分に論駁できるようになったという。だがソロモンが、客観的な世界の「現実性」に主観的な判断や身構えとしての「感情のイデオロギー」を投影し、これを主観的なやりかたで再秩序化することで、日常生活の個人的な演技すなわち神話の舞台である自分の世界を「超現実性」として構築するというとき、これはどうあっても準ハイデッガー的観念などというものではない。

　ハイデッガーがわれわれの〈いま・ここ〉の「現存在（Dasein）」を世界内存在というとき、世界はそこにふくまれているひとつの構造要素だが、それはその世界において出会われる事象と他者ともどもひとつの全体現象をなすものとして、それ以上分解できないものである。なるほどひとは古来「世界」という語で、まずは外界の現実性として、自分の目の前、自分の「手前に（vorhanden）あるというしかたでありうる存在するもののすべて」を指し、その意味で「最広義における〈世界〉ないし〈自然〉」、それゆえ「延長するものとしての〈世界〉」を想定するが、これは現象学からすれば世界の存在的概念ではあっても存在論的概念ではない。それゆえハイデッガーはこの意味での存在的世界を、引用符をつけて〈世界〉として、これを世界内存在の構造要素としての存在論的な世界と区別する。[45]重要なのは、そしてソロモンと決定的にことなるのは、ハイデッガーにとって世界とは、まずは世界内存在としてのわれわれの意識に開示される現象学的な世界であって、現実性としての外的対象〈世界〉という観念はむしろ、そこからの派生的な観念だという点である。世界の内部でわたしが出会う事象は、わたしとの志向的関係においてその意味をもつもの、たとえばわたしの「手もとに（zuhanden）」あって用いられる道具のようなものであるが、一方でこうした事象についての数学的自然科学は、これらわたしとの志向的関係にある手もと存在を、あらためて自分の手前にあって観察される客観的事象として対象化することで、これを「概念的＝カテゴリー的に確定する」。それゆえこうした客観的認識は、デカルト的な「存在するもの（世界）と存在するもの（心）のあいだの関係」としての主観・客観関係を前提しているが、しかしハイデッガーによればこうした客観的認識が可能になるのも、わたしが世界内存在であるかぎりで、すでにしてわたしの〈いま・ここ〉の〈現(Da)〉には、それを構成する世界があたえられているという現象学的事実に支えられているからである。だがこのようにいうことは、すべて現存在はそれぞれに「自分の世界」をもっており、したがって「〈世界〉はなにか〈主観的なもの〉になる」ということではないか、そしてそうだとすれば、「それでもなおわれわれがその〈なかに〉ある、ある〈共通の〉世界はいかにして可能か」[46]。これに対してもハイデッガーは、なるほど日常生活では世界は「〈自分だけの〉身近な(家庭的な)環境世界」を意味することもあるが、それでも世界それ自体はわれわれの現存在の構造契機であり、そして現存在には構成要素として世界のなかで出会われる他者もふくまれているかぎりで、世界は「すでにいつも、わたしが他者と分かちもっている世界」だというのである。

ソロモンが自分の「超現実性」を準ハイデッガー的観念だというとき、かれはたしかに〈ノエシス・ノエマ〉の志向的構造のもとで、すでにして世界にある現存在という現象学的主体にとって立ち現れてくる世界と、自己のありようとしての世界内存在を想定していると考えてよいだろうし、その意味でソロモンにとって感情とは世界におけるものの見かたであり、世界に関与するやり方である。ソロモンによれば、それは「ハイデッガーお好みの隠喩」[47]を使えば、「自分が世界に〈調律されてある(being tuned)〉、そのあり方」である。ソロモンはまた、公的な世界と私的な世界というふたつの世界があるわけではなく、ここにあるのは「ひとつは距離を置いた(detached)立場、もうひとつは個人的にまきこまれた(involved)立場という、ふたつの立場」だというが、ここにいう「ふたつの立場」もおそらくはハイデッガーのいう、反省的観察の対象である「手前存在」と、反省以前の志向的な「手もと存在」との区別を想定していると思われる。ソロモンはさらに、世界に調律され気分づけられてある状態は、ハイデッガーやマックス・シェーラーが正しくいうように、まずは世界の無感情で客観的な現実についての知覚や経験があって、それに引き続いて起こるというように段階的に生じるものではないともいう。こうしてソロモンはほとんどハイデッガーの口調で、「感情は結局のところ個人の身分や自尊心に、そして彼ないし彼女の世界において自分がとる位置に関心づけられている（concerned with）」といい、すべて感情は「明示的かそうでないかは別にして、われわれについての、われわれの自己についてのもの」[48]であるという。だがその一方でソロモンが、感情は「現実」としての世界に対する「超現実」としての自分の世界の投影と企投だというとき、それはむしろ意識を超越する外延的な「現実世界」と、志向的意識に内包的な「自分の世界」とを二重化するという意味で、準マイノング的観念というべきものである。

　結局のところ、ソロモンの「感情は判断である」というテーゼの最大の問題点は、かれが信念の命題的態度論をモデルとして感情を記述する分析哲学の伝統に立つかぎりで、自分が批判するケニー同様、判断主体と命題的対象という主観・客観関係を捨てきることができない点にある。ここにあるのはおそらく、クワインに典型的に見られるような英米の分析哲学に特有の、いわば文化的風土としての合理性の要請圧力のもとで、感情という一人称的経験を扱うために大陸の現象学を理論のうちに組みこもうとする試みが否応なく抱えこまざるをえないジレンマであり、そしてこれはケニーもふくめて、感情の認知理論を標榜する論者のすべてに見られる問題なのである。

4 知覚と概念

ソロモンが「感情は判断である」というとき、ここにいう判断はなお熟慮されない性急な判断として、心的状態としてはむしろ知覚や知覚的信念と認知的判断ないし信念との中間に位置するとされ、そしてこの意味でソロモン自身は自分は判断主義ではないと抗弁する。だがかれの「熟慮されない判断」としての感情は、それが概念的思考作用によって熟慮され反省されることで、完全に命題化された認知的判断や信念へと顕在化されるものと考えられており、そのかぎりでソロモンの立場はやはり判断主義といわざるをえない。パトリシア・グリーンスパンも、判断主義とは「感情はかならずそれに対応する信念をふくむとする見解」であり、これによって感情それ自体はたんに判断の補足物と見なされるが、そうだとすると、自分の判断に抵抗する「御しがたい感情」をもてあますというごくありふれた経験を説明できないと批判する一方で、この「判断主義に対する代案」として、ソロモン同様、感情を知覚と信念ないし判断のあいだに位置づける。グリーンスパンにとって知覚は対象となる事実や情況に対応するべきものであり、感情とはそうした知覚に対する反応であるが、この反応ははっきりと意識されることのない「〈直感的な（visceral）〉反応」である。それゆえグリーンスパンは、感情主体は「その犬は危険である」といった命題的対象を判断し信じるという代わりに、その犬が危険であることについての「思念を抱く（entertaining the thought）」(49)というべきだとして、これを「弱い判断」とする。だがダームス＋ジェイコブソンがいうように、それをたとえ弱くともひとつの

「判断」とする以上、グリーンスパンのような立場は感情を「信念にはいたらないがひとつの命題的態度」[50]と考えるものであり、それゆえダームス＋ジェイコブソンはこれを「準判断主義」と呼んで批判する。ド・スーザも、概念的な判断の基礎をなすという点で、知覚と感情との類比に言及する。感情は、知覚がそうであるように真の意味での情報を提供すると見なされることができるが、一方でロックのいう「第二性質」——色、暖かさの感じ、香り、肌理——がそうであるように、知覚は主観の視点からなされるという点で「遠近法的」であり、この点でも感情は知覚と類似している。とはいえ感情は知覚のように「物理的質を表象へと変換する」装置としての感覚器官をもたないし、また主体の経歴や現在もっている信念や欲求、さらには社会的、イデオロギー的要因の影響を強く受けるために、感情は知覚や信念とくらべて「いっそう主観的」[51]だという。このようにド・スーザは、感情と知覚との類比に言及するのだが、しかし結局は感情を信念や欲求とならぶ命題的態度の一種とする認知理論に立つ。これに対して比較的さいきんの、とりわけ二〇〇〇年以降の傾向として、感情の「知覚理論」と呼ばれるような立場もある。たとえばサビーネ・デーリングによれば「感情はその本性からして、感じられた状態（felt states）である」[52]が、認知理論や判断主義はこの経験の事実をうまく扱えない。それゆえデーリングは、「感情の理論は感情の志向性とその現象学の両方を説明しなければならない」が、そのためには感情をソロモンよりはいっそう知覚のがわに位置づけて、感情を知覚経験との類比のもとでとらえることが必要だという。

ともあれ、感情を知覚との類比で考えようとする感情の知覚理論にとっては、まずもって知覚とはなにか、それは信念や判断、欲求等、他の心的状態ないし心的態度とどうちがい、またどう関係するかをあきらかにする必要がある。従来の命題的態度論は信念を範型としつつ、感情や知覚をもそれにふくめるのだが、一方で知覚はしばしば信じる、考える、欲求するといった命題的態度の基底をなす経験とされている。たとえばシドニー・シューメイカーは、一人称的な特権的アクセスということで問われているのは、信念や欲求、意図といった志向的状態とならんで、痛みのような感覚や赤いものを見るといった知覚をふくむ心的状態であるが、後者の感覚や知覚はいずれも「推論によらない〈基礎的〉信念」だとして、これを「知覚的信念」(53)と呼ぶ。知覚的信念を命題的態度として扱おうとすれば、その一人称的な知覚経験の内実を概念的な命題として提示する必要があるが、このとき、そもそも知覚経験といわれるものはその本性において概念的なものなのか、それとも概念によっては十全にすくいとれない非概念的なものを経験内容としてふくむのかという、一般に知覚や経験にかかわる「概念主義」をめぐる論争が浮上する。

ジョン・マクダウェルのような概念主義者は、知覚は信念形成の理由を提供しそれを正当化する以上、そうした知覚の経験内容は、信念や判断とおなじ命題的な概念的内容でなければならないと主張する。自分がもつ概念では十全にとらえきれない微妙なかたちに対しても、われわれはそれを「あの形（that shape）」のような知覚的直示句によって名指し、一定の時間がたったあとでもそれをそれとして再認できるが、そのかぎりでこの直示句は「当の経験と正確におなじきめの細かさをもつ概念」(54)だというのである。これに対してクリストファー・ピーコックは、そもそも「あの形」のような「知覚的 - 直示的概念」を知覚された対象に適用するのに先立って、当の対象はそれが個々人に対して提示されるそのつど特定の流儀において「非概念的内容をともなう知覚状態」(55)としてあたえられており、これが直示的概念を当人に利用可能にするのだと主張する。あるかたちを「菱形」と概念的に見わけ、別のものを「正方形」と見わけるためには、それらの概念を学ぶまえに、それらのかたちが知覚においてすでにある仕方でことなっていることの経験が必要で、やがてそれらを菱形と認知し正方形と認知するためにも、その条件としてこれらのかたちの非概念的な知覚的ことなりに対する「合理的な感受性」が要請される、というのである。この感受性は概念化された内容をともなう知覚判断を合理的なものにするが、しかしそれ自体は概念的な推論ではなく、そのかぎりで概念的で推論的な知覚判断よりも原初的なレベルにある能力である。それゆえ知覚という原初的なレベルの能力にかんするかぎり、動物や虫も人間と同様に世界を知覚する。もちろんわれわれは反省的思考者として、事物が自分にとって非概念的で原初的なレベルであたえられる、その意識的だが個人的な提示のモードについて、自分に特有の判断をなし、あるいは特定の信念を形成し、さらにこの主観的経験から「知覚判断への合理的移行」を果たす必要があるが、そのためには、自分が帰属する共同体における「ある正しさ（correctness）の条件」にしたがっていなければならない。この点で動物と共有する原初的レベルの非概念的な知覚とはちがって、人間が世界を分節する根拠は、概念とその正しさにもとづく規範的なものである。それゆえピーコックにしても、非概念的な知覚内容も、外部世界の客観的対象についてのものだという意味では〈対象＝客観〉的といってもよいが、概念的で規範的な認識にのみ、ほんらいの意味での客観性を認めるのである。

ウィルフリド・セラーズのように、基本的には心理学的唯名論という概念主義[56]に立ちながらも、知覚は文や命題にもとづく言語モデルではとらえきれないとして、「現象学的反省」の観点からこれを感覚と思考とからなる複合体とするものもいる。セラーズにとっても、知覚がある仕方で対象「について考えること」である以上、それは概念的であるが、しかしその内容はたとえば「このピンクの立方体」という直示句によって表現されるものであり、それをセラーズは知覚的信念と呼ぶ。そのかぎりではセラーズも、村井忠康がいうようにマクダウェルと同様の「直示句モデル型の概念主義[57]」に立つ。だがセラーズはマクダウェルとはことなって、「視知覚それ自身は、視覚領域内にある有色の対象についてのたんなる概念化……というのではない。それは、分析するのがきわめて困難なある意味において、有色の対象について色で考えること（*thinking in color* aout）である[58]」という。セラーズにとって「色で考える」という知覚のはたらきにおいて、感覚と思考ないし概念化というふたつの能力を媒介するのは、カント的な「産出的構想力」である。知覚の対象について「色で考える」とは、産出的構想力が眼前の対象にかんするそのつど個人の一人称的な視点に依存する感覚や表象イメージを統合して、ひとつの「遠近法的イメージモデル（*perspectival* image-models）の系列」を構成することであり、その際に「ピンクの立方体」という一般概念の内容は、イメージモデルの系列を構成するためのレシピを提供する。たしかにそれは、感覚と概念の協働作業である。しかしセラーズがレシピと呼ぶのは、カントでいえば「図式」であり、そして図式とは感覚的な直観の多様を構想力がひとつの像へともたらし、これを「ある一般概念にしたがって規定する規則[59]」であるから、ひとつのイメージモデルを構成する原理は、それら感覚や表象イメージの「レシピ——概念から由来する図式——との一致[60]」にある。だがそうだとすれば、感覚を思考とは独立のものとした上で、両者の協働において作動するとされるセラーズの知覚も、結局は概念能力の統御のもとにある。なるほどセラーズは、「色で考える」という知覚作用にふくまれる思考は、幼児や動物もある仕方で「考える（思念する）」といえるほどに拡張された意味での思考だとして、これを「准（sub-）概念的思考」であり「概念的思考の〈初期〉形式」[61]だというのだが、そのかぎりで知覚ないし知覚的信念はやはり概念的であり、「世界の原-理論（a proto-theory）を体現している」[62]のである。

セラーズのこの感覚能力と概念能力の協働の問題点については、村井も批判的である。セラーズの協働作業にあっては、感覚能力の本質的なあり方は変わらないままにあるが、しかしそれがほんらいの意味で協働だとすれば、感覚能力そのものも「概念能力の獲得によって変容する」[63]はずだというのである。村井自身は知覚にかんする常識を尊重して、知覚されるのは具体的な個物だとする素朴実在論的知覚観に立ちつつ、しかも「われわれがたんなるヒト（human being）から理性的動物としての人（person）へと変容してゆく過程」は概念能力の獲得によるとして、「素朴実在論と両立可能な概念主義」の可能性をさぐっている。村井が注目するのは、セラーズがわれわれのありふれた知覚経験における「色で考える」や「音で考える」という事態を説明するのに、画家や音楽家が絵を描いたり演奏したりする活動をとりあげている点である。しかも村井は、この考え方はセラーズ自身の概念主義を修正するハイブリッドな経験観ではなく、むしろ知覚の概念主義に有利にはたらくと見る。

村井にとっても、われわれの視覚経験のモデルは眼前の赤いリンゴを画家が絵として描写するという行為である。当然画家はそれに先だって「リンゴ」や「赤い」という概念を所有している。これらの概念をまだもたない幼児がリンゴを見ながらなぐり描きをしても、それはリンゴの描写にはならないだろう。それゆえ画家の描写は、すでにかれが所有している概念能力のそのつどの現実化であり例化である。だがここまでなら、セラーズのいう「色で考える」こととしての知覚経験と基本的には変わらない。村井の主張がセラーズのそれと決定的にことなるのは、村井が視覚経験を比喩ではなく字義通りに「絵」を描くことととらえている点にあり、これによってかれはセラーズのイメージモデルでは不十分であった素朴実在論の要請を充足できると考える。村井のいう「描写」はたんなる表象や心的イメージとはちがって物理的な「絵」を描くことであり、そのように描かれた「赤いリンゴの絵はリンゴの外見の再現であり、そこにはリンゴがもっているのと同じ種類の感覚的性質が具体的個物として例化されて」いると同時に、描写によって描かれた「絵そのものもまた具体的個物」である。そのように、絵画的な「描写が概念能力の現実化でありながらその内容（絵）が具体的個物であるという特徴」(64)をもつとすれば、これとの類比によって絵画的描写を知覚経験一般に拡張することで、視覚経験を概念能力の現実化としての描写とする「視覚経験の描写モデル」がえられ、しかもそのように〈知覚＝描写〉されたものは、リンゴのたんなるイメージではなく物理的な個物であるから、これによって素朴実在論の要請にも応えられるというのである。

だがここには、絵画的な再現描写にかんする初歩的な錯誤がある。もしも「赤いリンゴの絵」が「現実の赤いリンゴ」と同種の感覚的性質を例化する具体的個物だとすれば、この「絵」という具体的個物は「視覚経験において現前する具体的個物」そのもの、すなわち赤いリンゴと同一物ということになるが、これによってわれわれは、「赤いリンゴの絵」は「現実の赤いリンゴである」(65)と同時に「現実の赤いリンゴではない」というパラドックス、再現模倣にかんする伝統的な美的仮象論のパラドックスにおちいることになる。そもそも、もしも絵を描くことが視覚経験と同種のものであり、描かれた絵が視覚経験において現前する具体的個物と同種のものだとすれば、いったい画家はなんのためにわざわざ絵を描くのだろうか。「赤いリンゴの絵」は、セザンヌに特有のニュアンスをもった特定の顔料の赤であり、セザンヌに特有の「構成的タッチ」で造形された特定の様式をもつかたちであって、セザンヌの目のまえにおかれた「現実の赤いリンゴ」とは、その色もかたちもまるでことなっている。もちろん描かれた具体的個物は、現実の赤いリンゴをモチーフとした一枚の「絵」であって、赤いリンゴではない。画家はたんに「見る」ひとではなく、なによりもかれに独特の手とその流儀《マニエール》で「描く」ひとである。かれの手は、「概念能力の現実化」としての視知覚が提供する概念のレシピをなぞって「赤いリンゴ」を例化する手ではなく、このようなレシピを逸脱し、概念的記述におさまらない独自の様式を探索する手である。その上かれの手には絵筆や鉛筆がにぎられ、これを介してかれはさまざまなニュアンスの顔料や水、油といった素材にふれるのだが、これらは概念のレシピにはもともとふくまれていないものである。こうして画家はメルロ＝ポンティがいうように、「その身体を世界に貸すことによって、世界を絵に変える」(66)。かれが描くのは絵であって、世界ではない。世界を絵に変換するためには、世界を知覚し認識するのとはまったくことなった流儀がある。だからこそセザンヌはこの絵を描くのであり、そしてわれわれは目の前の赤いリンゴではなく、セザンヌの絵を飽くことなく見つづけるのである。

マクダウェルやセラーズが知覚の概念主義にこだわらざるをえないのは、知覚が認識判断の基礎を提供する以上、それはある種の「合理性の基準」をもたざるをえないと考えるからである。非概念的な知覚にある種の合理的感受性を認めるピーコックにしても、人間の主観的経験が動物と共有しているそのような知覚の原初的位相はなお、概念とその正しさにもとづく規範的な客観性をもたないという。問題は、知覚とのかかわりで問われる「合理性」や「客観性」という概念の内実である。通常客観性は、概念的な合理性の基準にしたがうものとされる。たとえばクワインは、外部世界の対象に対する客観的指示は、当の対象を個別化し同定するための言語的装置が展開してはじめて可能になるというし、デヴィッドソンはそこまでつよく主張しないまでも、物理的環境についての表象は、対象を個別化するための言語的手立てを要請するという。これに対してタイラー・バージは、これらの主張が表象の客観性に要請するのは、容認しうるものよりはるかに「洗練され知的であるような条件」[67]だと批判する。たとえばこれらの立場のほとんどは、動物や人間の幼児がその前言語的知覚によって物体を個物として表象し指示し、あるいは個々の対象や質が属する種を分類するということに懐疑的であるが、しかしそれは常識に反し、また現代の知覚の心理学によってすでに乗りこえられているという。

バージは近年の知覚心理学や発達心理学、認知科学などの成果に依拠しつつ、感覚知覚には、個々の物体にかんしてそのつど文脈依存的にあたえられる、それに特有の要素を見分けるのみならず、それらが属するタイプをグループ分けする一般的な能力もふくまれているという。なるほどアメーバに見られるような、物理的環境についての低レベルの感知はたんなる「刺激‐反応」として、なお表象ではない。ミドリムシの光センサーやホリネズミの音源を特定できない聴覚などは、感覚システムではあるが、なお知覚ではない。人間の成人にあっても、筋肉の緊張や血管の収縮、嗅覚や味覚のシステムなどは、知覚的とも表象的ともいえない。これに対して知覚システムは、そのつど特定の個物、性質、関係、あるいは種を、それぞれには偏差があるにもかかわらず、おなじものとして体系的に表象する能力である。たとえば照明に有意の偏差があるにもかかわらず、われわれ人間や他の多くの動物は、ある色を視覚的におなじものとして知覚できる。それゆえ主体が一連の感覚のうちでひとつの物体をそれとして知覚するのに、多くの心理学者や哲学者が要請するような再同定の能力や同一性の概念は必要ではなく、ただ視界のうちにあるひとつの物体を追跡することができればそれで十分である。多くの動物にとっては子育て、つがい、食餌、逃走といった基本的な生物学的活動は、対象となる物体の時の経過をつうじての持続に依存するから、かれらの知覚はそれらの動きを追跡するべく機能するのであり、そのかぎりで知覚は指示的である。じっさい蜂は色を知覚し、蜂や蜘蛛やバッタは距離や位置の恒常性を知覚できる。カエルや魚、タコの視覚システムは空間表象の恒常性をもつ。人間以外の哺乳類の視覚システムは、基本的なところでは人間のそれとおなじである。

知覚システムは、こうした「知覚恒常性を行使することで客観化を果たす」。ここにいう客観化の能力、つまり外部環境にある物理的存在者についての客観的表象をあたえる能力は、知覚する個体に潜在的な、それ単独で作動する能力であり、「ある原初的能力——動物のなかに広く見られ、人間の発達過程のほとんど最初から現前している——」である。この客観化は、すべての動物に見られるような環境にたいするたんなる習慣化や調整をつうじての適応や、たんなる「刺激 - 反応」としての情報の登録とはことなって、特定の刺激をフィルタにかけて優先するための構造と体系をもっており、これによってそれは世界についてのある知覚モデルを提供する。だからといってそれは、世界についての概念的で命題的な真理条件にしたがうという意味での客観性を意味しない。ここにあるのは、心とは独立にある現実性と「符合する（veridical）表象」がもつ、ある基本的なタイプの客観性としての知覚的客観性であり、表象とはまずは真理条件にではなく「符合性条件と構成的に結びついた現象である」。この符合性条件は、再同定の能力や同一性の概念を必要とはしないし、命題的推論のある体系にきっちりと適合することを要請するわけでもない。知覚的客観性は表象体系の出発点であり、「原初的な客観的表象を産みだす。それは前言語的な動物、命題的態度を欠くように見える動物においてさえそうなのである」。もちろん他の動物とくらべてわれわれ人間の知覚と表象能力の特殊性は、それが言語能力に接合する点にある。そうだとしても、人間の種に恒常的でそのかぎりで普遍的な知覚経験こそが、その種に「生まれついての傾向性とむすびついた知覚的観念」の適用を作動させ、さらにはこの「知覚的観念に対応する言語的表現」(68)をもたらすのだと、バージはいう。

知覚それ自体が前言語的で非概念的な表象的志向性と客観性をもつとすれば、知覚が根拠をあたえるとされる信念についても、命題的態度論がいうように、信念は概念的な文のかたちでしか存在せず、またその文は原理上は永久文的な命題へと書きかえられるというわけにはいかないことになる。ところで感情は、典型的には外部世界や対象の認識にかかわり、それゆえに命題的態度の範型とされてきた信念という心的状態と比較して、とりわけて主観自身にかかわる心的状態として、信念よりははるかに感覚や知覚の心的状態に近い。それだけにいっそう感情は、これまでにわれわれが原初的で一人称的な感覚や知覚について見てきたことを無視して、これを三人称的で命題的な心的態度ですますわけにはいかない領域である。

5　感情の知覚理論

さいきんの感情の知覚理論に先立って、すでにロバート・クラウトはド・スーザとほぼ同時期の八〇年代なかばに、感情と知覚の類比を詳細に論じている。かれによれば感情の認知理論は、「感情の志向性は信念と欲求を帰属させる文の志向性から派生する」と主張する一方で、われわれが常識的に感情にともなうと考えている感覚については、これをそれにさきだつ信念や判断によって因果的に引きおこされるある生理学的興奮と見なし、そのかぎりで「感情にとって認知過程はある点で本質的だが、感覚はそうではない」という。だが知覚において灌木を熊と見まちがえたとしても、そもそも対象を熊と見る知覚自体は推論にもとづく信念や判断の命題である必要はなく、したがって当人にとってそれは熊にほかならないし、それに対してかれが感じる恐怖も、たとえ三人称的な合理性にしたがって正当化されなくとも、感覚の事実として否定しえない。それゆえクラウトは認知理論をしりぞけて、むしろ「知覚状態との類比」(69)によって、感情にもそれがかかわる信念や欲求とは別にそれに独自の構成契機があり、それこそが感情経験であるとして、あらためて感情の「感覚理論」を主張する。

悲しんでいる、怒っている、ねたんでいるといった感情には、たんに概念的な信念や判断の命題内容に還元されえず、「しかじかのような感じである（it *feels like* to be）」といいうるような、それに特有の内容すなわち「志向的対象」があり、これが悲しみや恐怖といった「感情タイプ（emotional types）」を特定する。一方そのつどの文脈において経験され、それぞれの感情タイプの名前で名指される個々のエピソードが〈感情＝感覚（feelings）〉である。個々の〈感情＝感覚〉が一般的な感情タイプを例化するというとき、心的状態を神経生物学的状態に還元する機能主義では、特定の文脈でじっさいに経験されたエピソードである感覚がある特定の神経状態だとして、それはある感情タイプを実現しあるいは構成すると説明する。このとき感覚は、それが例化する感情タイプとは独立に、それ単独で客観的に特定される神経状態である。だが、いまじっさいにある特定の〈感情＝感覚〉を感じている当人は、いま自分が感覚しているのが悲しみなのか恐怖なのか、その感情タイプを特定することなしには、その「感じ」を特定できないといわなければならない。しかしそのように「感情という身分はなんらかのしかたですでに感覚に内在している」と主張することは、機能主義的分析の精神に反する。それゆえクラウトは、われわれは特定の感覚を神経生物学的に確定したうえで、あらためてその「感覚を文脈のうちにおこうとするべきではなかったのである。文脈はすでにして感覚のうちにある。ここにこそ、感情が感覚と同一であると主張することが成功し、感情の認知主義的説明とは別の妥当な選択肢を提供するための鍵がある」[70]という。だがクラウト自身は「別の妥当な選択肢」をこれ以上示すことなく、かれの議論はここで停止する。だからといってソロモンのように、「クラウトが文脈における感覚がもつ豊かな内容ということで意味しているものは、すでにしてある認知的分析を前提している」[71]というのは、これまで知覚的表象の非概念的客観性について論じてきたわれわれにとって妥当なものとはいえない。というのもわれわれとしては、クラウトのいう「感覚」をおそらくはバージのいう「知覚」に対応させることができるからである。というのもバージのいう知覚においては、まさに文脈はすでにして知覚のうちにあるからである。

とはいえド・スーザ同様クラウトにとっても、感情には感官知覚のように特定の器官はないし、「感情は知覚の一種」だというわけにはいかない。またクラウトが感覚のパラダイム・ケースとして痛みや吐き気や疲労といった身体的・生理的感覚をあげるとき、ジェームズの感覚理論におけるように、ここでもそうした身体的感覚と〈感情＝感覚〉とのちがいがあいまいになる。だがわれわれは、歯痛にさいなまれている情況を身体的苦痛のみならず「心的な苦痛」の〈感情＝感覚〉において受けとめ、そしてこれを「やりきれなさ」や「苛立たしさ」の感情として理解し名指すというべきである。もうひとつ、感官的感覚ないし知覚と感情を決定的に分かつものがある。クラウトもいうように、知覚は外部世界についての情報をあたえるが、感情は「世界に対するわれわれの態度についての情報」(72)をあたえる。これはまことに正しい認識である。にもかかわらず、クラウトのいう感情の感覚理論が、知覚の志向性をモデルとして感情の志向性を考えるものであったかぎりで、かれのこの知覚との類比は、皮肉にも感情についての理解をさまたげることになってしまう。というのもクラウトも、感情という命題的態度の対象は that 節によって記述される命題内容であるとする認知理論と同様に、感情の志向性を、外部世界の特定の「〈事象についての（*de-re*）〉態度」(73)としての知覚との類比でとらえるからである。

二〇〇〇年以降の感情の知覚理論を代表するひとりであるデーリングも、ジェームズのいう感覚が筋肉の反応やホルモンの変化、自律神経の変化など、身体内部の生理的変化の感覚であるのに対して、感情の感覚は外部世界におけるあるものにむけられる「情動的志向性」としてあり、それは知覚との類比によってもっともよく理解されるという。知覚された内容は主観にとって端的に真であると見えるように、感情も、たとえば目の前の蛇に対して推論や記憶によってその蛇は危険だと理解する認識判断を介することなく、これに対する端的な恐怖の感情によってそれが危険だと理解し、それをそのまま「額面通りに受けとる」。そのように、感情にともなう意識は知覚のばあいと同様非反省的意識であり、また感情の情動的な志向的内容は非概念的であるが、知覚は信念や判断といった他の心的状態や行為を合理化したり正当化する基礎をなしているように、感情もまた判断をもたらす作用がある。このような意味で「感情的意識は知覚的意識と同様、世界についての最初の意識である」(74)。そしてデーリングは、「ある視知覚的な経験をもつことは、たとえば赤い円を知覚することだというのとおなじように、恐れることは危険を知覚することであり、悲しいことは喪失を知覚することである」という意味では「感情は知覚である」として、これを通常の「感覚的（sense）知覚」と区別して「情動的知覚」と呼ぶ。また一人称的に経験された感覚的知覚ないし情動的知覚の内容を額面通りに受けとる判断ないし信念を、知覚的信念ないし知覚的判断と呼ぶ。それゆえデーリングのいう知覚的信念はすでに見たシューメーカーのそれとはことなって、むしろソロモンのいう非推論的で性急な判断に近い概念である。たとえば幼児がアイスクリームを落としてしまったのを母親がひどく叱責するのを見て憤りを感じて、母親の叱責は「公正ではないと見る」とき、わたしは自分の感情を額面通りに受けとることで、母親の叱責は「正当ではないと判断する」にいたる。この知覚的判断はなお感情反応として、推論的判断にさきだつ主観的で非推論的な価値判断にとどまるが、わたしがそこから推論を介して、自分はその母親の叱責に反対する行為をとるべきであるという規範的な判断を導くとすれば、「この判断へとみちびく推論の連鎖は感情から出発する」(75)。それゆえデーリングは、感情経験から主観的な知覚的信念ないし知覚的判断の形成、そして推論を介しての客観的で規範的な判断の形成は一連のプロセスだという。そしてデーリングは、このように感情を実践的推論に組みこむこころみは、「ものごとを正しく見る」[76]正しいことをなすひとはある行為の良し悪しの論証による判断に先だって、という知覚をとおして倫理的知識を獲得しているとするアリストテレスの着想を敷衍したものだというのである。

そもそもデーリングのこの論文は、実践的推論におけるいわゆる「内在主義のジレンマ」を解決しようとするものである。内在主義とは、「規範的な実践理由は動機づけの力をもたねばならない」し、それによって行為を合理化し正当化することができねばならないとする立場であり、その代表はカントである。一方外在主義とは、規範的な実践理由それ自体は動機づけの力をもたず、じっさいの行為を説明するには当の理由とは別の、外部にあるなんからの動機を必要とするとする立場である。いずれにせよ、行為の合理的説明のためのデヴィッドソン流の「信念 - 欲求モデル」では、一方で合理的で規範的な信念にもとづく実践理由と、他方でじっさいの行為を動機づける欲求とがいかに一致しうるかは説明できない。そこでデーリングは内在主義の立場にとどまりつつ、判断や信念にも、また欲求にも還元できない心的状態の一カテゴリーとしての感情にある種の動機づけの力を認めた上で、これを実践的推論に組みこむことで、のちに第六章で論じるトマス・ネーゲルの、感情を道徳から排除する合理的利他主義とはことなったやりかたで、内在主義のジレンマを解決しようとする。その結果デーリングは、規範的な判断へとみちびく実践的推論の連鎖は感情から出発することで、主体の感情と判断のあいだに必然的な結合が形成され、これによって「感情がもつ動機づけの力が判断に伝えられる」というのである。

もちろん、実践的推論を感情から規範的な判断へといたる一連のプロセスと考えるデーリングにしても、われわれが自分の感情を十全には制御できない以上、このプロセスから「規範的判断と感情のあいだの葛藤」を排除することはできないという事実は認めざるをえない。しかし知覚にしても合理的な制御はできず、われわれはこれを額面通りに受けとるほかはないが、それでもそれは客観的な知識の産出に本質的で構成的な役割を果たすように、感情もたとえばさきの事例の憤りのように、母親の叱責は正当ではないとする道徳的知識の産出に構成的な役割を果たすことがあるという。なるほどわれわれはしばしば、自分がそのように感情的に動機づけられているにもかかわらず、なすべき行為をじっさいになしえないことはある。デーリング自身言及するように、この規範的判断と感情のあいだの葛藤には「主観の一人称的遠近法」と三人称的で「より客観的な視点[77]」のあいだの視点のことなりが見こまれており、そしてデーリングはここでは、第六章でふれるネーゲルの「視点の切り替え(shift)」を念頭においていると思われる。この視点のことなりと葛藤は、共感や道徳的判断、利他主義といった問題にとって重大な意味を担っているのだが、デーリングにはこの点にかんする認識が十分ではなく、それゆえデーリングにとって視点のことなりは、たんにアクラシアや意志の弱さのような「実践的な不合理性」にかかわる問題でしかない。デーリングにあっては、実践的合理性にしたがう健全な人間であるかぎり、母親の不当な叱責を目撃して憤る一人称的な感情経験にはすでにして、のちに顕在化されうる三人称的で客観的な規範的判断における推論的な、したがって熟慮と反省において命題化されうる内容が潜在しているということになる。デーリング自身は、自分の立場は感情の判断理論ではないというのだが、しかし彼女のいう情動的知覚は、ソロモンの熟慮しない判断としての〈感情＝判断〉にきわめて近い概念であり、彼女の立場も準判断主義といってよいだろう。

デーリングのように知覚と感情とのたんなる類比をこえて、ある意味で「感情は知覚である」とするさいきんの知覚理論に対しては、もちろん批判もある。ジュリアン・デオンナによれば、そうした批判の眼目は、知覚と感情とでは環境についての情報を収集する、そのやり方がことなる点にある。一般に知覚はわれわれにとって世界がいかにあるかを事実に即して探知するのに対して、感情はそれを経験する個々の主観がもつ要求や欲求、信念、期待、気分や全般的な動機傾向といった「動機づけのセット」に依存しており、しかもこの個人的な遠近法にかかわる動機づけセットはつねに変化して不安定だというのである。こうした批判に対してデオンナは知覚理論に与する立場から、知覚も遠近法に依存し、またその遠近法は変化するという点では感情と変わらないと反論する。なるほど知覚における遠近法が、字義通りの意味で知覚主体が世界に対して立つ「立ち位置（standpoint）」を意味し、その結果対象に対する特定の距離や角度、さらにはアフォーダンスの変化に応じて世界の内なる対象が当の主体にどのように見えるかを規定するのに対して、感情では遠近法は主体の「長期にわたる評価にかかわる傾向性と性格特徴」あるいは「感情的傾向性」(78)といった、主観に特有の特性に依存するという点で両者はことなる。だがいずれも世界の事実を知覚的に探知し、あるいは感情的に評価する参照枠として機能しているという。

デオンナはファブリス・テローニとの共著書『感情』では、感情は「われわれが世界に対してとる評価的な身構えないし態度である」が、信念のような命題的態度ではなく、対象に対する非命題的な態度すなわち「感じとられた身体的な態度」[79]であるとして、これを感情の「態度理論」と呼ぶ。これまで哲学は非命題的態度を命題的態度によって分析しようとしてきたが、「非命題的態度はそのような還元が不可能なかたちで存在している」。感情の命題的態度論では、犬を怖がるときわたしは特定の犬ないし特定の命題内容（「その犬は危険である」）を対象として、これに対して恐怖という態度をとるということになる。これに対して感情が非命題的態度であるとは、目の前の犬に対して、これを「危険である」という命題内容として理解するのに先だって、すでにして自分が恐怖というある特定の評価的態度ないし身構えをとっているという現象学的経験の事実をいう。そのとき主体は、自分の身体を「ある特定の対象に対してある態度をとっているもの」として経験し、あるいは自分の身体がある対象に対して「あるしかたで行為する体勢にあることを感じる」、というのである。しかしその一方でデオンナ＋テローニは、感情は個々のケースに共通したあるタイプの評価的態度であり、それゆえたとえば恐怖の感情は、当の対象が「危険である」という評価的性質をじっさいにもっていることを「感情の正しさの条件」としてもつとして、この評価的性質をケニーにならって形式的対象と呼ぶのであり、これによって感情はまたしても主観・客観関係のうちにさしもどされてしまう。

もちろんデオンナ＋テローニにとっても、個々人がこうむり経験するのは、個人的な発達や社会教育をつうじて自分が身につけている主観的な「動機づけのセット」に応じた、目の前の情況についてのかれなりの評価的性質に対応した感情である以上、感情それ自体は当の感情が情況に応じて適切かどうかを判定することはできない[80]。たとえば人種差別や性差別にまつわる不快で「攻撃的な（offensive）」ジョークに対して、「ジョンは自分がそのジョークを楽しんだのでそのジョークはおもしろいと判断するが、メアリーは自分がそのジョークの作者に腹を立てているので、それをおもしろいという発言は不快であると判断する」というとき、これらジョンとメアリーとでそれぞれにことなった感情は、感情の三人称的で客観的な「正しさの基準」に照らして、一方は正当化された感情であり他方は正当化されない感情だといえるにしても、かれらがそれぞれ一人称的に経験しているその感情自体がかれらの評価的判断を正当化するとはいえない。それゆえデオンナ＋テローニは、のちに第四章で言及する感情の義務論にかんして、「主体はなんらかのかたちで、自分が経験している感情がじっさいに自分が直面している情況に適ったものとなるように手段を講じる必要がある」という。そのような手段のひとつは、主体は情況に対する自分の反応を歪めるような要因を排除することであり、もうひとつは、ひとは自分の判断に用いる評価的概念を正しくマスターすることで、つねに自分の感情が当の情況において適切であるようにすることである。このこと自体は、おそらくまちがいではない。だがここでも感情の正しさは、形式的〈対象＝客観〉とそれに対して〈主体＝主観〉がもつ感情との対応の適切さにある以上、適切でない感情は正当化されない感情として、クワイン的な合理性の名において「不合理な感情とフォビアのケース」として断罪され、個々人がそれでもそうした感情をもつという、われわれの日常においてごくありふれた現象学的な経験それ自体は、それにふさわしいやりかたで論じられることはない。

じつはここにはダームス＋ジェイコブソンが、感情の情況に応じた「正しさ」や「合理性」にかかわる「道徳主義的誤謬（the moralistic fallacy）」と呼ぶ、感情理論にしばしば見られる混乱がある。それは「対象Xに対して感情Fを感じることは道徳的に問題だ」ということから、「それゆえFはX

に適合した（fitting）反応ではない」[81]と主張するものであり、ここでは「適合している」という意味での「適切さ」や「正しさ」や「認可」がただちに、その情況においてとるべき作法としての道徳的な「正当性（justice）」や「合理性」と見なされる。だがソロモンの感情の随意性と選択の主張を吟味する際にふれたように、第三者がわたしの怒りについて、冷静になって客観的に考えてみればそれは怒るほどのことではないと、道徳的合理性の立場から批判したとしても、わたしの個人的な立場からすれば、それでもわたしには怒るそれなりの理由もあるというのが、感情をめぐる日常経験であるだろうし、だからといってただちにそれは不合理だとか不当だとか断罪されるいわれはないというべきである。この点でデオンナ＋テローニの非命題的な態度理論も、かれら自身の命題的態度論への批判とは裏腹に、あの一元的な合理性の圧力のもとにあるというほかはない。ソロモンの〈感情＝判断〉の現象学が成功しないのも、すでに見たとおり、それが主観・客観関係の枠組みを超えられなかったからである。デーリングやデオンナ＋テローニにしても、かれらが「志向的」とか「現象学的」ということばを使うとき、それは多くのばあい主観・客観関係を前提にした上での、主観内部の心理的で意識内包的な経験とその所産としての実在対象の「表象」を意味しており、そのかぎりでかれらのいう「感情経験の現象学」[82]はもっぱら、客観的に実在する実質的対象についての感情的な評価的性質ないし形式的対象が、いかにして主観に提示されるかにかかわるものにとどまらざるをえないのである。

第二章　命題的態度の現象学

1　信念のパズル

ソロモンやド・スーザは信念の命題的態度をモデルとして感情の認知理論を唱導したが、心の哲学における命題的態度論の利点は、信念や欲求といった心的状態を論じるにあたって、伝統的な心理学のように主観的であいまいな「内観」にたよるのではなく、主観的な心的状態の外部世界に対する志向的関係を命題という客観的な形式言語のかたちで提示し説明できることにある。だがすでに見たようにソロモンは、感情の分析的説明においては、感情の命題的記述がそのまま感情の現象学的な内容だと見なされてしまうという問題性についても自覚していた。そして認知理論がかかえるこうした難点のもとをたどれば、〈命題＝永久文〉にかかわる概念主義や信念のパズル、そして信念の義務論といった、命題的態度論が直面する原理的な問題に帰着する。たとえばサールの『志向性』における感情の分析は、命題的態度論がかかえる問題のひとつの典型を示している。サールも信念や欲求とならんで、恐れやよろこびや、怒りや憎しみ、後悔や悲しみなど、ふつう感情とされる心的状態は対象をもつので志向的だというのだが、しかも信念と欲求がもっとも「基本的な志向的状態である」として、これら感情状態は信念と欲求の連言のかたちに分析できるという。たとえば恐れは「恐れ（p）→信（p）&欲（$\sim p$）」、つまり「pであることを恐れるひとは、pなることが可能であると信じ、pでないことを欲していなければならない」と分析される。同様に悔恨も、「悔恨（p）→信（p）&欲（$\sim p$）&信（わたしはpに対して責任がある）」となる。もちろんサールにしても、これらそのつど経験される感情状態そのものが信念と欲求に還元できると主張するわけではない。じっさい「pで悩まされている」、「pが悲しい」、「pがかわいそう」はいずれも「信（p）&欲（$\sim p$）」というかたちに分析できるが、この信念と欲求による分析ではそれらの感情経験のちがいは区別できず規定できない。しかし志向性にかんするかぎり、感情は「〈信念〉と〈欲求〉によって説明可能である」というのである。サール自身、ここでの自分の意図は志向性の理論を構築することにあり、それゆえ「多くのトピック、たとえば感情は議論されずに残されている」[1]と認めている。しかし感情の志向性が信念と欲求の連言のかたちで分析できるとすれば、なおそれに還元されずにのこる感情状態とはなんなのか、なにかそうしたとくべつな心的状態が存在するのかはまったく不明なままである。じっさいジェローム・シャッファーなどは、「わたしはなにを信じるべきか」や「わたしはなにをなすべきか」あるいは「わたしはなにを欲すべきか」という問いは人生を合理的で道徳的なものにするのに重要な役割を果たすが、感情はそれにはなんら必要ではないし、「わたしはなにを感じるべきか」という問いはそれ自体では意味をなさず、それはじっさいには「わたしはなにを信じ、なにを欲すべきか」を問うているという。こうしてシャッファーは「感情は人生の主たる関心事――自分の欲求を満足させ、正しく信じ、首尾よく行為し、よい人生を送ること――にとって必要ではなく、一般的にいって望ましくもない」[2]し、悟りをひらいた禅師のように一切の感情的反応を脱することもじっさいには可能だというように、いわば現代版ストア派の極論を主張するのである。

そもそも命題的態度論によって狙われているのは、われわれによる他者へのある特定の信念と欲求の帰属と、それによる他者の行為の合理的解釈ないし理解である。命題的態度論では信念内容はthat節の命題であるとされるから、一人称的に経験され所有された主観的な心理内容は、三人称的で概念的な〈命題＝永久文〉、クワイン流にいえば、第三者が「もとの話者がもとの情況の下でなしたもとの発話の代わりに、発話しえたであろうような永久文」[3]によって書き換えられる必要がある。だがソロモンも指摘するように、このとき命題的態度として特定され記述される心的状態とは、行為主体が所有する主観的な心理状態、すなわち一人称的な信念〈所有〉なのか、われわれ第三者が外から観察し、合理的に解釈し推論した結果として、三人称的・客観的な立場でかれに信念〈帰属〉することができる心的状態なのかは、しばしば不問に付されている。それも当然で、クワイン的な合理性の要請圧力のもとでは、一人称的経験とそれを言明する個人的な発話を、三人称的な観察者が共有しうる「社会的に教えこまれた言語用法」によるより客観的・科学的な文へと翻訳すること、これによって言語習得の過程の個人差を消し去ることがコミュニケーションの関心事だからである。だがそうだとすると、一人称的に経験され所有された主観的な志向的内容を、過不足なく三人称的で概念的な〈命題＝永久文〉によって記述ないし表現する必要があるが、クワイン自身はそれは不可能だとすることで、命題的態度の定式化をかれが考える論理の正準的表記法から排除するのである。

　それゆえ感情の認知理論がかかえる諸問題を解きほぐすには、感情にかぎらず、そもそも信念や欲求もふくめて、これら主観の心的状態を命題的態度としてあつかうことそれ自体がかかえる原理的な問題性をあきらかにする必要がある。そしてソロモンもふれているように、命題的態度論をめぐる論争の中核に位置するのが、いわゆる「信念のパズル」である。信念のパズルにおいて問題とされるのは、命題的態度をあらわす動詞「信じる」の目的節、したがって命題的対象と呼ばれる命題内容としてのthat節においては、語や文の「意味（Sinn）」ないし「思念（Gedanke）」と「指示（Bedeutung）」とを区別したフレーゲによって創始された、現代の標準的な論理的意味論が要請する「代入則」[4]がなりたたないという事態である。たとえばつぎのふたつの発話、

（1）Aは明けの明星は金星であると信じている

（2）Aは宵の明星は金星であると信じている

において、（1）といえるからといって、Aが明けの明星と宵の明星は同一の金星を指示する名前であることを知らなければ（2）とはいえず、むしろ

（3）Aは宵の明星は金星であると信じていない

といわざるをえない。このとき、代入則にしたがえば、（1）の「明けの明星」に「宵の明星」を代入してえられる（2）は（1）と真理値は変わらないにもかかわらず、A自身は（1）と（3）を同時に肯定する一方で（2）は否定するから、それは論理的意味論からすれば矛盾だということになる。

信念のパズルが生じるのは、同一の対象がことなった名前をもつケースにかぎらず、マーク・リチャードがあげるような、直示語にかかわるより複雑な例もある。男Aが電話で女Bと話しながら、通りをへだてた電話ボックスにいる女を見ており（かれはそれがおなじ女Bであることに気づいていない）、いま道路清掃車がその女のいる電話ボックスにむかって接近しつつあって危険だと知覚している情況において、Aが電話の相手の女Bに

（4）わたしはあなたに電話で彼女の危険を知らせることができると（that）、信じている

と話すとき、じっさいにはここでの「あなた」は「彼女」と同一人物であるから、Aが話している女Bが電話ボックスの女であることを知っている「だれかX」の立場に立って代入則を適用すれば、（4）は

（5）わたしは彼女に電話で彼女の危険を知らせることができると（that）、信じている

と表現できる。それゆえこのふたつの信念報告文でthat節に埋めこまれた文は、文脈に相対的におなじ命題を表現しているといわねばならないが、それぞれの信念報告文の真理値はことなっている。ここで（4）のAの立場と（5）のXの立場、すなわち一人称的な信念所有の主体であるわたし（A）と、事態を客観的に観察して、信念内容（that p）をAに帰属する第三者（X）とを比較するとき、われわれはAとXとのこのちがいを、信じられている命題によって説明することはできないように思われる。というのも命題とは定義によって永久文であるから、論理的にいうかぎりかれらはふたりと

も、Bは電話をつうじて彼女の危険について知らされることができるという命題を信じているといわざるをえないからである。それゆえこのちがいを説明するには、「われわれはAとXとがかれらの信念をどのように抱いているか（*how*...hold their beliefs）に訴えざるをえない」[5]。

　これらの事例をパズルにしているのは、信念主体はふたつの文が第三者的には、したがって論理的には同一の対象ないし事態を指示することを知らないという事態である。それゆえ意味論として、これら対をなすふたつの文が相互に矛盾しないようにこのパズルを解くための方策は、リチャードがいうように、AとXとがそれぞれの「信念をどのように抱いているか」を見きわめた上で、いかにすればAの信念内容をXの信念内容へと還元することで、両者の信念内容を意味論的に一致させられるかに絞られる。そのように前者を後者へと意味論的に十全なかたちで還元しようとすることは、つまるところ日常言語がもつ固有名や、発話の時点、発話者、発話場所など文脈依存的な指標詞をなんらかのかたちで形式言語にとりこみ、「指標詞をふくむ文の外延を決定する」[6]ことで、日常言語を対象とする厳密な論理的意味論を定式化する企てである。クワインの否定的な診断にもかかわらず、野本和幸もいうように、日常生活においても「人間の行為をめぐって、信念・知識・意図・欲求といった心的態度への言及が不可欠」であるから、そうした議論が「「論理」であるためには、どのような意味論が用意されねばならないか」[7]は無視できない課題である。

　デヴィッド・カプランが企てたのも、事実として存在する個人的な経験の差異と、それにもとづく語や文の個人的使用の流儀のことなりとを信念報告文のなかにもちこむことで、信念のパズルを解消しようとするこころみである。信念主体がそれぞれに心に抱くthat節は文脈依存的な指標詞をふくみ、したがって論理的にはその指示対象が厳密に特定されない不透明で不完全な文である。その文が指示している対象は当の主体に特有の「提示の流儀（a manner of presentation）」であたえられるから、その結果個々の信念主体は当の対象を特定の「意味特性（characters）」[(8)]をもつものとして経験する。そこでカプランは、信念報告の不完全な文を、すべての信念主体によって経験されるであろう意味特性のすべてを過不足なく表現し、それによって当の対象を一義的に指示する内容をもつ「完全な文」へと書き換えることを提案する。

たとえば*A*が今日（二〇一七年九月八日）、

（6）わたしはきのう辱めを受けた

と発話し、*B*が明日おなじ文を発話するとき、ここで「わたし」と「きのう」という指標詞は、それぞれに特有の提示の流儀と意味特性のもとで認知される特定の対象を指示する語であり、したがってこの同一の文は、それをじっさいに発話する*A*と*B*や、九月七日と九月八日という発話の日時のことなった文脈に応じてことなった指示内容をもつ。ところで、このように指標詞をふくむことで指示内容が固定されない不完全な文が、ある世界、ある時点、ある場所における特定の情況の「すべての特徴に対応する特殊な価値を包含する」ことで、もはや文脈に依存しない、したがってだれにとっても固定された内容をもつ完全な文すなわち〈命題＝永久文〉となるとき、この命題は、固有名や他の直接指示詞が特定の対象を真理値としてもつ「単称用語」といわれるのと同様の意味で「単称命題」といわれてよい。

カプランの、単称命題によって特定の対象を指示するという直接指示の理論は、文脈依存的な指標詞をふくむ文をいかに特定して、もはや文脈に依存しない永久文としての単称命題へと個別化するかという問題の解決に成功しているように見える。だが野本が指摘するように[9]、いったん単称命題が得られるや、その単称命題の真理値の評価には、もはや発話者にとって当の対象が提示される流儀そのものは問われることはない。それゆえ個々人が同一の命題を信じる流儀のことなりのあつかいは、カプランのいうように、たんに意味論において問題とされる単称命題を確定するための予備手続きにすぎず、したがって「前意味論的な仕事[10]」でしかない。しかし問題となっているパズルはまさに、意味論からすれば等価なおなじ命題を発話するAとBは、かれらがいずれも「明けの明星」と「宵の明星」がおなじ金星を指示する固有名であることを知らず、それゆえAとBにとっての金星の提示の流儀がことなれば、おたがいがおなじ文を発話しているとは感じていないという点にある。飯田隆も、信念のパズルを「解く能力が、この理論にはまったくない[11]」という。それゆえカプラン以後は、個々の発話者が一人称的に経験している発話の文脈そのものを従属節の内容に組みこんだ、スティーヴン・シッファのいう「提示のモードをふくむ命題[12]」へと書き換えることで、（1）と（3）とが矛盾しないような内包論理をいかに構築するかがテーマとなる。

リチャードによれば、カプランが提案しているのはフレーゲに見られるような、命題的態度を信念主体と信念対象としての命題との二項関係とする立場ではなく、信念主体と、当の主体が心に抱くthat節の文の意味ないし意味特性と、そしてその文が指示する対象についての命題とを区別して、信念とはこれら三項のあいだに成立する関係だとする「信念の三項的見解」である。この説は「命題が信念の対象であるというのみならず、それはある仕方で信じられる」ということを含意する。そしてリチャード自身も「なにが信じられているかは、それがいかに信じられているかと重要さにおいてまったくおなじである」[13]として、この三項関係を明示化することで信念のパズルを回避しようとする。たとえば自分が使っている「彼女」と「あなた」という語が同一の女性を指示していることを知らずに（4）のようにいう*A*の立場と、*A*が話している女*B*が電話ボックスの女であることを知っている*X*の立場とを比較するとき、（4）を信じている*A*は、意味論からすれば（5）とおなじ命題を信じているといってよいが、（4）と（5）とでは同一の対象に*A*の電話の相手である女*B*と「電話ボックスの女」というそれぞれにことなった性質を帰属しており、どの性質を帰属するかは、当の命題が信じられる流儀としての意味のことなりに応じる。その上でリチャードは、個々人が同一の命題を信じる流儀のことなりは、カプランのいうようにたんに「前意味論的な」問題ではなく、むしろ信念帰属の意味論は、そうした流儀がそれになにほどか関与していることを「含意」しており、それゆえ「信念の三項的本性が信念の帰属に反映される」べきだという。問題はリチャードのいう、信念帰属が信念をもつ流儀を「含意」し、あるいは後者が前者に「反映」されるということがなにを意味しているのかである。かれは、（5）ないし「わたしはあなたが危険にさらされていると信じている」の真は、（4）ないし「わたしは彼女が危険にさらされていると信じている」の真によって含意されているといい、またある命題は、それが特定の文脈において信じられるそのつどの意味特性を含意するともいうが、ここで「含意する」とは真理を保持するような種類の、論理的必然としての「（厳密に）含意する」ことではなく、「この映画は退屈だとかれがいうとき、それは、かれはそれを好んでいないことを含意する」というような、「(慣習的に)含意する」というきわめてよわい意味での含意だという。友人が「この映画は退屈だ」というのに対して、わたしが「要するに君はこの映画が好きではないのだ」といい、友人は「なるほど、そうかもしれない」と答えるとすると、このとき友人ははっきりとは自覚はしていなかったものの、この映画を見て退屈だと感じたのは、そもそも自分がこうした類いの映画が好きではなかったせいだと気づいたといってよい。そしてこのケースではたしかに「退屈」が「好きではない」を含意し、そのかぎりで事態に即してこのどちらもが真だといえそうである。だが他者にある信念を第三者的に帰属することと、当の信念を個々の信念主体がかれに特有の流儀で所有することとは、このようなケースとはまったくことなっている。(4)の信念をもっていた友人にむかって、君はじつは(5)を信じていたのだとわたしがいったとしても、それに対する友人の答えは「そうかもしれない」ではなく、端的に「ぼくはまったく知らなかった」であるはずで、ここにはいかなる意味でも「含意」などという事態は存在しない。おそらくリチャードにしてもこのことに気づいていたにちがいなく、かれ自身(4)と(5)の両方が真であるという主張はわれわれの直観に反することも認めている。その上でリチャードは、信念の帰属とは「まずは信念をもつ流儀ではなく、信念の内容についての報告をなす手段である」として、第三者的なわれわれによる当の信念内容の個々の信念主体への〈帰属〉ないし報告と、当の信念内容を個々の信念主体がかれに特有の流儀によってどのようにもっているかにかかわる信念〈所有〉とは、それぞれにことなることをはっきりと認めている。リチャードはさらに、一人称特権にもとづく信念所有にかんするかぎり、われわれ第三者は当の「信念がどのようにもたれるかについて語りうる立場にはない」し、信念がいかにもたれているかを知っていたとしても、これを「あいまいさのない仕方で述べることはできない」[14]ということをも認める。それにもかかわらずリチャードは、信念内容が命題である以上、信念主体への信念内容の帰属と報告という「われわれの目的」すなわち信念の意味論にとっては、信念所有の流儀を厳密に完全に特定することは「しばしばまったくどうでもよいこと」だというのである。

リチャード自身は自分の三項理論について、それは「信念の本性についての（形而上学的な）理論である。そのようなものとして、それは信念帰属の真理条件という意味論的な問題に直接かかわるものではない」[15]という。なるほどここにいう「信念の本性」とは、主体による信念所有という経験ないし心的状態であり、それゆえそれは一人称特権のもとでの自己や意識や経験、それゆえ当の主体とその世界にかかわる「形而上学的」なことがらである。そのかぎりでかれの三項理論もまた論理的意味論における信念のパズルの解決には役立たないのである。

2　信念の語用論

リチャードのように、信念帰属にかんする論理的意味論と信念所有の形而上学とを区別しつつも、信念所有がなにほどか信念帰属に反映されるとするあいまいな立場に対しては、ネイサン・サモンのように、信念帰属を意味論として、しかし信念所有は「語用論（pragmatics）」として、この両者をそれぞれにことなったふるまいとしてはっきり区別する立場もある。サモンによれば、信念のパズルにかんする哲学者たちの混乱は、一人称的信念所有にかんして「語用論的にあたえられる情報」が、三人称的信念帰属にかんする「意味論的にコード化された情報」ととりちがえられるところに起因する。サモンにとっても、個々人が自分の自由になるかたちでもつ語用論的情報は、命題の意味論的情報を当人が自分に独自の流儀で理解するその仕方であり、それをサモンは、同一の命題がそのつどまとう「外装（guises）」あるいは「外観（appearances）」と呼ぶ。個々の信念主体は、命題が自分に対してあらわれる特定の外装のもとでその命題に習熟しており、この語用論的情報に対して同意したり否定したりする。それゆえ「明けの明星＝宵の明星」を知らないAは（1）「Aは明けの明星は金星であると信じている」には同意するが、（2）「Aは宵の明星は金星であると信じている」を否定するだろう。だとしても意味論的には、（2）や（2′）「Aは明けの明星は宵の明星であると信じている」も真といってよい。それゆえサモンは、「aは文Sであることを信じる」という命題的態度の意味論的な語法は、「aによって指示されたひとはSの発話によって、典型的なかたちで語用論的にあたえられた情報を信じる」ということを含意するにしても、この「語用論的にあたえられた情報」は、信念帰属の字義通りの内容すなわち命題の部分ではないという。信念のパズルとは、文Sの語用論的情報と、その命題内容の意味論的情報とのあいだの齟齬にある。

サモンはこのパズルを解消するためには語用論的情報を、信念主体と命題対象との二項関係にもとづく命題的態度の意味論的語法、したがって単称命題の直接指示理論と調停するための、日常言語にかんするある理論が必要だという。ここでサモンが提案するのは、信念主体と単称命題からなる命題的態度の二項関係とは別に、信念を信念主体と命題と、そしてその命題がそのつどとる外装との「ある種の三項関係の存在汎化として分析する」[16]ことである。サモンは信念の三項関係を「BEL」とするが、ここで信念主体を変項xで示し、信念主体xがtの時点でかれに特有の流儀で信じている特定の文をSとすると、命題pのtの時点での外装は、信念主体xと文Sとの関数ft（x, S）と書ける。それゆえ主体xが命題pをtの時点で特定の文Sの流儀で信じているとき、三項関係はBEL［x, p, ft（x, S）］と書ける。たとえば、古代の天文学者が宵の明星と明けの明星がおなじ星を指示することを知らなかったとすると、

BEL［古代の天文学者、命題p（宵の明星は明けの明星である）、ft（古代の天文学者、S（宵の明星は宵の明星である））］

と書ける。このとき、BEL関係の第三項にふくまれる文S（「宵の明星は宵の明星である」）は、一方で古代の天文学者の信念の内容である命題内容p（代入則にしたがって「宵の明星は明けの明星である」）を特定する意味論的機能を果たすとともに、他方でかれがじっさいにこの文Sを口にする流儀（「あれ（宵の明星）は宵の明星である」）という語用論的機能をも果たすのであり、この意味で直接指示の二項関係（xはpを信じる）は、その背後に第三項（xはSという（pの）外装を信じている）を含意している。こうしてサモンは、個々の信念主体が語用論的にもつ信念を三項関係BELの存在汎化として説明することは、信念の意味論における直接指示の二項関係と齟齬をきたさないと主張する。なぜなら、これによってわれわれは直接指示の二項述語「信じる」を維持する一方で、この意味論的には字義通りに真であるが「信じる」という語の、日常的用法からすれば誤解をまねく信念帰属を否定することが可能となるからである。古代の天文学者は二項述語の「信じる」という語を用いつつも、

じっさいには三項述語によって自分がなにを「個人的に信じる」かを発話している、というわけである。

サモンの理論の眼目は野本も指摘するように[17]、リチャードの三項理論においては文の表層の背後に隠され含意されて、非明示的な「語用論的要因」にすぎないとして意味論から排除された第三項を、*BEL* という三項関係のうちに量化された変項として組みこむことで、これを意味論的分析のうちに顕在化することにある。それはつまり、信念主体がかれに特有のやり方でもつ個人的な信念状態を、信念報告文――（∃x）［*BEL*（x, p, ft（x, S)］――のなかに量化によって組みこむことで、命題pをSという文の外装のもとで信じている信念主体xが存在するということの真理値を評価できるということであり、これによって意味論的にはパズルはなくなるというのである。だがここで「意味論的には」とは、xに命題pを信念帰属する第三者的なわれわれにとってはパズルはなくなるということであって、文Sは信じるが、したがって命題pを信じていることを否定する信念主体自身にとっては、「語用論的な適切さ」と意味論的に「正確な適用」との衝突というパズルは依然としてのこる。そしてこの点にかんしてはサモンも、Aが（2）や（2'）を否定したとしてもそれはかれのがわの「言語的混乱」であり、自分が用いている用語や概念の意味論的に正しい適用を支配している「基準を体系的な仕方で誤用すること」だとして、リチャード同様、これを意味論的な基準から排除する。文Sは信じるが命題pは信じないという信念主体は、サモンによれば「*BEL* 関係にふくまれている特定の第三項」に気づかないまま、もっぱら二項述語としての「信じる」を用いることで、信じるという語を「いわばねつ造している[18]」ということになる。

サモン自身、自分の理論はなお不完全なスケッチにとどまるというのだが、それでもかれにそれが可能な企てと思われたのは、サモンには信念主体が同意する文、したがって命題の t の時点での外装 $ft(x, S)$ は、たとえば当人の言明によってわれわれに「容易に手にはいる」[19]と見えたからである。だがすでに見たように、リチャードにしても「われわれはしばしば、信念がいかにもたれているかを……あいまいさのない仕方で述べることはできない」と認めざるをえないのであって、信念主体がもっている信念が「容易に手にはいる」とするサモンの主張が、いかなる根拠にもとづくのかは不明なままである。そもそも *BEL* 関係のなかに量化された「命題 p を文 S の外装のもとで理解し信じる」個体 x の存在にかんして、当の個体以外のだれが、その真理値を評価できるのだろうか。そしてこの信念報告文の真理値を評価できるのが、一人称特権に照らして当の信念主体ただひとりだとすれば、それは論理的意味論としてなにか意味がある企てなのか。またここでも、*BEL* の第三項は直接指示の意味論からすれば信念主体による「誤用」や「ねつ造」にすぎず、それ自体は信念帰属の真偽にかかわる〈内容＝命題〉ではない以上、それは結局カプランにおけると同様「前意味論的な仕事」でしかないといわざるをえない。

個々の信念主体が用いる「信じる」という語の日常的用法は語用論の問題であるが、これをリチャードやサモンのように、意味論を基準にしてたんに「適切さ」と「含意」の問題へと追いやってしまうのではなく、それにふさわしいやりかたで扱おうとするものに、ジョン・ペリーがいる。フレーゲは、「わたし」というものは「自分以外のだれにとってもそうはならない、ある特定の根源的なやりかたであたえられる」[20]という。しかし一方でフレーゲは、ひとつの語とそれを耳にするひとりのひとが思い浮かべる表象との結びつきはふたしかで人ごとにことなるから、そのように個々人でことなりうる表象が「語の意味や指示と混同されない」ために、自分はそうした個人的な「表象や直観に言及することはしない」[21]と断っている。これはクワインが、語の個人的で主観的な用法を科学的で客観的な論理から排除する立場とおなじといってよい。しかしペリーによれば、フレーゲはこれによって「わたし」という指標詞をもつ文の「意味」と、その文が表現しているとされる同一の対象を指示する同一の「思念」との区別を無効にしてしまう。これに対してペリー自身は、「自分はだれで、自分はどこにおり、自分がいるのはいつなのか」についての知識を「自己定位信念（self locating belief）[22]」ないし「自己定位知識」と呼んで、自己定位信念をもつことは、フレーゲ的な意味での、同一の対象を指示する単称命題としての思念を信じることにはならないという。たとえばヒュームが「わたしはヒュームである。ここはエディンバラである。いまは一七七五年である」と考えたとして、このようにヒューム自身が自分をヒュームであると信じることは、フレーゲ的な意味で時間を超越した「思念」を信じることだとすると、ここにいう思念が〈命題＝永久文〉であるかぎり、だれもがその内容を理解できその真理値を判断できることになるから、たとえば狂人のヘイムソンがこのおなじ思念を信じさえすれば、それでかれはヒュームであるといわざるをえなくなる。しかしじっさいにはもちろん、ヒュームのみが自分がヒュームであると知り、あるいは真に信じることができる。そうだとすればヒュームをヘイムソンと分けへだてているのは、「わたしはヒュームである」という文によって表現されているフレーゲ的な思念ではなく、まさにヒュームというひとりの個人がその文を思念する、かれに独自の流儀でなければならない。

記憶喪失のルドルフ・リンゲンスが、スタンフォードの中央図書館のなかで迷ったとしよう。かれは図書館で自分の伝記をふくむさまざまな書物を読み、また図書館にかんする詳細な説明をも読むとする。このときかれは、自分の助けになるはずのフレーゲ的な意味での思念はすべて信じている。しかしこうした客観的な知識をいくら積み上げても、かれは依然として自分がなにものか、どこにいるかについては知らない。かれがそれを知ることができるのは、発話者であるかれのみが理解でき、したがって発話者によってそのつどことなる指示をもつ直示語を用いて、

（7）ここはスタンフォードの中央図書館、6階、第5通路である

（8）わたしはルドルフ・リンゲンスである

ということができるようになったときである。ここで重要なのは、指標詞をふくむ文の「ある意味を心に抱くこと（*entertaining* a sense）」と「ある思念を理解すること（apprehending a thought）」をフレーゲのようにひとつにしてしまわないで、区別することである。そこからペリーは、個々の信念主体が心に抱く文を、フレーゲのように完全な文すなわち命題ないし思念に還元することなく、これを不完全な文とし、したがってこの不完全な文の意味は、この文が三人称的・客観的に指示しているはずの対象の、主体に対する一人称的・主観的なあたえられ方、すなわち「提示のモード」を表現しているものと考える。ヒュームもヘイムソンも、おなじ文を心に抱き、おなじ思念を思考することはできる。しかしかれらは「おなじ文を心に抱きつつ、おなじ思念を理解することはない」。ここで「心に抱く」「思考する」とはあくまでも主観的な「わたしは信じる」ということ、したがって一人称的

な信念所有であるが、「理解する」とは客観的な〈思念＝命題〉の理解、したがって第三者的な信念帰属ないし報告である。ヘイムソンが「わたしは『人性論』の著者である」という文を心に抱くとき、かれが理解しているのは、「わたしは『人性論』の著者である」という不完全な文と「わたし」が指示する対象である「ヘイムソン」とからなる思念であるが、ヒュームがおなじ文を心に抱くときかれが理解しているのは、「わたしは『人性論』の著者である」という不完全な文と「わたし」が指示する対象である「ヒューム」とからなる思念である。そしてヘイムソンの理解している思念はもちろん客観的には偽であり、ヘイムソン自身はそう思っていないにしても、かれは狂人である。

信念報告文における that 節に内包される不完全な文が表現している「意味」とは、発話者がある思念を理解するその特定の流儀であり、それは自己定位信念というとくべつなカテゴリーに支えられて、個々の信念主体が that 節を信じている、その「心理状態を個別化する」。そもそも信念という命題的態度が問題になったのも、当の信念主体の行動を説明し予測するためであり、そして「人間の行動に結びついているのは、心に抱かれた意味であって、理解された思念ではない」(23)。わたしとあなたがそれぞれに「熊がわたしを襲おうとしている」という文の意味を心に抱くとき、ふたりはおなじ行動をとる。いずれもからだを丸くしてじっとしている。このときおなじ意味が心に抱かれ、しかし「わたし＝わたし」と「わたし＝あなた」という、それぞれにことなった思念が理解され、そして行動はおなじである。これに対してわたしとあなたが、わたしは熊に襲われようとしているという思念を理解しているとき、ふたりの行動はことなる。わたしは身を丸めてじっとするが、あなたは助けをもとめて走りだす。信念のパズルが問題となり注目されるのは、他者に対して第三者的に信念を帰属する際にあらわになる、意味と思念の齟齬であり矛盾である。それゆえペリーは、じっさいの信念報告に際しては信念主体が発話する不完全な文に用いられている直示語の真理値を、「信じている当人のコンテクスト」にではなく「その信念を報告するもののコンテクスト」において決定することで、この文の主観的な意味を「真の思念」すなわち命題へと導くのだという。そのかぎりでペリーにあっても、信念主体が所有する信念内容は、最終的には第三者による信念帰属ないし報告の命題へと過不足なく還元され、これによって信念帰属の論理的意味論は可能だとされる。

一九八九年にペリーはマーク・クリミンズとの共著で、論文「王子と電話ボックス——信念報告と信念に関するパズル」を発表したが、そこでかれはあらためてかつての自分の「思念を個別化するというアイディア」を、リチャードやサモンに見られるような信念の三項関係理論として、より詳細に展開している。クリミンズ＋ペリーは「信念」という語を、信念主体によって「もたれた信念」と現実の事象を「信じる行為」とに区別して、前者の意味での「信念」は主体の「頭のなかにあるもの」、それゆえ主体に属するものであるから、それは「信じる行為」の対象としての「信じられているもの」それ自体、すなわち命題とそれが指示する対象ではないという。さまざまな主体が同一の命題を信じることができるから命題は「公共的」であるが、信念は主体に属するのであって公共的ではない。とはいえ主体によってもたれた個人的な信念を「命題内容によって分類する」ことは可能である。それゆえクリミンズ＋ペリーは、「主体が信念をもっている」とは、信念bが時点tにおいて主体aに属するという関係だとして、この基本関係を$B(a, b, t)$とする一方で、「信じる行為」の対象は命題内容であるから、カプラン的な意味での〈内容＝命題〉を別途立てて、これを部分関数

$Content$（b, t）とする。この関数は、信念bならびに時点tがあたえられれば「bの内容」すなわち命題pをあたえるものである。それゆえ、主体aが時点tにおいて信念の対象として命題pをもつならば、「B（a, b, t）& Content（b, t）＝p」という条件を満たす信念bが存在するということになる。

クリミンズ＋ペリーの三項関係についてのこの定式は、基本的にはこれまで見たリチャードやサモンが考える三項関係やその定式とそれほどことなるものではない。じっさいここでも、信念主体が世界に存在する個体について私的にもつ「想念（notions）」や、その個体の性質についての私的な「観念（ideas）」は信念報告によって表現される命題の部分であるが、そうした想念や観念自体はことばによって「明示的に言及されない」命題構成要素であり、それゆえ信念報告とは、信念主体の私的な想念や観念を明示化して信念報告の命題内部へと組みこみ、だれにとっても共通の永久文化することで論理的意味論に乗せる手続きである。またクリミンズ＋ペリーの、信じられている命題内容についての第三者的な「信念報告」と、信念主体によって一人称的にもたれた「信念」との区別は、リチャードの信念の帰属と信念をもつ流儀の区別や、サモンの信念の意味論と語用論の区別と基本的には変わらないし、この区別を混同しないかぎり、ここには「なんら特別にパズルとなるようなものはなにもない」[24]というのもおなじである。だがここで注目すべきは、リチャードやサモンの三項理論では、第三項の私的な想念や観念を結局は信念主体のがわの「誤用」や「ねつ造」としてあつかうことで、信念の意味論における直接指示の二項関係には信念のパズルは生じないとするのに対して、クリミンズ＋ペリーは、信念のパズルはもっぱら信念の報告ないし帰属にかんする論理的意味論において生じるとする点である。クリミンズ＋ペリーにとっても信念報告は、文脈に依存し個々人の「頭のなか」にある私的な信念を言語的に明示化し命題化することによって可能となるが、かれらの提示する三項理論は「関連する文脈的要因とはなにか」を確定する一般的方法を提供することができないために、「どのような信念報告によってどのような主張がなされるのかについての、完全で体系的な説明をあたえることはほとんど不可能であるように見える」[25]。それゆえクリミンズ＋ペリーは、「信念文の論理」すなわち命題を用いての信念報告の論理には「ほとんど可能性がない」と結論づけ、自分たちの探求はこの領域で一般に探求されてきた論点や目標の多くを放棄する結果になることを認めるのである。しかし一方で「信念や想念や観念の理論」の探求は可能であり、そうした探求は「表象や行為、知覚の理論、そして心の形而上学」についての理論において問われるべきさまざまな問題を提起することになる。これらは「言語についての語用論的事実」にかかわる問題であるから、自分たちの探求は、信念報告の意味論にとってのそうした語用論的事実の重要性を強調するものであって、リチャードやサモンのように、意味論を基準にして「語用論をたんに適切性と含意の問題へと追いやってしまうことは誤りである」というのである。

つとにクリプキは、信念のパズルは標準的な論理的意味論にもとづいて哲学者が「通常おこなっている信念帰属が疑問と化すような領域」[26]に位置しており、そこでは「あるひとの主張の内容、すなわちその主張があらわす命題という概念」が崩壊の危機に瀕していると述べている。のちにケント・バッハは、信念報告は「ひとが信じている（あるいは信じていない）当の事物を特定するのではない――たんにそれを記述し、あるいは特徴づける」だけであり、それゆえ「信念報告は、信念を報告しない」という。（1）も（3）も信念主体Aがもっている信念の〈内容＝命題〉を報告するのではなく、Aを「なにごとかを信じている者として記述して[27]」おり、そのかぎりで（1）も（3）も記述として真である。たとえば、

（9）ジョーカーは、バットマンが自分をつかまえるだろうと信じている

（10）ジョーカーは、バットマンが自分をつかまえるだろうという命題を信じている

に対して、「信じている」の代わりに「考える」を代入すると、

（11）ジョーカーは、バットマンが自分をつかまえるだろうと考えている

は信念主体がもつ信念をふくむが、

（12）ジョーカーは、バットマンが自分をつかまえるだろうという命題を考えている

は信念をふくまない。また「信じる」に変えて「疑う」「恐れる」「期待する」を代入すると、（11）のばあいは問題ないが（12）のばあいには、「ジョーカーは、バットマンが自分をつかまえるだろうという命題を疑っている／恐れている／期待している」はナンセンスである。ひとはある事態ないし文を「疑う（恐れる、残念に思う）」ことはできるが、命題を「疑う（恐れる、残念に思う）」ことは定義からしてできないからである。また「信じている」という信念述語は、それが十分に意を尽くすような、文脈に独立の意味論上の真理条件をもたない。（1）と（3）を信念の記述とするかぎり、その記述を真にするのは信念主体Aによる「その信念の所有」という事実である。バッハ自身はとくに

感情に言及はしないが、バッハのこの主張は、いまわれわれが主題としている「恐れる」のような感情にかかわる述語のばあいには、いっそうあきらかであるだろう。ともあれバッハはクリミンズ＋ペリーと同様、信念報告のthat節内部のことなりは文脈に応じた信念のことなりであり、かりにそれが同一の命題をうけとる個人的な流儀のことなりだとしても、このことなりの記述は「信念の理論の問題であって、信念報告の理論の問題ではない」(28)といい、どうすれば信念の〈内容＝命題〉が十全に特定できるかという問いについては「わたしは答えることができない」という。ブライアン・ロアも、一般的に見て「主観の視点」からする一人称的心理内容は、「客観的で三人称的な視点」からするthat節の〈内容＝命題〉と同一ではないという(29)。ヘレン・ケラーのような障害をもつひとと健常者に対して「となりの部屋に猫がいる」と話しかけ、ふたりがそれを信じたとすると、かれらはふたりともおなじ信念をもつと想定することは自然である。しかし「となりの部屋」や「猫」といった一般概念をふくむthat節の命題に対する信念態度はおなじだとしても、あきらかにケラーによってもたれた信念の心理状態は健常者のそれとはことなる。それゆえロアは、心理内容をthat節の命題へと還元するのは、思念を過度に知性化することになるという。

最近ではミケリス・マイケルも、「われわれは信念状態とその帰属とのちがいを探求する必要がある」という。ここにいう信念状態とは、たとえ同一の対象に対してであっても、個々人がそれについてそのつど独自の流儀でもつ信念の心理状態であるが、そのとき個々人は「おなじ事物をことなった遠近法から見ている」。おなじ対象をことなった遠近法で見つつ、それをふたつのことなった対象であると見るとしても、それは「推論能力の誤りではない」。それゆえ、個々の信念主体がそれぞれの遠近法と一定程度の情報のもとでもつのは、同一の対象についてのかれに特有の「単称思念（a singular thought）」ないし「単称信念」というべきである。たとえば、ラジオのニュースを聞いて友人に「ヴァレンティノ・ロッシはイタリアの自転車レースに勝った」というとき、わたしはヴァレンティノについてそれ以上知らないが、それでもわたしはヴァレンティノについてのある単称思念をもっている。ある対象についての単称思念をもつということは、当の対象を「あらゆる文脈において認識できる能力」をもち、それにもとづいてえられる単称命題をもつということではないし、ある人物がだれかを知るのに、あらゆる文脈でその人物をそれ以外のすべての人物から区別する能力をもっている必要はない。たとえば試験の際には、名前を提示するだけで十分だろう。対象が同一であることを知ることなく、対象について複数の思念をもつことはつねに可能であるから、われわれの信念は従来の命題的態度論が主張するような、単称命題を対象とする信念という意味での「〈事象についての〉信念といわれるようなものではない」(30)。

*A*がヴァレンティノについてそれ以上知ることなく、かれの友人*B*に「ヴァレンティノ・ロッシはイタリアの自転車レースに勝った」といい、*B*はヴァレンティノが自転車競技者のなかで唯一イニシャルがV. R.である選手であることを知っていて、自分の友人*C*に「*A*は、自転車競技者のなかで唯一イニシャルがV. R.である選手について、かれが勝ったと信じている」というとき、*B*は単称命題を用いて信念の〈事象についての〉帰属を正しくおこなっているといってよい。だからといって*B*は、「ヴァレンティノはV. R.というイニシャルをもつ唯一の競技者である」という信念を*A*に帰属しているわけではない。*B*は*A*がヴァレンティノについてどのように知っているかにはかかわりなく、ヴ

ァレンティノについてのAの信念を提示している。そしてマイケルによれば、これこそ信念の〈事象についての〉帰属がもつ「もっとも顕著に有益な側面であると思われる」[31]。なるほどこの帰属は、リチャードたちが信念内容に含意されていると考えた、当の人物が信念主体によってどのように思念されているかを「抽象する」が、そのことでかえってわれわれは、Aがヴァレンティノについての〈事象についての〉信念をもたずとも、Aに対してしばしば正当なやりかたで信念の〈事象についての〉帰属をおこなうことができる。この意味で信念の〈事象についての〉帰属は、個々人が独自の流儀で単称信念をもつこととはまったく独立した事柄であるが、Bによる〈事象についての〉帰属がそうであるように、社会的に有益な実践としてじっさいにもきわめて広範に使用されている。それゆえマイケルにしたがえば、クリミンズ＋ペリーのいうように個々人が所有する信念の論理はあるが、それらの信念をも組みこんだ信念報告の論理はないというのは正しいが、信念所有の事実とは独立した意味論としての信念帰属の論理はあるし、それは社会的実践として有益だということになる。たとえばAがDと婚約し、Aの友人BがEと婚約していて、おたがいの婚約者がその「特性」や「外装」の点でまったくことなったタイプの女性であると信じていたある日、刑事がやってきてDとEは同一の女性Cで、Aが「自分はDと婚約している」と信じ、Bが「自分はEと婚約している」と信じているのは、じっさいには「自分はCと婚約している」という単称命題であり、Cは結婚詐欺の常習犯であると告げるケースを考えてみよう。じっさいにもAとBに対する刑事のこの第三者的な信念帰属は、社会的実践としてごくふつうにおこなわれているし、それはきわめて有益かつ必要なふるまいである。またAとBの一人称的な信念所有ないし信念状態は、たしかにCによって欺かれていたとしても、これをAとBのがわの語用論上の「混乱」や「誤用」というのは実情に合わないというべきだろう。

3　「自己中心的」な命題的態度

感情の分析哲学がモデルとする命題的態度論が直面する信念のパズルは、一人称的で特権的な信念所有の現象学と、それを概念的に推論し解釈し、最終的にこれをthat節の命題のかたちで当の信念主体に三人称的に帰属する分析的なふるまいとのあいだに生じる、解消不可能なギャップによるものである。一方で感情の哲学は、認知理論であれ知覚理論であれ、感情とは世界やそのなかの対象にかかわるかぎりでの「自己についてのもの」であり、「自己の身体的態度」の感覚であり、それゆえ「自分の世界における自身の位置に関心づけられている」と考える点で、それらは共通して世界の内なる自己の存在の事実性と、そのなかでの感情経験の現象学に着目する。それゆえ感情の命題的態度論が直面するのは、はたしてこの自己存在の事実性と感情経験の現象学は、いかにしてそれにふさわしいやりかたで分析哲学的に表現されうるのかという問いである。それは、いってみれば「命題的態度の現象学」の可能性についての問いである。

じつのところ、そうした試みがこれまでになかったわけではない。すでに見たようにクワインは『ことばと対象』では志向性という概念を認めない。信念のパズルをめぐるカプラン以後の議論はいずれも、「提示のモード」を単称命題に組みこむことによって、一人称的な信念所有の内実を三人称的な命題内容へと変換する企てであったが、クワインは主観の「志向的な語法」にもとづく不透明な非永久文を発話情況に「適合する永久文に書き上げる」そうしたやり方は不可能だと考えたからであり、じっさいにもこれが成功しなかったのは見たとおりである。一方でクワインは、科学的探求や論理においてはともかく、日常的な使用にかんしては志向的な語法を禁じるよりはむしろ「命題的態度の語法に寛容である」ほうがよいというのだが、そのさい指示の不透明さにかかわる論理的な混乱をさけるために、that節の内部の文を対象を指示する単称名辞と見ることをやめて、これをもっぱら「内包的抽象」として表記することを提案する。たとえば信念報告文、

(13) トムは［キケロはカティリーナを糾弾した］と信じている

を、「a＝トム」、「b＝［キケロはカティリーナを糾弾した］」、「F＝信じている」からなるFabとするのではなく、「a＝トム」と、「複合的な〈F〉＝［キケロはカティリーナを糾弾した］と信じている」からなるFaのかたちと考えるべきだという。ここで命題的態度の述語動詞「信じる」は命題を対象としてもつのではなく、「believes that」もしくは「believes［　］」という演算子の一部になっており、この演算子は文［キケロはカティリーナを糾弾した］に適用されて、その文を直接の構成要素とする「複合絶対一般名辞」を形成するというのである。だがそうだとするとクワインのいう命題的態度とは、通常その志向的対象とされているthat節についての言明ではなく、その主観（主語a）についての言明であり、この意味ではバッハがいうように、信念帰属はaを「なにごとかを信じている者として記述している」ということになるだろう。注目すべきことに、ここでクワインはこのような命題的態度をあらわす動詞として、「と信じている（believes that）」「と願う（wishes that）」といった

信念や欲求とならんで、「と恐れる（fears that）」「とおどろく（is surprised that）」のように、通常は感情を表現するとされている動詞もあげており、いずれのばあいでも命題的態度の言明をいいかえるこうした便法によって、クワインは「命題的態度の存在論」、つまりは命題的態度の対象であるthat節に量化をほどこす立場を一掃するのである。

ところが一九六九年の論文「命題的対象」ではクワインは、『ことばと対象』では命題的態度の語法を日常語として便利だが科学理論としては使えないという意味で「第二義的な身分」のものとしたが、この身分引き下げに対してひとはなにか重大な損失をしたと感じるところがあるという反省のもとで、あらためて命題的態度の語法について考察している。たとえば日常語で、猫が犬に追われて屋根に乗りたがっているとき、猫の恐れや欲求は厳密には生理学的な状態であり、したがって科学的な事柄であるが、その猫の行動をわれわれが観察して、猫は「恐れている」とか「欲求している」ということは「自然な世界におけるできごとをグループ分けするためのきわめて特殊で、おそらくは不可欠と思われる方法を提供している」[32]。もちろん猫が恐怖し欲求しているものについて猫自身は、われわれがこれを文のかたちで表現するようにとらえているわけではないから、クワインは猫の恐怖や欲求といった態度の対象を、まずは文ではなく「事態（a state of affairs）」と考えることを提案する。ここで「事態」を、そこで当の事態が実現されているであろうすべての可能世界からなるクラスと定義すると、その猫が欲求している「屋根に乗っている事態」のクラスには、それを観察するわれわれが知りえず、その猫だけが知りうる特定の事態もふくまれる。その猫だけが知りうる事態とは、「多くの類似した猫と犬と屋根をもつある可能世界において、どの猫がその猫なのか」を特定するものである。そこでクワインは、当の猫が欲求しあるいは恐れている事態としてふさわしい可能世界とは、その座標軸の「中心ないし原点を、ある猫のまんなか――たとえばその猫の松果体の重心――にもっている」世界であり、この意味でそれは、まさにその猫に「中心化された（*centered*）事態」(33)であり「中心化された可能世界のクラス」だという。その猫は、無事に屋根の上にいる猫に中心化されているような世界のクラスを望んでおり、犬にかみつかれている猫に中心化されているような世界のクラスを恐れている。それゆえクワインは「命題的態度の対象は、あの猫の例のように原初的なケースでは、中心化された事態と見なされることができる」し、動物にとってと同様人間にとっても「ある種の物理情況にあることを望む、希望する、恐れる、こころみる、期待するといった命題的態度は、もっとも原初的な命題的態度」としての「自己中心的な（egocentric）命題的態度」であるという。

われわれとしては、このようにいうことでクワインは、命題的態度で表明されているのは通常その客観的対象とされているものについての不透明な言明というよりは、むしろ当の主観に中心化された、とはつまり主観によって志向された世界についての、そしてその意味で結局は当の主観の現象学的意識経験についての言明だという認識をなにほどか示したと見ることもできるだろう。もっともここでもクワインは、『ことばと対象』でも言及した神経回路の刺激パターンに対応した「刺激意味」という概念をもちだしてきて、猫や人間にとっての自己中心的な命題的態度の対象である個々人が経験する刺激意味も、厳格な科学のレベルでいえば、結局のところ「刺激作用の相互主観的同等性」に還元されるとするのだが、それでも命題的態度の対象である事態を科学的な命題形成のすくなくとも出発点をなすものと位置づけるのである。

クワインが「志向的な言い回し」を探求しつつも、結局は「志向にかんする学問」はむなしいとする立場を捨てることなく、あくまでも科学的な正準的表記法にとどまろうとするのに対して、クワインの「自己中心的な命題的態度」という認識を、しかしクワインとは逆に、科学理論へと還元しえない日常的経験と個人的な発話における志向性の基軸に据えようとしたものに、デヴィッド・ルイスがいる。ルイスは信念や欲求といった態度の対象を命題とする「最近までわたし自身のものであった」[34]見解に対して、そうした諸態度の対象は命題というよりはむしろ「性質（properties）」だと主張する。性質には「事物が端的にもっている」性質と、事物が「他の事物との関係においてもつ」性質の両方がある。それはたとえばある人物がある時期に病気であったという性質であり、いつの日か人類がすくなくとも五つの惑星に住むようになるだろう可能世界に住んでいるという性質である。これをより一般的にいえば、「いかなる諸世界の集合に対しても、その集合に属するひとつの世界に住むという性質が対応する。換言すれば、いかなる命題に対しても、その命題が成立するなんらかの世界に住むという性質が対応する」[35]ということである。あるひとが瞬間接着剤《シアノアクリレート》はアセトンに溶けるという命題を信じているとき、そこで起こっていることは、「かれは自分自身を論理空間上のある領域に位置づけている」ということである。論理的には、瞬間接着剤がアセトンに溶ける世界もあれば溶けない世界もあるが、「かれは自分自身についての信念、すなわちそれが溶ける諸世界のひとつに自分が住んでいるという信念をもっている」のであって、これによってかれは自分自身に、瞬間接着剤がアセトンに溶けるという命題によって記述される「集合にふくまれる諸世界のひとつ」、すなわち「かれの〈信念世界（belief world）〉」[36]に住んでいるという性質を帰属している。それゆえ命題を信じることは、それに対応する性質を「自己帰属する（self-ascribe）」ことであり、信念文におけるthat節の役割は命題対象を表現するのではなく、「信念主体の内的な、狭義の心理的な状態を特徴づけている」[37]というのである。

　命題がクワインのいうように永久文だとすれば、それはその世界に住むすべてのひとによって共有されていることになる。そのかぎりで、それは命題がかかわる論理空間上の特定の領域の住人のすべてに属する性質である。ある命題を信じることは、「自分がなにものであるか」にかんして、自分は「このクラスの一人であって、あのクラスの一人ではない」という意見をもつことである。ところがじっさいには、ある性質がひとつの世界のすべての住人にではなく、ある特定の住人のみに帰属するばあいがあり、そのときこの性質に対応するものは命題とはいえない。じっさいにもわれわれは、命題がかかわる論理空間上にではなく「通常の時間空間に自分自身を位置づけ、それゆえ命題に対応しない性質を自己帰属する」[38]、そのような信念をもつことができるし、そうしている。ここでルイスはすでに見たペリーの、記憶喪失になったリンゲンスの事例を引きあいにだす。リンゲンスはスタンフォードの中央図書館のなかで迷いつつ多くの本を読み、そのなかには自分の伝記も、いま迷っている図書館のくわしい説明もあったが、そうした知識をどれだけ増やしても、自分がだれなのか、自分がどこにいるのかがわからない。というのもかれは依然として「この場所は中央図書館六階の五番通路だ。わたしはルドルフ・リンゲンスなのだ」といえないからである。読書はリンゲンスが論理空間に自分を位置づける、とはつまり読書によってより多くの命題を信じ、自分が生きている世界について多くを知るには役に立つだろうが、そのどれひとつとして、それだけではその世界のどこに自分がいるのかということを知ることを請けあってはくれない。かれは論理空間だけではなく通常の時間空間においても自分を位置づける必要がある、つまりスタンフォードの中央図書館六階の五番通路にいるという性質を自己帰属する必要があるが、この性質はリンゲンスが住む世界においてリンゲンスただひとりに属する性質、したがっていかなる命題にも対応しない性質である。読書によって自分が住む世界についての知識をふやすことが可能なのも、自分がいま読書しているという性質、すなわち自分が「ある知覚情況にいる」という性質を自己帰属することができるからであり、この「自分の知覚的信念」に依拠するかぎりでかれは、自分がいまスタンフォードの中央図書館六階五番通路にいることを確信できる。この、通常の時間空間上の特定の位置にあるという性質を自己帰属することをペリーは、すでに見たように「自己定位信念」と呼ぶのである。

対象が命題であるとき、これに対する態度はふつう〈言表についての（*de dicto*）〉態度といわれる。これに対してルイスのいう性質の自己帰属は〈自己についての（*de se*）〉信念ないし知識である。クワインがモデルとする科学や学問が与える「非人称的で（impersonal）客観的な」知識は世界にかんする〈言表についての〉知識であるが、それは〈自己についての〉「人称的で（personal）主観的な」知識とは別のものである。ペリーが、フレーゲ流の思念を信じることと自己定位信念とを区別するとき、前者は命題に対応する〈言表についての〉信念に、後者は命題に還元できない〈自己についての〉信念に対応する。だがペリーとちがってルイスは、信念をこのふたつに区別するのみならず、「すべての信念は〈自己定位信念〉」であって、当の主体ただひとりにしか妥当しない、とはつまり命題に対応しない性質の自己帰属である「通常の時間空間に対する自己定位信念」のみならず、命題に対応する〈言表についての〉信念も「論理空間に対する自己定位信念」だと主張する。いいかえれば〈言表についての〉信念も〈自己についての〉信念の一様態であり、あるいは〈言表についての〉信念の根底には〈自己についての〉信念ないし自己定位信念が潜在しているというのである。リンゲンスの例でいえば、自分が〈いま・ここ〉にいることについての信念は自己定位信念であり、この〈いま・ここ〉が「かれの信念世界」の座標の中心点であるが、そのかれが「瞬間接着剤はアセトンに溶けると信じている」というとき、この〈言表についての〉信念も結局は、自分が「瞬間接着剤はアセトンに溶ける」という命題が対応する世界の〈いま・ここ〉に住んでいるという性質を自己帰属することである。そしてそれによってかれは、この命題の真偽が問われる論理空間のうちに自分自身を位置づけるのであり、自分をこの命題を信じる「このクラスのひとり」であると同定することによって、自分がなにものであるかについてのひとつの意見をもつのだというのである。

　こうしてルイスは、「〈自己についての〉もの（the *de se*）が〈言表についての〉もの（the *de dicto*）を包摂し、逆は成立しない」と主張する。そしてこのことは、信念や知識のみならず、欲求のような他の態度にもあてはまる。「瞬間接着剤はアセトンに溶ける」という命題を望むということは、「そうであるような世界に住んでいるという性質をもちたいと望む」ことである。しかし健康でありたいとか金持ちでありたいといった典型的な〈自己についての〉欲求の対象である性質は、われわれの世界の全住人に属するものではなく、その住人のひとりであるわたしに属するものである。図書館のなかで迷ったリンゲンスはおそらく、出口を見つけたいと望んでいる。かれは自分が多くの本を読んで知ったかれの世界の「住人のうち、ことによると自分であるかもしれないような者の運命を気に入り、他の者の運命を嫌う。かれはすべての住人がもつ性質ではなく、そのうちのある者がもつ性質を望んでいる」。ルイスは、犬の脅威をのがれて屋根に乗りたいと望んでいる猫に「中心化された可能世界」というクワインの概念が、自分のいう〈自己についての〉欲求ときわめて近いという。ただし、すでにわれわれが見ておいたように、そしてルイスも批判するように、クワインはけっきょくここで述べた理論を採用しない。それでもクワインがいう「中心化された世界のクラス」は、ルイスのいう「性質」に対応する。ルイスによれば、世界を中心化することによってクワインは、その意図はともかく「事実上は命題にかえて性質を態度の対象としていたのである」(39)。

4　事象と自己

信念には〈言表についての〉信念と〈自己についての〉信念のほかにも、一般に個体への性質帰属である〈事象についての〉信念と呼ばれるものがあるが、ルイスによれば、ペリーではかれのいう自己定位信念すなわち〈自己についての〉信念は、任意の主体は「ある個体Yとある性質Xとの対」を信じるという構造をもつ〈事象についての〉信念の、Yが自己である特殊なケースとされている。すでに見たように、ペリーは信念主体の「頭のなか」にある信念すなわち信念状態と、特定の個体について「ある命題を信じる」という意味での信念行為とを区別するのだが、ここにいう「ある命題を信じる」行為とは、頭の外部の世界の事象を指示する単称命題を信じる行為である。そして信念を表現するペリーの定式は、ルイスの見るところ、もっぱら単称命題を信じる行為としての〈事象についての〉信念のためにつくられたものである。だがルイスにとって〈事象についての〉信念は、主体の信念が当該の事象に対してもつある関係のおかげで成立する事態であり、それは「じっさいには信念のみならずそれ以上のものを表現している。信念を表現する図式としては、それは過剰なのである」[40]。

ここで「主体の信念が当該の事象に対してもつ関係」をルイスは、主体が当の事象に対してかれに特有のやりかたでもつ「面識関係（*a relation of acquaintance*）」と呼ぶ。とくに事象がひとのばあいの面識関係としてルイスがあげるのは、（1）わたしが面識をもつ、目の前にいるあるいは目の前にいない人びと、（2）報道で大きくとりあげられている同時代の有名人たち、（3）歴史上著名な故人、（4）わたしが読んだ書物の著者、（5）いまわたしの目の前にいる見知らぬひと、（6）わたしがなんらかの仕方で追跡している見知らぬひと、たとえばわたしの前をいく車の運転手や、わたしがまさに追いつめつつあるスパイ、（7）わたし自身、といったケースである。これらの関係はいずれも、〈事象についての〉信念にふくまれるがそれ自体は信念ではない余剰部分であり、〈事象についての〉信念が可能となるために要請されるべき事実である。それゆえいわゆる〈事象についての〉信念を一般化していえば、ある主体が性質Xを記述Zの面識関係のもとで個体Yに帰属することだが、それは（a）「主体がYに対してかれに特有のやりかたでZの面識関係をもつ」という事実と、（b）「性質Xをもつあるものに対して特有のやりかたでZの関係をもつ」という性質を自己帰属する〈自己についての〉信念という、ふたつの要素からなりたっている。こうしてルイスはペリーとは逆に、〈自己についての〉信念が〈言表についての〉信念を包摂するのみならず、一般に〈事象についての〉信念といわれるもののうち「頭のなか」の信念状態である部分もふくめて、「主体の自己帰属はかれの信念体系の全体をカバーする」という。

ところがここまできて最後のところでルイスは、一見したところ自分のテーゼを完全に反故にしてしまうようなあらたな主張を提出する。かれは、そもそもほんらいの信念である「性質の自己帰属」は同一性関係のもとで自己自身に性質を帰属することであるが、同一性は他のいかなる事象に対する面識関係にもまして、自己という事象に対する「面識関係そのもの（par excellence）」であり、この意味では「〈自己についての〉信念は〈事象についての〉信念にふくまれる」というのである。[41] もっともカプランがあげる、ズボンが燃えているひとを目のまえに見て、それが本当は鏡に映った自分自身であることに気づかないひとの例のように、主体が自己自身に対してもつ面識関係には同一性以外のものもあり、このとき当人は、自分が目のまえに見ている男との面識関係のもとで、その男に「ズボンが燃えている」という性質を帰属させている。それはほんとうは、とはつまり三人称的・客観的には自己自身に対する帰属であるが、その同一性に気づいていない当人にとっては、それは「その男」という自己とはことなった事象についての帰属であり、これをルイスは「自己自身に対する、〈事象についての〉帰属（ascription, *de re*, to oneself）」と呼ぶ。それゆえ同一性関係にもとづく自己帰属は、「自己自身に対する、〈事象についての〉帰属と完全におなじというわけではない」。そうだとしても、同一性関係自体が自己という事象に対する面識関係であるかぎり、いずれも〈事象についての〉帰属であることにちがいはないから、〈自己についての〉信念は〈事象についての〉信念にふくまれるということになり、そしてこの主張は、かれの「主体の自己帰属は、かれの信念体系の全体をカバーする」というテーゼに矛盾するように思われる。

問題はルイスが自己同一性という面識関係を、他の事物や他者という事象に対するのと同様に、「自己」というひとつの事象に対する面識関係としている点にある。なるほどルイスは、自己との同一性関係にもとづく自己帰属と、自己を他者と見誤る面識関係にもとづく〈他者＝自己〉に対する帰属とはおなじではないとは断っている。だがルイスが自己との同一性関係は面識関係そのものだというとき、それは他の個体に対する面識関係の典型ないし基準と聞こえるし、そうだとすれば、わたしはあるしかたで他者と知り合いになるのとおなじように自己と知り合いになるということになる。だがこれによって自己定位信念は、他の個体に対してかれがなにものか、どこにいるのかという性質を帰属するのとおなじものになってしまう。

ごく最近になって、ペリーやルイスのいう〈自己についての〉態度、あるいは「指標的（indexical）態度ないし自己定位態度」に対して、「〈自己についての〉態度といわれるような、なにかとくべつな問題などまったく存在しない」[42]と批判して、これを「神話」や「イリュージョン」と見なすような哲学者たち、ディリップ・ニナンが「*de se* 懐疑論者」と呼ぶ哲学者たちがしばしばもちだすのも、ルイスがあげる「自己自身に対する、〈事象についての〉帰属」の事例である。目の前の男のズボンが燃えていると信じていたわたしが、じつは自分のズボンが燃えていたのだと気がつくとき、あるいはルドルフ・リンゲンスについての伝記を図書館で読んで、かれはパリにいたことがあると信じている記憶喪失のリンゲンスが、しかし自分はパリにいたことはないと信じているとき、ここにあるのはいずれも結局は「フレーゲ・ケース」、つまり〈事象についての〉信念のパズルにすぎず、たしかにこうした事例に対して伝統的な命題的態度論をなんら修正する必要はないというのである。

これがルイスのいうように、たんに自己自身に対する〈事象についての〉帰属だとすれば、かれらの主張ももっともである。だがある性質を自己に帰属するためには、それに先だってわたしは自己に対するあるとくべつな面識関係、すなわちほかならぬわたしが〈いま・ここ〉にいるという事実についての自己定位信念をもっていなければならず、そのかぎりで自己定位信念はルイスのいうように、ほんらいの「信念」以上のものである。そして自己定位信念が他の事象への性質の帰属と決定的にことなる以上、これをも〈事象についての〉信念と見なすことはあきらかに誤りだといわざるをえない。この点で、ルイスの主張はあいまいなままである。じっさいのところ「わたし」とは、フレーゲがいうように「自分以外のだれにとってもそうはならない、ある特定の根源的なやりかたであたえられる」ものである。それはすべての信念に先だって、したがって他の事象に対する面識関係や、帰属されるべき性質についての知識に先だって、それゆえわたしが記憶喪失や狂人であったとしても、直接にわたしにあたえられる自己についての「直知（awareness）」といわれるような、「わたし」と〈いま・ここ〉といった直示語でしか名指せず、それ以上分析不可能な存在の事実についての意識経験というべきである。

ルイスが〈自己についての〉信念を〈事象についての〉信念に還元することで、信念はすべて〈自己についての〉信念だという自分のテーゼに矛盾してしまったのも、おそらくはかれの議論にも命題的態度論にとって基本となる主観・客観関係の枠組みが作動しており、それゆえ同一性もまた他者や事象との関係と同様に、自己をひとつの〈対象＝客観〉として措定する関係だと考えたことに由来するように思われる。もちろんわたしがある性質を、対象としての自己に帰属するということもないわけではない。道に迷って、いま自分がどこにいるのかをひとに聞いて、「いま自分は渋谷の南口にいるのだ」と信じるとき、わたしはたしかにこの性質を対象である自己に帰属するといってよい。目の前の男のズボンが燃えていると信じていたが、とつぜん燃えているのは自分のズボンだと気づくときも、わたしは「自分のズボンが燃えている」という性質を反省を介して三人称的・客観的に自己に帰属する。だがこれらは主体であるわたしが自己を客体として反省するという意味で、自己に対する主観・客観関係にもとづく自己反省の意識経験であり、そしてそれは、それがどこなのかはともかく自己の〈いま・ここ〉の端的な意識ないし直知とはことなるというべきである。

　ルイスの議論に見られるこの難点は、クワインが「ブレンターノのテーゼ」にかんして批判したチザムが信念帰属にかんしてルイスと似た議論を展開する際にも、しかもよりいっそう混乱したかたちで認められる。チザムは一九八一年の著書『一人称』において、自分は信念帰属にかんしてルイスとは独立に、しかしルイスの〈自己についての〉信念と基本的な点でおなじような定義にいたったといい、それを「直接帰属」と呼ぶ。かれは「すべての指示の第一の形式は、われわれが一人称代名詞を用いるときにふつうに表現している、自分自身に対する指示である」というが、これが直接帰属である。また、「信じることの第一の形式は命題を受けいれるといったことではない。それは性質を自分自身に対して帰属するということである[43]」という。それゆえすべての信念の根底には、自己に対するある性質の直接帰属がふくまれる。「xは自分自身をFであると信じている」とは、xが「Fであるという性質」をxに帰属することである。そしてこの直接帰属に支えられて自己以外の他者や事物への指示がなされるが、それはある性質をこの他者や事物に対して「間接帰属」することである。間接帰属においてわたしは、（1）わたしが当の事物ないし他者に対して「ある関係Rをもっていること」――これをチザムは、当の事物ないし他者をそれとして認知する「同定（identifying）の関係」という――と、（2）この関係のもとで、わたしが当の事物ないし他者をFである性質をもつものであると「信じていること」という、ふたつの部分からなる性質をわたし自身に直接帰属する。こうしてチザムは「すべての信念は直接帰属に還元できる」[44]という。

なるほどチザムがいうように、かれの直接帰属はルイスの〈自己についての〉信念に対応し、また間接帰属はルイスのいう〈自己についての〉信念に支えられた〈事象についての〉信念に対応するように見える。しかしチザムのいう直接帰属は、（1）帰属の対象はわたしの「志向的対象」としての「自己」であることと、（2）わたしが対象としての自己に直接帰属する性質は「永久のあるいは抽象的な対象」であって、そのかぎりでそれはだれにとっても妥当する「概念思考可能な（conceivable）」ものであることとを前提しており、この点でルイスとチザムの両者の主張は決定的にことなっている。ルイスにとっても自己は同一性の面識関係によってあたえられるひとつの事象であり、この点にルイスの「自己」概念のあいまいさの問題はあるのだが、それでもルイスにとって自己帰属の対象は自己ではなくあくまでも性質である。一方チザムにとっては、自己とはひとつの志向的対象であり、それゆえかれは「わたし自身がおこなう帰属の第一の対象はわたしであり、性質はその内容である」という。しかもこの「内容」は概念思考可能な命題である。ということはつまり、わたしがある命題内容（that p）を信じているとは、わたしは志向的対象である〈わたし＝自己〉に「that pを信じていること」という命題的態度そのものを性質として直接帰属することである。そしてチザムは、この意味での直接帰属は「信じること」と同種の他の志向的態度、たとえば欲求すること、知ること、望むこと、意図すること、悲しいと感じること（feeling sad）、さらには「知覚すること」[45]や、こうした性質について「考えること」にも認められるという。たとえば自分がいま悲しいと感じていて、「あなたは悲しいのか」と問われて、その問いについて考えてみるとき、わたしには自分が悲しんでいることは確実であると思われるが、この自己反省的な「考えること」も自己に対する直接帰属である。それはつまり、知覚や欲求や感情といった前反省的な志向的意識経験も、それについての自己反省的な思考も、いずれも自己を対象とした直接帰属という同一の意識経験であり、そのかぎりですべての意識経験は自己を対象にしたデカルト的コギトだというのである。だがそうだとすれば、チザムのこのデカルト的コギトによる直接帰属は、「瞬間接着剤はアセトンに溶ける」という命題が成立する世界に自分は住んでいるという性質を自己帰属したり、さらには「自分はルドルフ・リンゲンスで、いまスタンフォードの中央図書館六階五番通路にいる」という非命題的で、リンゲンスただひとりにのみあてはまる性質を自己帰属するという意味でのルイスの自己帰属とはまったく似て非なるものである。チザムにあっては、主観的・一人称的で前反省的な意識経験としての信念所有と、この信念状態を所有している自己を対象として、これを客観的・三人称的に、したがって反省的に直接帰属する信念帰属とが区別されることなく、ひとつづきのものと見なされるのである[46]。

信念の対象は「性質」であるとするルイスとはことなって、チザムが「信念主体はすべての信念の第一の対象」であるというとき、ルイスにおいても見られた「自己」という概念の問題性は、ここでは決定的なものになる。チザムは、「ひとは自分自身についての直接的理解——ひとが自己（the self）

を他のいっさいの事物のなかからまさにそれとして取りだすことを可能にする理解——をもたないとしたら、ひとは自分自身になにかを帰属することはできない」というが、いったい帰属の対象となるそのつど経験される「自己」に先だって、性質を自己帰属する主体として、信念報告文の主語によって指示される「わたし」とはだれなのか、そもそもこの「わたし」の意識はどこからきたのか。これに対してチザムは、「わたしがいま思考しているというのはどういうことかを、わたしは直接かつ端的に知ることができる」というデカルト的コギトや、カントの「統覚[47]」における超越論的な「意識の統一性」ないし「自己意識」の原理をもちだす。たとえばある主体がある時点での自分自身に「悲しんでいるという性質」を帰属するとき、当の主体は同時に「自分自身がそのような性質を帰属する当人であることを知っており、そう信じている」ということでなければならない。このとき主体は、いま悲しみを感じているそのつどの「かれ自身（*himself*）という概念」ではない「あるひとつの自己の概念（a concept of *a* self）[48]」を思考しているが、チザムによれば、主体はこれを「悲しみという概念を獲得するのとまさにおなじやりかたで獲得する」。それゆえチザムは、この意味での「あるひとつの自己」の直知とはその概念の思考であり、それを「ある種の準帰属（quasi-attribution）と考えてもよい」というのである。なるほどチザムは、ひとがこうした「自己」という概念を獲得するのは「悲しみ」という概念を獲得するのと同様に、反省によってではなく端的にそれをもつことによってだという。それはたとえば「わたしはわたしだ（I am me）」という文で表明される幼児期の自我の発見、「意識の統一性についての最初の直知」であり、それはつまり、ひとがそれまでそのつどの対象である自分自身に直接帰属してきたさまざまな性質の「すべてをもっている単一の事象（a single thing）

が存在するということに気づく」(49)ことである。それゆえチザムにとってすべての信念が還元される直接帰属とは、すべての信念の第一の対象である「あるひとつの自己」という「単一の事象」の存在に気づき、これを自己に帰属する「自己意識ないし自己知」という意味での、デカルト的（もっといえばフィヒテ的）「cogito ＝ sum」という準帰属にもとづいているということになる。だがこれによってチザムのいう直接帰属は、「ひとつの自己」という〈事象についての〉信念だということになる。ルイスにあっては、自己に対する同一性関係はあいまいなままにとどまる。だがチザムはピーター・マーキィが指摘するように、自分自身がそれである「ひとつの自己」についての「直接的な思考という未定義な概念」(50)を導入するのであり、これによってかれの議論は〈自己＝自我〉にかかわる古色蒼然とした観念論に回帰するといわざるをえない。

5　潜在的な〈自己についての〉思念

ルイスの議論は、自己をひとつの事象としてあつかうという点でチザムにおけるようなあからさまな観念論へと頽落する危険性を宿すという問題をかかえているとしても、「主体の自己帰属はかれの信念体系の全体をカバーする」という点にかんするかぎり、全体としてきわめて説得的だとわたしには思われる。かつてルイスの論文を翻訳した野矢茂樹がこれを「この、快調で、うさんくさく、基本的に誤っているように見える精神のもとに書かれた、それでいてどうも正しいのではないかと思わせる論文」(51)と評したとき、はたして野矢に「うさんくさく」思われたのは、クワイン流の基本的には科学的な分析哲学とそれが要請する合理性の圧力からすれば「誤っているように見える」、その現象学的な着想の部分だったのだろうか。しかし最近になってフランソワ・レカナーティは、ルイスの〈自己についての〉思念をもとに、あらたな試みを提示している。

レカナーティは、〈事象についての〉信念は「事象に対する面識関係Zをもつという性質」を自己帰属する〈自己についての〉信念だということでルイスは、ほんらい「頭のなか」にある信念状態にはふくまれない外部の事象に対する面識関係を信念内容の一部として「内在化する」ことで、一種の「反省主義（reflexivism）」[52]の誤りにおちいっていると批判する。レカナーティは反省主義の典型を、たとえばサールの『志向性』に見る。サールによれば、わたしが暑いと感じているとき、わたしは「この状態の主体は暑いという命題」を自己帰属しているということになるが、そうだとすればこのときわたしは自分の状態についての反省的な認識をもっている。しかしわたしが脚を組んでいるとき、わたしは「脚が組まれている」という状態を自分の身に意識しており、そしてレカナーティはこうした意識経験をフレーゲ的な命題内容をさすのとはことなった意味で「思念」と呼ぶのだが、この思念の内容は「内観的直知」によって獲得された「わたしの自己受容の（proprioceptive）状態」として、わたしが端的に経験しているものである。脚が組まれており、そしてその脚が他のだれかではなく自分の脚であるという事実は、もっぱら「主体のなかで・主体によって」経験されるのであり、そのかぎりで端的にあたえられている。このように自己が自己に対して端的にあたえられる経験のモードを、レカナーティは「提示の一人称的モード」ないし「提示のエゴモード」と呼ぶが、これはフレーゲのいう、自分に対して自己が提示される「ある特別な原初的なやり方」である。そしてこれにもとづいて、自己にある性質を自己帰属する思念をレカナーティは「単純なケース」と呼ぶが、これはルイスの〈自己についての〉信念に対応する。一方レカナーティのいう「複雑なケース」はルイスの〈事象についての〉信念に対応するが、たとえば熱狂的にダンスする男を見て主体が「男は熱狂的にダンスしている」と思念するとき、主体が当の男を「見ている関係」、したがって視覚という「知覚モード」による面識関係をレカナーティは、主体に対する自分以外の事象の「提示の直示的、三人称的モード」と呼ぶ。このばあいでも主体は、反省主義がいうように、この男が熱狂的にダンスしているのを見ている自分の「知覚情況」それ自体を信念ないし思念の内容として直知し、これを反省的に認識する必要はないという。いずれにせよ「自分の脚が組まれている」とか「ダンスをしている男を見ている」という事実を自己受容や運動感覚、知覚といった経験のモードにおいて「思念すること」それ自体がそのまま、「主体にとってはその性質を自己帰属すること」である。それゆえレカナーティは、信念ないし思念の内容にとって外在的な事象の提示のモードないし面識関係を意識しない前反省的な自己帰属を、「潜在的な〈自己についての〉思念」と呼ぶが、レカナーティにとってはすべての思念は、それゆえ〈事象についての〉思念も、潜在的な〈自己についての〉思念の一種である。たとえば庭にスカンクの臭いがしてわたしが「スカンク！」と叫び、あるいは「庭にスカンクがいる」と思念するとき、この知覚的な提示のモード、すなわち嗅覚モードにおいてわたしに経験としてあたえられるもの（スカンクの臭い）は、わたしがすでに特定の知覚情況に、したがってその対象に対する特定の面識関係にあり、しかも自分がその情況にあるという事実にかんして「主体にはいかなる選択の余地もない」(53)ような内容であり、この意味でレカナーティはこれを「定立的な（thetic）」内容とよぶ。

いわゆる〈事象についての〉思念も、根源的には潜在的な〈自己についての〉思念であるかぎりでその定立的な内容にもとづくが、その上に成立する〈事象についての〉思念の内容それ自体は「カテゴリー的」だというのである。レカナーティが、「主体」とはそのつど特定の提示のモードによって定立的にあたえられる前反省的な意識経験の内容が「適用される領域」であるといい、あるいはその経験にもとづく思念の内容はそれを思念する主体とのかかわりで評価されるかぎりで、「主体」とはその思念の内容を「評価する場（circumstance of evaluaion）」だというとき、それはすでに見たチザム的な意味でのデカルト的コギトの反省的意識や、そのつどの経験的自我を包括する超越論的領域としてのカント的な純粋統覚、さらにはこれをひとつの事象として実体化した観念論的な「ひとつの自己」とはまったくことなった認識を示している。

レカナーティによれば、ルイスの単純なケース、すなわち〈自己についての〉信念では、その思念の内容は性質であり、主体はこの性質を端的に自己に帰属するから、ここには性質と主体のあいだの関係自体が思念に内在化されてその内容の一部となるという反省主義にはあたらない。だが複雑なケース、すなわち〈事象についての〉信念では、ルイスの「主体は、性質Xをもつあるものに対して特有のやりかたでZの関係をもつという性質を自己帰属する」といういいかたからうかがわれるように、思念の内容をなす性質はすべてそのつどの「思念の時点における主体」との面識関係にもとづいて当の主体に帰属されうる性質と見なされるから、ルイスは面識関係自体を、したがってその面識関係の主体であるその時点の自己をも思念の内容の一部として内在化する反省主義におちいっているという。そしてルイスが反省主義におちいったのも、ルイスにとって〈事象についての〉思念はすべて、自己が当の事象に対していかなる関係に立つかに応じて表象される経験のモード、すなわち「自己中心的（egocentric）モード」によってあたえられるからだというのである。これに対してレカナーティは、主体に思念の内容があたえられるモードには、自己を中心として意識される面識関係のみならず、自己受容のモードや知覚のモード、記憶のモードなど、それ自体は反省的に意識されたり表象されたりしない多様な経験のモードがあり、このかぎりでは単純なケース（ルイスの〈自己についての〉思念）も複雑なケース（ルイスの〈事象についての〉思念）も、根源的には前意識的で潜在的な〈自己についての〉思念にもとづくという。その上でレカナーティは、複雑なケースにはさらにふたつのケースがふくまれるという。ひとつは、面識関係にもとづいて他者や事物を直示する〈事象についての〉思念としての「直示的（demonstrative）思念」であるが、もうひとつは、たとえば「わたしはブルックリンで生まれた」というように、自己をも一個の事象として反省的に思念する「明示的な〈自己についての〉思念」であり、これはルイスの「自己自身に対する、〈事象についての〉帰属」に当たるものである[54]。

たしかにルイスの〈事象についての〉信念のあつかいには、「自己」をめぐってあいまいさが見られるが、じつはルイス自身このことに気づいてもいる。一九八三年に出版された『論文集』に再録された論文「〈言表についての〉態度と〈自己についての〉態度」にあらたに付された「あとがき」でルイスは、本論文における自分の分析は〈事象についての〉信念を〈言表についての〉信念にではなく〈自己についての〉信念に還元するものであるとあらためて明言した上で、しかし論文の末尾にいうように〈自己についての〉信念は〈事象についての〉信念の特殊なケースであるとすると「問題が生じる」と認めている。自分はこの論文では、〈自己についての〉信念は心理的なもの、したがって「頭のなか」にある状態だが、「〈事象についての〉信念が心理的なものであるのはただその一部のみである」といったが、そうだとすると同一性関係にもとづく〈自己についての〉信念は「その全体が心理的なものである」から、これを〈事象についての〉信念の一種だというとしても、それはむしろ「例外的なケース」といわねばならない。というのも外部世界の〈事象についての〉信念にあっては、その非心理的部分である面識関係は主体がそのつど偶然にもつ類いのものであるのに対して、「事象が自己自身である」同一性関係にもとづく〈自己についての〉信念の「非心理的な部分は、主体が自己自身と同一であり、自己以外のなにものとも同一ではないという端的に必然的な真理に帰着する」(55)から、外在的で非心理的な部分といわれるものはここには存在しないからである。じっさいルイスにとっても、自分がいまいる「その場所はスタンフォード中央図書館の六階の五番通路である」とするリンゲンスの思念は、反省的な自己認識にかんする〈事象についての〉信念といってよいが、この信念もそれにさきだってあたえられる、それが〈いつ・どこ〉とは特定できないが、まぎれもなくリンゲンス自身の自己定位とそこでの知覚情況である〈いま・ここ〉の「端的に必然的な真理」にもとづいている。そしてこれは自己にかんする反省的知識を喪失したリンゲンスにとっても選択の余地なく、前反省的で定立的にあたえられる自己存在の事実というほかはなく、それはデカルト的コギトやチザムのいう超越論的な「ひとつの自己」とはまるでことなっている。

ルイスのいう「自己自身に対する、〈事象についての〉帰属」の問題は、すでに見たように、わたしは面識のある友人という事象について、友人がいま熊に追われて「危険な状態にある」という性質をかれに帰属するのとおなじ意味で、わたしは自己という事象に対する同一性の面識関係にもとづいて、わたしがいま熊に追われて「危険な状態にある」という性質を自己帰属すると主張する点にある。さきに言及した「*de se* 懐疑論者」は、たとえばフランソワが熊に襲われているとき、フランソワは「フランソワは熊に襲われている」という信念と「フランソワは熊に襲われている」という欲求とをもっているとすると、一緒に山歩きにきていたディリップも「フランソワは熊に襲われている」という、ふたりのあいだで共有され伝達され同意されうる同一の命題を信じ、また「フランソワは熊に襲われない」という欲求をもつことは可能だから、そのかぎりで〈他の事情がおなじならば（*ceteris paribus*）〉、すくなくとも理論上は、フランソワのみならずディリップも「フランソワは木によじ登る」という行動を遂行するべく、合理的に動機づけられうる[56]」といってよいと主張する。もちろんこの懐疑論者にしても、フランソワとディリップとでは「それぞれがとりうる行動（their available actions）にはちがいがある」ので、フランソワは「木によじ登る」がディリップは「助けをもとめる」というように、それぞれがじっさいにとる行動はことなるということは認める。しかし命題によって行動を説明するというかぎりでは、ことさら〈自己についての〉思念をもちだす必要はないというのである。だがニナンもいうように、「われわれのそれぞれにことなったふるまいを説明するべき差異は、当の客観的情況において、われわれがそれぞれに自分自身をなにものであるととらえるか（who...we each take ourselves to be）にかかわる差異である[57]」以上、ここで問題になっているフランソワとディリップというそれぞれの自己存在の事実性は、たとえ理論上でも、〈他の事情がおなじならば〉というあいまいな常套句で無化され分析されうるような事態ではないというべきである。アンディ・イーガンも、自分自身の〈いま・ここ〉における知覚情況にしかあてはまらない自己定位信念は、そもそもルイス的な意味での「性質ではない」[58]し、そのかぎりで自己に中心化された世界についての信念はすべて、原理上は〈自己についての〉信念といってよいが、それが意味するのは、そうした信念内容は自分が住んでいる世界が「自分にとってどのような世界であるか」[59]を記述するのであり、「その世界において自分自身がおかれている個人的な情況について……語る」のだという。そしてこのように見るかぎり、レカナーティがルイスを自己中心主義として批判するのは正しいとはいえない。自己中心主義、さらには反省主義として批判されるべきはむしろチザムなのである。

6　現存在の「了解」

結局のところ問題は、いったい「主体が自己自身と同一であり、自己以外のなにものとも同一ではないという端的に必然的な真理」とはなにかである。ルイスが信念とはすべからく〈自己についての〉信念であり、〈言表についての〉信念も自分が「ある命題を信じるクラスのひとりである」という論理空間上の位置にあるという性質を自己に帰属することだというとき、当然のことながらそれに先だって、主体は「通常の時間空間上に自分自身を位置づける信念」をもつこと、したがって当の主体にのみ妥当し、だれにも妥当する命題に対応しない性質を自己帰属する信念をもつことが必要である。それがペリーのいう「自己定位信念」であり、あるいはクワインのいう、世界が自己という原点のまわりに「中心化された事態」であるが、この自己同一性という面識関係それ自体は、主体に定立的にあたえられる自己存在のそれ以上分析不可能な事実というべきで、それが事象に対する面識関係を可能にする。

記憶喪失のリンゲンスが図書館のなかで多くの本を読み、そのなかには自分の伝記もふくまれており、こうして多くの知識を得た結果ようやく、自分がルドルフ・リンゲンスであり、いまスタンフォードの中央図書館六階五番通路にいるという性質を自己帰属するためには、それに先だって本ではけっして学べないもの、すなわち〈いま・ここ〉にいる自分がある知覚情況にあるという前反省的な意識経験ないし直知の経験をもっている必要がある。それはすべての信念にとってその根底に潜在すると想定されるある事実、それゆえ主体に選択の余地のない「端的に必然的な真理」であり、それゆえこの自己定位信念は正確にはなお信念でも知識でも性質でもない。そしてこれが、チザムの「ひとつの自己」とはことなって、ルイスやレカナーティが想定していたはずの「自己」なのである。それゆえかれらの真意を汲みとるならば、そもそも「自己帰属する」という再帰動詞を、ある性質を目的語（対象）として、これを反省的に自己に帰属するという意味での他動詞として用いるべきではなく、むしろこれを「自分があるとき、ある場所で、ある情況や状態、性質〈にある〉」という意味での自動詞と理解すべきである。そしてまたこれが、ソロモンがおそらくはハイデッガーの「sich befinden in...」としての「情態性」という術語に触発されて「自分が……にあるのを見いだす（find oneself...）」という表現を用いたときに、かれの念頭にあったものでもあるだろう。主体が自分を対象として、これにある信念を他動詞的に帰属するということはもちろんある。「きみはほんとうに地球が太陽を回っていると信じているか」と問われて、ふだんほとんど意識したことはないが、あらためて自分に問うてみて「そう信じている」と答えるとき、たしかにわたしは「地球が太陽を回っている」という信念を反省的に、したがって自己に対して三人称的・客観的に帰属しているが、だからといってそのときはじめて、あるいはあらためてこの命題を信じることにしたわけではなく、そのようにきかれるずっと以前からわたしは一人称的・主観的にそう信じていたし、そのような信念状態にあったというべきである。画家が絵を描いているとき、かれがこの絵を自己に帰属しているなどと、ひとはふつう考えない。ある絵が自分のところにもちこまれて、それが自分の絵であるかどうか鑑定してほしいと問われたとき、美術鑑定家がそうするのとおなじように、その絵が自分に帰属されるものかどうかを鑑定するのである。だがルイスにしてもレカナーティにしても、そしてソロモンやチザムにしても、命題的態度論の慣習にしたがって「信じる」を「自己帰属する」と他動詞的に表現したことで、一人称的で前反省的意識経験としての信念所有と、これを対象とする三人称的で反省的な信念帰属との混同の罠におちたのである。

じっさいのところネイル・フェイトが指摘するように、ルイスやチザムらの「自己帰属という観念は、信念という観念を分析するのに役立てるべく意図された概念上の始源語（a conceptual primitive）であり、したがって〈xはyを自己帰属する〉というかたちの語法は、それ以上定義できない」もの(60)である。これがそれ以上定義できない始源語であるのは、それが「自己」をふくんでいるからであり、そのかぎりでそれは自己に対して中心化されたという意味で「自分の信念世界」にあって、他のだれとも重なることのないまさに〈いま・ここ〉にいるという自己定位の知覚情況を端的に直示している。自己帰属する〈主語＝主体〉である「わたし」とは、レカナーティにならっていえば、世界とそこに住むわたしに生起する経験や思念を「評価する場」であり、あるいはそうしたさまざまな経験や思念が「適用される領域」である。ストローソンならこれを、それ以上分析不可能な「始源的な」概念としての「ひとりの人物（a person）」[61]というかもしれない。そして「自己」と自己に「中心化された世界」とは、デカルト的コギトや超越論的自我主体が単独者として世界の外に立って、この世界を客観的対象として観察し思考し構成するような世界ではなく、ルイスがいうように「世界と、そこに住みそれとはっきり名指される住人との対（pairs）」[62]として定義されるような世界である。自己と世界すなわち「自分の信念世界」とは、それゆえまた自己とその世界で出会う他者や事物とは、つねにすでにして「対」になって、そのつど〈いま・ここ〉のわたしの経験や思念が評価される場を構成している。そしてこのような意味で理解された「思念主体と、かれの思念」のあいだの関係とは、クワインのいう科学的な態度、現象学的にいえば「自然的」な態度の合理性を支える主観・客観関係ではなく、ほとんど現象学的意識における〈ノエシス・ノエマ〉の志向的構造とおなじものと見ることができるだろう。ともあれわれわれとしては、ルイスやレカナーティの議論は、クリミンズ＋ペリーが最終的には「信念帰属の論理」は不可能だとした上で、それでも可能だと考えた「表象、行為、知覚についての理論および心の形而上学に属する、もっとも目につく問題」にかかわる「信念の論理」のひとつの試みと見ることができるだろう。

いまやわれわれはまぎれもなく、志向性をめぐる「ブレンターノのテーゼ」に対して、志向的な語法には根拠がなく「志向にかんする科学はむなしい」とするクワインが放棄したもうひとつの道、「志向的な語法は不可欠であり、志向にかんする独自の学問の重要性」[63]を追求する道筋に立つと思われるルイスやレカナーティの〈自己についての〉信念の分析に沿うかたちで、「命題的態度の現象学」の入り口に立っているといってよい[64]。ルイスが「わたし」の同一性や〈いま・ここ〉の自己定位にかかわる、それ以上分析不可能な自己存在の事実を「端的に必然的な真理」と呼び、それにもとづく〈自己についての〉信念を性質の自己帰属と呼ぶとき、ハイデッガーならこれとほぼおなじ事態を、現象学的意識経験の事実性としての自己存在についての「原初的な……了解（des primären... Verstehens）」というだろう。ハイデッガーによれば「了解」とは、自分が「いまどこにいて、どのような情況にあるか」をみずからに開示するはたらきである。世界にある「わたし」、すなわち世界内存在としてそのつど〈いま・ここ〉にある現存在は、そのつどみずからの〈現〉を「了解しつつ、その現としてある（sein Da ist）」かぎりで、了解は「現存在の根本的な存在様態[65]」である。わたしがこの世界、ルイスにならっていえば「わたしの信念世界」の現に〈いま・ここ〉にあるという事態は、たんなるひとつの性質というのではなく、気がついたときにはすでにしてこの世界内の〈現〉の〈いま・ここ〉へと投げられてある「被投性（die Geworfenheit）」という、選択の余地のない定立的な事実性である。それゆえわたしは、世界に自己定位するこの〈現〉の存在を知覚においてみずからを目のまえにある対象として見いだすのではない。それはわたしに対して、反省的な自己帰属によってではなく、認識よりは「はるかに始源的」で前反省的な意識経験としての了解のうちに開示されるのであり、こうしてわたしは、自分がすでにしてわたしの〈現〉に投げられてあることを見いだす。この意味でハイデッガーは、了解は世界内存在としての現存在を構成しているというのである。またハイデッガーが、世界と他者とは現存在の〈現〉を構造化しているというとき、その意味するところは、

「わたし」は超越論的自我のように世界や他者とは別にそれ自体で自立する主体というのではなく、むしろクワインやルイスのいうような意味で、世界はわたしに対して中心化された「わたしの信念世界」であり、わたしはこの信念世界の内でそのつど出会う他者や事物に対して自分に特有の面識関係をもつ、というのとほぼおなじ事態といってよい。

レカナーティならば、ハイデッガーのこうした立場もルイスのそれと同様に自己中心主義と批判するだろうか。ハイデッガーの世界内存在とそこに投げられてある被投性という概念をもとに、しかしハイデッガーにおいては主題化されることのなかった身体性のレベルで人間のあり方を記述するメルロ＝ポンティにとっても、人間と世界との原初的な紐帯は、デカルト的コギト以前の前反省的で一人称的意識経験としての知覚や感情であり、「発生段階でのわたしの主観性の事実」と、対象すなわち「さまざまな観念や事象」とが生まれてでてくる「原初的地層」(66)である。それゆえメルロ＝ポンティにとっての「わたし」とはけっしてチザム的な「ひとつの自己」ではなく、ペリー的な〈いま・ここ〉の自己定位信念をもつ「現在の意識」であり、「現在においては、つまり知覚においては、わたしの存在とわたしの意識とはまさにひとつである」。メルロ＝ポンティが、知覚はわたしが認識するものの底に「わたしの感覚野、つまりわたしと世界との始源的な共犯関係を発動させる」(67)というとき、これはレカナーティの、主体は経験内容が「適用される領域」だという主張とほとんどおなじ認識といってよいだろう。「わたし」とは、まずはこの意味での非反省的な「知覚的意識」であり、知覚とは「世界の非反省的な経験」であるが、それは知覚される世界にかんしての、この「意識であるわたし」の「了解（compréhension）」である。それゆえ「知覚することとは、ひとつの世界を信じること」であり、わたしが世界についてなす「断定」である。それは「あらゆる科学、あらゆる検証に先だって……われわれを世界のなかに据える」、いわば「一種の〈信憑（foi）〉ないし〈原初的臆見（opinion primordiale）〉」[68]であり、この「ひとつの世界」への信憑こそ「知覚的真理」を可能にするものである。ここにいう知覚的真理という表現は誤解を招きやすいが、その意味はほぼバージのいう「知覚的客観性」とおなじものと考えてよいだろう。じっさいにもメルロ＝ポンティは別の箇所では、この知覚的意識にとっては「まだ真理はないが現実性があり、必然性はないが事実性がある」といい、それゆえすくなくとも当の知覚的意識にとっては「誤りの存在する余地はない」というが、これは一人称特権という事態を表現したものといってよい。

こうしてわたしは、知覚的意識に支えられて「ひとつの世界を信じる」が、だからといってメルロ＝ポンティは自己中心主義に立つというわけではない。なるほど各個人に特有の「遠近法や視点」が、当の個人をそれぞれの「個人－世界（le monde-individu）のうちへと組みいれること」を可能にしているとしても、この知覚するわたしという「ひとつの前人格的（prépersonnel）主観」は、その原初的なレベルでは、いわば「知覚の無記名の主観」である。それゆえ「世界についてのわたしの遠近法」は、おなじく前人格的で無記名の主観である他者の視点とはっきりした境界をもっているわけではなく、そのようにしてそれぞれの主観はそれぞれの視点から「ひとつの世界の存在を信じる」。それゆえメルロ＝ポンティはここに「のりこえがたい生きられる独我論」[69]を認めるが、それでもわれわれは「大勢で演じる独我論という滑稽劇をたがいに上演しあって」おり、これによって「おなじひとつの世界のなかでの意識のコミュニケーション」と相互主観性が可能になるというのである。

第三章　感情のトポグラフィー

1　信念と判断

命題的態度論が前提している意識と志向性、反省と自己帰属、また知覚、信念、判断といった諸概念に対する、これまでのわれわれの批判的分析を踏まえて、いまやあらためて、レカナーティが前反省的な意識経験の内容を「評価する場」ないしその内容が「適用される領域」としての自己といい、あるいはメルロ＝ポンティが「現在の意識」としての「わたし」といい、そして一般には「心」と呼ばれている領野のうちに、しかもそのホーリズムとしてのありかたに留意しつつ、われわれの主題である感情を位置づけること、すなわち「感情のトポグラフィー」へとむかうべきである。

まずは感情の認知理論や知覚理論がモデルとした信念の命題的態度論において、かならずしもはっきりと区別されず、ときに混同されもする信念と判断を、それぞれにふさわしいやり方で位置づけることが必要である。じっさいすでに見たように、命題的態度論が混乱して見える要因のひとつは、一人称的で主観的な信念所有の心的状態と、三人称的で客観的な信念帰属という意味論的ふるまいとしての一種の判断との区別があいまいなまま、これをひとつづきのものとする点にある。クリミンズ＋ペリーは、信念主体によって「もたれた信念」すなわち信念状態と、その信念の内容である命題を、それが指示している現実の事象に照らして真であると信じる行為とをはっきりと区別した。ソロモンは、自分のいう〈感情＝判断〉が概念的思考作用によって熟慮され完全に命題化された信念内容についての反省的な認知的判断ではなく、なお熟慮されず反省以前の性急な判断である以上、その内容は一人称的にもたれる思念だというのだが、それでもこれを「一種の判断」とするかぎりで、これを認知的判断とひとつづきのものとした。ソロモンの判断主義を批判することで感情の知覚理論を提唱するデーリングにしても、知覚や〈感情＝情動的知覚〉の主体はその知覚内容を「額面通りに受けとる」という一方で、これを「知覚的判断」と呼ぶ。それゆえ彼女も結局はソロモンと同様に、〈感情＝情動的知覚〉の経験から知覚的信念ないし知覚的判断の形成、そして推論を介しての客観的で規範的な判断の形成は一連のプロセスだという。デオンナ＋テローニが、信念はその命題内容の現実に照らしての「真」という形式的対象をもち、それゆえ「信じる」とは特定の命題内容を「真であると見なすこと」だというとき、ここでも信じることは命題の真偽にかんする判断と同義である。(1)クワインは、命題的態度の主体は命題的対象である文を構成する言語を話さなければならないというわけではなく、「鼠が猫に対してもっている恐怖は、鼠がある英語の文が真であるのを恐れていることと見なされるのだ」(2)というが、このときクワインも鼠がもっている、バージならば「知覚的信念」(3)と呼ぶ、前反省的で言語化されない信念状態およびそれがもつ知覚的客観性と、それを第三者的に命題として記述してその真偽を判断する行為とを区別してはいない。ピーコックは非概念的な経験内容をともなう知覚状態と、それがもつ、なお推論にもとづかないより原初的レベルの「合理的な感受性」を認め、この感受性に導かれてひとは非概念的な知覚経験に「正方形」とか「菱形」といった観察的概念を述定することで「概念化された内容をともなう知覚判断」への合理的移行が可能になるという。それはたとえば「主体の内なる痛みの生起から、かれが概念化されたかたちで痛みを自己帰属する……移行」(4)であり、すくなくともこのレベルの知覚的判断のためには、概念的内容相互の関係についての推論にもとづく反省的判断はかならずしも必要ではない。それゆえピーコックはここでは、痛みという心理状態の前反省的な経験と、それを「［わたしは］痛い！」と概念的に発話する自己帰属としての知覚的判断と、そしてこれら概念相互の反省的推論にもとづく反省的判断の三段階を想定していると思われる。だがこれによってピーコックも、「痛い！」という発語が自己を対象とする「痛み」の性質の帰属であるかぎりで、それは一種の判断だというのである。だがウィトゲンシュタインがあげる幼児の「痛い！」という発話は、なるほど大人がその子に教えた、自分が感じている痛みの感覚についての社会的な表現としての「痛みのふるまい」ではあっても、この「痛い」という語はその子が痛みに対して反応するある状態、たとえば泣くといった状態に「とって代わっている」のであって、それを記述しているのではない」し、これ以上他人である「わたしがことばによって、痛みの表現(Schmerzäußerung)と痛みとのあいだに割りこむ」(5)ことで、その状態を指示したり記述したり判断したりすることなどのぞみえない、というべきである。レカナーティがあげる、ひとがある臭いに気づいて「スカンク！」と叫ぶ(6)ケースも同様で、レカナーティのように、このとき当人は自分の知覚情況について「判断している」というのはやはりいいすぎで、これもまた、スカンクの臭いを嗅ぐという定立的な経験に対するある種言語的ではあるが、ウィトゲンシュタインのいうような意味での社会的ふるまいとしての叫びというべきである。

じっさいクラウトがいうように、命題的態度論からすれば「マクベスは剣を見つめる」「ジョンはライオンを怖がる」は、「マクベスは自分の目のまえに剣があると見る」「ジョンはライオンが自分を食べようとしていることを怖がる」のかたちに還元され、そしてそれは「知覚にかかわる直知は、根本においては判断の形式をもつ」と主張することだが、灌木を熊と見あやまるとき、「目の前に熊がいる」というわたしの知覚的信念は「判断にかかわるものではない」(7)。なるほど、思念についての判断にもとづく信念というものもあるし、たとえば「宇宙の始まりはビッグバンである」という信念のように、われわれが世界について現にもっている信念の多くはそうしたものである。しかしそうした信念にしても、たいていのばあい自分で推論し判断したものというより、だれか専門家といわれるような人たちの判断をひとから聞いたり学校で学んだりして、それをそのまま受けいれてもっている信念である。たとえばテレビのニュースで「スペースシャトルが爆発した」と聞いて、それを信じ、そしてその信念が驚きや失望、同情、憤激といった感情を喚起することはあるが、だからといってその信念を「もつ」ことがただちに、自分としてその事態が真であると判断するというように、つよい意味で「信じる」行為だということではないし、その信念所有にともなう感情がある種の判断だということにもならない。また自分の経験にもとづいて自分が判断したものを信念としていまも保持しているばあいでも、日常的にわたしがそれをそのつどあらためて反省的に判断しているというわけではなく、それらはむしろわたしの行為や欲求を支える傾向性として、前反省的にもっている信念状態というのが適切だろう。

なるほどわれわれはしばしば、運動選手の一瞬の動きについて「かれは判断を誤った」といったりする。しかしそこで問題になっているのは、選手の身についたとっさの反応の正否であって、そのように反応するには、ある情況に際してどうするべきかについての合理的な判断や理論にもとづく反復練習を要するにしても、それ自体は推論的で反省的な判断ではない。ソロモンがチェスのプレイヤーの直観的な差し手を「熟慮しない、性急な判断」と呼ぶのも、やはり誤解のもとである。バッターがボールかストライクかを見極めるのは、そうした反復練習で身につけた感覚とそれにもとづく身体的反応であるが、審判がボールかストライクかを判定するとき、かれにしても同様に反復練習で身につけた感覚をたよりにするにしても、それにもとづきつつ、かれは一定の客観的で反省的な基準にしたがう判断を下すといってよい。じっさいバッターが審判のようにボールを判断していたら、そのボールにとっさに反応して打つことなどできない。このとっさの反応もひとつの認知的活動にはちがいないが、それを判断と呼ぶのは、われわれがこの語をふつうに用いる語感にはそぐわない。われわれはまた、「あの犬はなにか怪しいものがそこにいると信じている（感づいている、おびえている）」といってもよいが、このときわれわれは、その犬がもっている感覚的知覚や〈感情＝感覚〉レベルの生理・心理的状態を三人称的にその犬に帰属し報告しているにしても、その犬に判断を帰属しているわけではない。

それゆえわれわれとしては無用の混乱を避けるために、信念や知覚的信念という語を主体の頭のなかにもたれた信念状態の一人称的所有の意味で使用し、これを三人称的で反省的な信念帰属や知覚的判断、さらにはある種の信念を形成する、反省的で推論的な認知的判断行為一般とは区別して用いるのがよいと考える。たとえばシャー＝ヴェルマンは、判断とはある思念 that p を「肯定するかどうか」、したがって「that p と判断するべきかどうか」についての、正しさの基準にしたがう推論にもとづく客観的で反省的な認知的行為であるのにたいして、信念はある思念をそれとして受けいれるという心的状態を「形成すること」であり、それゆえ「認知的行為というよりもむしろ認知的態度」(8)だという。もちろんわれわれは、第四章で論じるように、すでに自分が信じている信念について、ほんとうに自分はそれを信じているのか、あるいはこのまま信じていていいのかと自問したり、ひとに問われたりすることはあるし、そのときにはわたしはあらためて自分がこれまで信じてきた信念の内容を反省的に主題化し、その真偽や妥当性について推論を介して客観的に判断し、これによってあらたな信念を形成するということもある。ともあれこのように信念状態と判断行為を区別することでわれわれは、とっさの反応のような前反省的な認知的活動としての感覚的知覚や感情を、そしてしばしばそれにともなう信念状態を、心という前反省的な意識経験の「場」ないし「適用領域」に、より適切に配置することができるだろう。

ルイスは、〈自己についての〉信念についての自分のテーゼは信念や知識のみならず欲求のような他の態度にもあてはまるとして、〈自己についての〉欲求も信念のばあいとおなじ構造をもつというのだが、その一方で、自分のテーゼが信念、知識、欲求以外の他の態度――「想像する、思案する、熟考する、ある思念を心に抱くといった、まだよくわかっていない態度」(9)――に適用できるかどうかは不明だという。それゆえルイス自身は感情についてはとくに主題的に言及しないのだが、しかし

〈自己についての〉欲求に関連して、自分が望んでいた情況が実現したとき、ひとはその「時間上の自分の位置に喜び（delight）を見いだす」といういい方で、なにほどか感情にかかわる事態についても言及しており、またかれがやはり欲求との関連で言及するクワインの猫、犬に追われて屋根に乗りたいと望んでいる猫は、そもそも自分がその犬に捕まっているあらゆる可能世界のクラスを「恐れている（fears）」。それゆえ、ルイスは自分のテーゼは喜びや恐怖のような感情にも適用できると考えていたといってもよいだろう。ところでこの猫のように、わたしが犬に吠えたてられているとき、わたしはいま自分を追いつめる犬が目の前にいる世界に住んでいるという性質、したがって自分がそのような危険な情況にあるという性質をもっており、そしてこの性質を、ルイスやレカナーティ流にいえば潜在的に、とはつまり前反省的な意識経験として自己帰属している。問題になっているのは、わたしに中心化された世界における事態であって、この事態を構成しているのは主観・客観関係ではなく「世界と、そこに住むわたしとの対」であり、つまりは現象学的意識の〈ノエシス・ノエマ〉の志向的構造である。そして現象学的意識としてのノエシスの主体であるわたしは、自分に中心化された世界、すなわち〈いま・ここ〉の自分にとっての志向的対象である世界とそこで出会う事象である当の犬を、それがほかならぬ自分にとってもつノエマ的意味において「危険な」ものとして経験し信じるが、メルロ＝ポンティならばこれを、自分の信念世界を断言する「信憑」というだろう。

自分にむかってくるゴリラを知覚し、そのゴリラが危険であると恐れること、それは世界がわたしにとって選択の余地のない定立的なしかたで、まさに「わたしの信念世界」として立ちあらわれ、したがってそれ以上分析不可能な経験の事実であり、その世界の内なる自分の〈いま・ここ〉の自己定位と知覚情況にかんする、潜在的な〈自己についての〉思念という前反省的な意識経験である。ハイデッガー流にいえばそれは、いま恐るべき情況「に自分があるのを見いだす」という、自己の存在情況についての原初的な了解であり、そしてその了解はまずは情態性としての気分や感情として経験される。現存在は、はっきり自覚し反省的に意識しているかどうかは別にして、すくなくとも情態性というやりかたでの自己了解のうちに、自分がそのつどすでにしてある仕方で「気分づけられてあること」を了解する。このように了解と情態性とは現存在の〈現〉を根源的に構成しており、それゆえ「了解はつねに気分づけられている」し、「情態性はすべて了解的である」(10)。そして了解と情態性のうちに、世界内存在としてのわたしがその内にすでにして投げられてあり、そのうちに住む、その意味でわたしの世界の、そのつど「原初的な発見」がある。

それゆえわたしが自分にむかってくるゴリラを知覚し、そのゴリラが危険であると恐れるとき、そこで問題になっている事態は、認識主観であるわたしが自分の「手前に」ある客観的対象としてのゴリラについて、それが一般的に危険であると認識するというような意味で、ケニーやプリンツやデオンナらのいう形式的対象に対する態度としての感情ではない。「そのゴリラは危険である」というように、たんに対象が一般的に「危険である」ということなら、ハイデッガーがいうように、それはなお「きたるべき災厄の予期」というひとつの事象についての信念にすぎず、とりあえず現在はわたしはなんら恐れる必要はないということになる。じっさいデーリングもいうように、動物園で危険なゴリラを檻の柵を隔てて目のまえに見ても、わたしはなんらゴリラを恐れる必要はない。ほんとうのところはハイデッガーがいうように、この〈いま・ここ〉にあるわたしの「手もとに」あってわたしに向かってくるゴリラは、なによりもわたしを脅かすものであって、わたしが「そのゴリラを恐れている」と表現するとしても、それがほんとうに意味しているのは、そのつどわたしの世界において出会い、自分に向かってくるゴリラに対して「みずからを気づかい恐れながら配慮すること（Das sich fürchtende Besorgen）」[11]である。わたしはたしかにそのゴリラを恐れているのだが、それというのも根源的にわたしには、つねに自分の存在のありようが気がかりであって、そしてまさにいま自分が脅かされ、そのことを恐れるがゆえに、そのゴリラを恐れているのである。それゆえハイデッガーは、この自己存在への根源的な「気がかり（Sorge）」こそが現存在という存在の本質、あるいはその根本構造であり、そしてそのことについての原初的了解が「根本情態性」としての不安という気分だという。またこの自己の存在可能への気がかりが、わたしが日常的な世界のなかで出会う事物や他者とのかかわりにおいて、したがって特定の面識関係において、そのつど特定の目的にむかう意欲や願望や欲求のもとでわたしがもつであろう、事物に対する「配慮（Besorgen）」や他者に対する「顧慮（Fürsorge）」を可能にしているというのである。[12]ハイデッガーはまた、「〈諸感官（Sinne）〉も存在論的には、情態的な世界内存在という存在様態をもつ存在者に属している」[13]ともいうが、かれにとっては感覚や知覚、またいわゆる知覚的信念も、自分の信念世界におけるわたしの〈いま・ここ〉の自己定位信念に支えられた自己の存在情況についての情態的了解である。そして感覚や知覚が、世界においてそのつど特定の面識関係において出会う〈事象についての〉思念や、原初的な了解の派生態である認識判断にかかわる〈言表についての〉思念ないし信念を可能にしている以上、知覚を介しての世界とその〈事象についての〉了解も、またこの知覚や信念に基礎づけられた認識や判断も、原理上はつねに情態的で「気分づけられて」いるというべきである。たとえば「わたしはpを恐れている（I fear that p）」というとき、ここにいう「恐れる」という語はしばしば「案じている」や「推測する」といった、かならずしも端的に感情を表明するわけではない意味でも用いられるという事実は、世界や事物や他者についての客観的な推論や判断も、原初的にはある仕方で気分づけられていることの証といえるかもしれない。

感情を一種の判断とするソロモンにしても、一方で、われわれがもつのは「自分の前で、また自分をまきこむかたちで起こる」事態、したがってそのときの「自分の情況」についての感情であり、「すべての感情は志向的である、とは結局のところ、自己自身と自分の世界〈について〉のものである」というのであり、そのかぎりでは、ソロモンにとっても感情における気がかりないし関心の中心は自分の情況であり、〈自己についての〉思念である。それにもかかわらずソロモンが〈感情＝判断〉それ自体が「情動的」だといい、あるいはデーリングが感情は「危険」や「喪失」という形式的対象を知覚する「情動的知覚」だというとき、それはハイデッガーのいうような意味で、信念や認知的判断も原初的な了解としては潜在的に情態的で「気分づけられている」ことを意味しているわけではない。わたしがゴリラが自分に向かってくるのを認知し、これを危険であると恐れるとき、それは自分に向かってくるそのゴリラが「危険である」と知覚し判断して、これを理由として恐れるというのではなく、自分が〈いま・ここ〉で直面しているまさに自分の情況を、「わたしは〈自分に向かってくるゴリラが自分を脅かすこと〉を気にかけて恐れる」情況として情態的に了解することである。これをルイス流に表現すれば、わたしはいま「〈自分に向かってくるゴリラが自分を脅かす〉世界にある」

という自己の性質ないし情況を了解し気にかけているということである。たとえばダームス＋ジェイコブソンが、自分が応援するチームの勝利についてサッカーファンがもつ誇りの感情について、チームの勝利はかれ自身のものではないにもかかわらず、その勝利をファンは「自分自身の達成や優越」として判断し誇るのだと主張する判断主義や、「ファンはあたかもその勝利が自分のものであるかのように感じる」と主張する準判断主義を批判して、それが「かれのチーム」だからこそ「ファンはそのクラブの達成を誇りに思うことができる」[15]のだというとき、そこで想定されているのはおそらく同様の事態である。ファンは自分のチームが勝利した、まさにその世界に「自分がいまあること」、あるいはそのチームが勝利した「自分の信念世界」を誇りに感じているのである。それゆえにまたデオンナ＋テローニのように、たとえば赤い円を見ることは赤信号を、したがって危険を知覚することだというのとおなじ意味で、「恐れることとは危険を知覚することであり、悲しいことは喪失を知覚することである」といってはならない。デオンナ＋テローニは、「そのゴリラは危険である」という命題が記述する事態に対して「信念や欲求、仮定や憶測」[16]といった命題的態度があり、そしてこれとならんで、おなじ事態に対する非命題的態度、すなわち「感じとられた身体的な態度」としての感情があるというのである。こうした理論のモデルとなっている信念の命題的態度論の語法における「信じる」という語は、信念主体と命題的対象とを繋ぐ他動詞として、そもそも主観・客観関係を前提としている。だが信念は命題を対象とするのではなく、潜在的には〈自己についての〉思念、つまりはわたしの〈現〉の〈いま・ここ〉の自己定位と存在情況についての原初的了解であり、そして了解とはすでにして情態的である。すでに見たように、自然や世界を〈対象＝客観〉とする科学的認識や、そのように判断され認識される自然や世界についての命題に対する主観の態度が前提している主観・客観関係は、むしろ現象学的な原初的了解の派生態であって、その逆ではない。信念や認識判断とならんで、感情という一種の命題的態度があるというのではない。もちろんわれわれはつねに心穏やかならぬ気分や感情に委ねられているというわけではないし、多くのばあいわれわれの日常生活はおおむね平静に推移するというのが実情である。だがハイデッガーのいうように、「日常的配慮がさまたげられた不機嫌と同様、それが乱されないときの平静さも、前者から後者への、あるいはその逆の横滑りも、また気分の不調への滑落も」[17]、いずれも情態性の了解にもとづいているというべきである。

こうして信念所有や自己反省、さらには認識や判断一般の根底に、潜在的な〈自己についての〉思念としての情態的了解を認めるとすれば、欲求もまた原初的な情態的了解とのかかわりにおいて理解されるべきである。ソロモンは空腹やのどの渇きといった本能的な欲求はともかくとして、「欲望や野心、望みや希望」は未来にむけられた感情のアスペクトであり、「感情的下部構造の上に形成される」[18]ものとして感情の一部であるという。ド・スーザをはじめとする多くの感情論も、怒りにまかせて相手を傷つけるとか、恐怖を感じて逃げだすなど、感情がある行動を動機づけると主張し、そこから合理的な感情を正しい振るまいの倫理とむすびつけようとする。こうした立場を感情の「信念—欲求理論」として批判するデーリングにしても、彼女のいう〈感情＝情動的知覚〉はそれ自体、判断や信念、欲求とならんで「行為の説明と合理化における還元不可能な一カテゴリー」[19]だとして、これにたんなる知覚とはことなる「動機づけの力」を認める。そうだとすれば、欲求といわれているものも結局は〈感情＝情動的知覚〉に還元されてしまうのではないかという批判に対してデーリングは、自分はピーター・ゴルディの「感情的欲求[20]」やマーク・ジョンストンの「情動的欲求[21]」のように、感情を欲求とひとつのものとは考えないというのだが、しかしデーリングにあって、感情の動機づけと欲求のちがいはあいまいなままである。じっさいにはソロモンがいうように、たとえばねたみの感情はかならずねたみの対象である他者を不幸にするべく欲求し行動するにいたるわけではなく、ただその不幸を願うだけのこともあるし、世界を変えたいと欲求するのではなく、ただ「〈それがあるとおりに〉受けいれる[22]」断念や無関心のような感情もある。ひとはどうしようもない不運に怒りをおぼえつつ、これをただ嘆くこともあるし、恐怖はつねに逃走を動機づけるわけではなく、恐怖のあまり立ちすくむこともある。それゆえわれわれとしては、感情はつねにある行動を「動機づける」というのではなく、ひとは怒りや恐怖の情態性にあるとき、そのひとに特有の性向にしたがうかたちで、ときに特定の動機づけにもとづいて一定の行動をとることもあるというのがよいだろう。そしてまたここでもわれわれはルイスにならって、欲求という態度も根源的には〈自己についての〉欲求であって、自分がある命題が記述するような「世界に住んでいるという性質をもちたいと望む」こと、あるいはある世界のなかで特定の〈いま・ここ〉の位置を占め、ある事象との特定の面識関係をもちたいと望むことだというべきである。クワインの猫は犬の脅威におびえて、自分がおかれた危険で恐るべき情況をのがれるべく屋根に乗りたいと望んだ。そのようにわたしは、自分の「危険」な存在情況や、大切なものを「喪失」した自分の存在情況を、恐怖や悲しみの情態性のうちに了解し、そしてこの了解はしばしば危険な情況をのがれ、あるいは喪失を修復したいという動機づけや欲求を作動させるが、ときには戦慄のパニックにすくませ、あるいは修復しがたいものへの絶望的な悔恨[23]に閉じこめる、といえばよいだろうか。そしてこうした世界とそこで出会われる事象に対する日常的な配慮が、その根源的な理由としての自己存在への気がかりに、あるいはルイスのいう〈自己についての〉欲求にもとづく以上、特定の事象に対する配慮にともなう意欲や願望や欲望も、信念がそうであったのと同様に、その根底においてはつねに気分づけられた情態的了解に根ざしているのである。

2　感情と気分

ハイデッガーの情態性とは、まずは「気分」である。ハイデッガーは情態性のさまざまな様態としての個々の「情動や感情（Affekte und Gefühle）」[24]についてはこれまでも哲学において考察されてきたが、『存在と時間』では個々の感情をとりあげることはできないとした上で、とくに「不安」という根本情態性と、その派生態ないし頽落形態としての「恐れ」というふたつの気分を主題的にとりあげる。[25]しかしふつう「恐れ」は気分というより感情の名前であるし、ハイデッガーにしても「陽気で、高揚した気分」や「無関心という、色あせ気の抜けた気分」以外にも、「希望、喜び、感激、快活のような気分や情動」や「嫌気、悲しみ、憂鬱、絶望のような現象」にも、わずかではあるが言及している。それゆえハイデッガーの情態性にあっては、「気分」と「情動や感情」のあいだに原理的な区別はないといわざるをえない。ハイデッガーの影響のもとにあるソロモンも、感情は「特定の対象や情況」に焦点をあてるが、不安や多幸感、メランコリー、抑鬱など、一般に気分と呼ばれるものは特定の対象や情況に焦点をあてることなく、「全体としての世界」の把握に向かうというように区別する一方で、結局のところ「気分は一般化された感情である[26]」という。ウィトゲンシュタインも、「なにごとかを恐れる」とか「なにごとかがうれしい」というとき、これらは「なにごとか」を対象とする「方向づけられた感情」であるといい、これに対して不安は「方向づけられていない恐れ[27]」だという。

そこでわれわれとしては、いまでも古典たることを失わないギルバート・ライルの『心の概念』における諸感情の分類を参考にして、気分と感情を区別してみよう。ライルは「感情（emotion）」という語はふつう、（1）「性向（inclinations）」、（2）「動揺（agitations）」、（3）「感覚（feelings）」、（4）「気分（moods）」という、それぞれにことなった種類の心的状態を包括的に名指す用語として使用されているという。

（1）性向とは虚栄心、強欲、怠惰など、ひとの「性格のなかに存在している多少なりとも持続的な特徴」であり、そのひとの行動を説明する「傾向性としての性質[28]」である。たとえばウィトゲンシュタインが「愛は感情ではない。愛は検証されるが、苦痛はそうではない」として、「愛と嫌悪とは心情の傾向性（Gemütsdispositionen）と呼んでもよいだろう[29]」というとき、それはライルのいう性向と重なるものといえるかもしれない。

（2）動揺とは、自分の心の性向が日常の平静さを破って揺らいだ心の状態である。ウィトゲンシュタインも「わたしは胸にうれしい動揺（eine freudige Erregung）を感じる[30]」という。またケビン・マリガンは他の感情状態と区別して、これを「比較的一時的な情動的エピソード（affective episodes）[31]」としている。動揺は、ちょうど渦巻きが流れの存在を前提するように「性向の存在を前提している」[32]。ライルはガラスに石が当たった結果ガラスの破砕という出来事が起こるという例をあげて、これは「砕けやすさ」というガラスの性向の「瞬間的現働化」としての動揺だと説明する。だが一方でライルは、動揺をあらわす語として「心配している」「思い悩んでいる」「当惑している」「興奮している」「驚いている」などをあげるが、そのように当惑して額にしわを寄せたりからだをこわばらせたり「しやすい状態（liability）」にあるという意味では、動揺は気分と似ているが、それはある特定の行為を意図するというような意味での「傾動（propensities）」ではないという。そうだとすれば、石が当たって生じる「振動＝動揺」はガラスが破砕する条件ではあっても、その結果生じる瞬間的な出来事としての破砕そのものは動揺ではなく、むしろつぎにあげる「感覚」というべきだろう。ともあれここで注目すべきは、ライルが通常は〈感情＝感覚〉[33]の一種として扱われる同情や困惑、期待や驚き、楽しさや喜びや安堵といった心の動き、そしてスリルやサスペンスなどを動揺や気分と考える点である。ライルはまた、愛や願望はときに単純な性向をあらわすが、ときにはその性向から生じたり、性向が阻害された結果生じる動揺をあらわすといったりもして、性向と動揺のあいだの区別はかならずしも判明ではない。いずれにせよ性向はつぎにあげる、ある特定の時点に生起するエピソードとしての「感覚」がそうであるように、「厳密な意味においては数秒のうちに生じては消え、高まってはひいていく」[34]ようなものではないという。

（3）心のそのつどの動揺には、たいていのばあいなんらかの「感覚」がともなう。ライルが感覚というとき、いわゆる〈感情＝感覚〉を「身体感覚（bodily sensations）」と同一視したジェームズと似た使い方をしており、かれ自身もしばしばこれを「感官的感覚（sensations）」とほぼ同義で用いることがある。感覚としてそれは「ずきずきする痛みやうずきや動悸やむずがゆさ」であるが、ひとはまた同情の「うずき」、驚きの「ショック」、期待の「スリル」といういいかたもするのであり、このとき「うずき、ショック、スリル」は同情、驚き、期待といった動揺がときに引きおこす、たいていのばあい紅潮や冷や汗やハラハラドキドキといった身体感覚をともなって数秒のうちに生じては消え、高まっては引いていく「はげしい感覚」である。じっさいにも、からだの「うずき」と良心の「うずき」というように、〈感情＝感覚〉の名前の多くは身体感覚の名前としても使用される。それゆえライルは、胃痛は消化不良のサインであるというのとおなじ因果的な意味で「感覚は動揺のサインである」という。一方でライルは、ちょうど胃弱の体質ないし性向をもつひとがある原因で消化不良を起こしているからといって、そのひとがかならずしも痛みという身体感覚をもっているとはかぎらないという例を挙げて、動揺には感覚がつねにともなうとはかぎらないと考えているようである。またライルは、欲求ないし欲望や衝動は性向だが、一方ではげしい欲求としての切望や渇望といった「欲求の感覚」というものもあるという。

（4）「わたしは幸福であると感じている」「わたしは物憂く感じる」は、「驚きのショック」「良心のうずき」といった瞬間的なエピソードとしての感覚の記述とはちがって、比較的短期とはいえ一定の期間持続する「気分」の記述である。それゆえライルにとって、気分を〈感情＝感覚〉の一種として分類するのはあやまりである。気分は動揺とおなじく、あることの「なしやすさ」の条件という点では「傾動」だが、比較的短期の傾向だという点で長期にわたる性向とはことなる。またあるひとが退屈だとか憂鬱だとか浮き浮きするというようにある特定の気分にあるとは、「ある特定の情況である特定の感覚を感じる気分になっていること」であり、「相互にごくゆるやかなつながりをもった、きわめて多様なことがらを話したり、おこなったり、感じたりする心持ち（the frame of mind）にある」ということである。この点で気分は、ある特定の性向のある時点での現働化としての動揺やそれにともなう感覚ともちがう。気分は疾病や気象状態に似て、そこでさまざまに生起する個々の突風、陽射し、にわか雨、気温などのようなものではなく、むしろそれらをひとまとめにした「朝の天候のようなもの[35]」であって、それ自体はそうした出来事ではない。しかしここでもライルは、困っている、興奮した、当惑しているなどの動揺をあらわす用語について、ひとはこれらの用語を一時的な気分を示すために用いることがあるというように、動揺と気分の区別はかならずしも明確ではない。

さてこのように要約してみると、ライルの分類においては性向と動揺、因果的に結びついている動揺と感覚、そして動揺や感覚と気分のあいだのちがいないし関係はかならずしも明確ではない。ライルはまた、虚栄心のような性向を感情と呼ぶのは「悔しさ」を感情と呼ぶ一般的な用法にはあわないことを認めつつも、性向や感覚や気分をもふくみうる「感情」という語の多義性を容認することを選択する。しかしわれわれとしては、ライルがもちいているガラス板の比喩に即してつぎのように考えるのが、自分の経験に照らしても妥当ではないかと思われる。砕けやすい性向や特定の厚さや色合いといった性格をもつガラス板をとおして外界の光が部屋に差しこむとき、そのつどの光のことなりに応じて部屋の内部は晴れ晴れとした気分や曇天の鬱々とした気分に彩られるだろうし、穏やかな光に包まれた平静な気分はとりたててなにかの気分として意識されることはないかもしれない。そこにたまたま石が当たるとき、その石の大きさ、重さ、かたちのちがいや、あたる方向、速度など、そのつどの情況に応じて、ガラス板はそれがもつ特定の性向や性格に応じた振動や反応を見せるだろう。その結果ひびがはいったり、あるいは砕け散ったりするかもしれないし、ひびのはいりかたや砕けかたもちがうだろう。ガラス板の振動や、その結果としてのひび割れや破砕はいずれも砕けやすさという性向の瞬間的現働化として、強度こそちがえその時点での出来事ないしエピソードといってよい。いずれにせよわれわれは、ガラスに外からなにかの理由で石が当たって振動するとき、それを知覚し感覚し、それに驚いて注目したり、なにごとかと身構えたり、立ちすくんだり、ときには笑ったりもするが、これは石が当たるという出来事をほかならぬ自分の情況として了解するわれわれの側の情態的反応としての振動であり動揺である。そしていつもではないが多くのばあい、その結果としてガラス板はひび割れたり破砕したりするが、同様にわれわれにあっても、自分がいまおかれている情況についての了解はときに、気分や動揺をこえて恐怖や戦慄、怒り、あるいはよろこびといった〈感情＝感覚〉を引きおこすだろう。微妙なのは、すでに指摘したようにライルが、ふつうは典型的な感情と考えられている同情〔共感〕や困惑、驚き、安堵などをむしろ動揺や気分だという点である。たとえば驚きが〈感情＝感覚〉であるかどうかについては、じっさいにも論者のあいだで議論のあるところで、たしかに「驚き」のような語は予想外の事態に対するわたしの心の反応ないし動揺を記述する語ではあっても、その事態をあるしかたで感じとるわたしの感情経験としての感覚の内実は、そのつどの事態に応じてことなっているとはいえそうである。サプライズパーティに驚かされてわたしはとても「うれしく幸福な」感じになるし、予想外の身内の事故のニュースに驚いて「苦悩と悲しみ」のどん底に突き落とされるというように、驚きの動揺は悲しみや恐怖のように一定の感情パターンを示すわけではない。おそらくここにあるのは「驚き」や「困惑」という語の用法の問題で、この語を特定の文脈において「驚いて恐怖にすくんだ」とか「困惑して恥ずかしい思いをした」という表現の省略として用いるならは、それは特定の〈感情＝感覚〉を意味しているといえるだろう。

また感情と感覚についてはすでに第一章で見たように、クラウトはある「感情タイプ」と、そのつどの文脈において経験され、その感情タイプの名前で名指されるエピソードとしての〈感情＝感覚〉とを区別しており、ド・スーザも感情を怒りや恐怖といった心的状態の「ひとつの種」の呼び名とし、これがじっさいにそのつど生起し感じられるとき、この感情種の「属のレベルでの揺動（a generic *commotion*）」を「身体的変化とむすびついた、心（soul）の内部に生じるある感覚（a feeling）[36]」としている。リチャード・ウォルハイムも「心的傾向性（mental disposition）としての感情」と、この意味での感情がエピソードとして顕在化される「心的状態[37]」すなわち〈感情＝感覚〉とを区別する。ゴルディも感情と「感情経験のエピソード」とを区別するが、かれのいう「感情」とはそれ自体のうちに、ひとが特有のやりかたで考えたり感じたり行為したりする傾向性や、過去の感情経験のエピソードをふくんでおり、それゆえそれは「感情的エピソードとくらべてより持続的な、ある複合的な状態」である。ゴルディはさらに、これら感情を構成し、相互に作用しあう傾向性や過去の経験といった諸要素を「ある物語の部分（part of a narrative）[38]」という。ここでゴルディがいう、感情に対応する「物語」とは、われわれのいう、個々人の〈いま・ここ〉における存在「情況」に近い概念といえるだろう。それゆえわれわれとしては、現存在における〈いま・ここ〉の存在情況の自己了解としての情態性を、性向と気分と、そして感情ないし〈感情＝感覚〉とからなる総体と考えるのがよいだろう。

われわれはライルのように性向自体を感情という概念にふくめる必要はないと考えるが、しかし自分がある情況に直面するとき、その情況を了解する情態性として怒りを感じるか、あるいはむしろ恐怖を感じるかというのは、ライルがいうように、おそらくは当人の性向ないし傾向性によるといってよい。そうだとして、わたしの〈いま・ここ〉の〈現〉の了解や情態性を構成しているこうした性向とは、そもそもなにに由来するのか。犬もわれわれが恐怖と呼ぶようなある種の情動をもつことから、感情論ではしばしば、恐怖や怒りのような感覚を「基本感情」と呼ぶ。ダームス＋ジェイコブソンは基本感情という問題含みの概念をさけて「感情の自然種」と呼ぶが、それは環境に対する適応性によって進化した情動である。たとえば恐怖システムは「有機体にとっての脅威にかんして環境をモニタリングすること」と記述されるが、それは人間もふくめたそれぞれの動物種ごとに「ことなった非言語的メカニズムになわれている」(39)。あるひとにとってなかなか追いはらうことのできない病的恐怖《フォビア》のような「恒常的な感情的抵抗」にしても、たとえば永続的な視覚的錯覚をひきおこすミュラー–ライアの直線のような「恒常的な抵抗知覚」がそうであるように、おそらくは祖先たちが直面してきた蛇や高所や閉所のような危険に対して、「進化の過程で獲得された身構え」が反射的に引きおこされることによるというのである。そうだとすれば、われわれがある情況に対して比較的共通した特定の感情的反応を示す性向をもつのは、進化によって開発された心的メカニズムによるといえるのかもしれない。ダームス＋ジェイコブソンはまた、とくに人間の感情の自然種を「すべての文化を通じて共通する」パラダイム・ケースと考え、そのようなものとして恐怖や怒り、喜び、哀れみ、恥、罪悪感、ねたみ、軽蔑、当惑などをあげる。しかしかりにこうした感情が、われわれが動物と共有するような「原始的感情」に根ざしているとしても、それが人間の心的生活のコンテクストにおいて生じるかぎりでは、それは信念や欲求などとの複雑な相互作用のもとで経験される。それゆえダームス＋ジェイコブソンは、人間にとってはこれら自然種の感情も、じっさいには感情による評価を言語化し、自分自身の感情や他人の感情について反省することによる「認知的輪郭づけ（cognitive sharpenings）」によってより明確に特定された感情として経験されるという。判断主義者が感情も特定の信念や思念をふくむと主張し、ウィトゲンシュタインが「犬は恐怖を感じることができるのに後悔を感じることはできない」というのも、われわれ人間の感情はたんなる自然種にとどまらず、ホームシックや宗教的畏怖やルサンチマンのように、より複雑で微妙な認知的輪郭づけによって特定されるようなものだからである。ド・スーザのいうパラダイム・シナリオも、そのように特定の共同体に共有され、世代を通じて伝承され、社会的学習によって身につけられた感情の認知的輪郭づけといってよいだろう。

なるほどそのつど経験される感情は、一般には怒りや恐怖、悲しみといった感情種のタイプを指示する、いわば感情語のパレットにならうかたちで名指されるが、すくなくともわたしにとってその経験の内実は、ほかならぬわたしが〈いま・ここ〉の〈現〉におかれている、そのつどの存在情況についての情態的了解の内実である以上、それがただちに概念や命題とそれが要請する合理的規範へと還元されることはなく、感情経験の内実を記述するためには、われわれはまさに自分がおかれている存在情況そのものを記述する必要があるだろう。それゆえダームス＋ジェイコブソンも、「無限に多くの認知的輪郭づけが可能である」[40]という。なるほどウィトゲンシュタインのいうように、そうした私的な経験を十全に記述する私的言語などというものは存在しないから、社会的学習で身につけたパラダイム・シナリオや感情語のパレットにならうかたちで自分の感情経験をことばにすることで、他者とのコミュニケーションをはからざるをえないし、そのときことばの経済は、おなじものでなくともどこかで似た情況にかかわる感情経験を、おなじ感情語で名指すことを要請する。そのようにしてわれわれは、恋人に去られて悲しく、試験に落ちて悲しく、子どもを失って悲しいというだろう。だがこれらはいずれも情況としては、したがって情態性としてはまったくことなったものである。しかしすくなくとも自分の感情経験についてことばを発することで、他者はわたしがいまおかれている情況を一般的なしかたではあれ、ある程度理解することは可能となる。そしてそれにもとづいて他者は、わたしの感情反応がパラダイム・シナリオに照らして合理的で適切なものとして認可されうるものであるか、あるいは当の情況はほんらいそのように感じる必要はない、あるいは感じるべきではないものであるかを第三者的に判定することが可能となり、わたしに同情したり慰めたり、あるいは批判したり諭したりするだろう。この意味で、三人称的信念帰属がそうであったように、三人称的感情帰属もまた社会的実践としては有益である。だが感情経験で問題になっているのはあくまでも当人の、自分がおかれている情況についての一人称的な情態的了解である以上、その感情経験が三人称的に見て適切ではないとしても、だからといってただちにこれを誤りで不合理だと断ずることも正しいとはいえないのである。

3　快と感情

感情のトポグラフィーにとってもうひとつの難題は、伝統的な道徳哲学や近代の功利主義、そしてとりわけ美学において重要な役割を果たしてきた「快・快楽（pleasure）」を心のホーリズムのなかのどこに位置づけるかである。よく知られているようにアリストテレスは「ニコマコス倫理学」で、「快楽は活動を完成させる」という。たとえば若者の自然本性に備わる活力がなにものにも妨げられることなく十全に開花して、男盛りとして完成した活動状態にあるひとには「咲きほこる壮年の美しさ（akmaiois）が加わる」[41]が、そのような意味でなにものにも妨げられることのない「自然の本性にかなった性能の活動」の状態それ自体が快楽であり、その完成した活動状態が原因となってこれとはべつに快楽が結果するのではない、というのである。それにしても、それぞれの活動が向かうべき「完全性」という目標がその活動のどのような状態なのかについては、これだけでは不明である。アリストテレスにとって、人間の妨げられない自然本性とは「善いひと」すなわち「完全で幸福なひと」の状態であり、それゆえそのようなひとにとって快楽と見えるものが「本来の意味において人間の快楽」である。そのかぎりではJ・ゴスリングがいうように、アリストテレスにとって快楽の問題は「まずもって倫理学のストラテジーであって、心の哲学のそれではない」[42]というべきかもしれない。ベンサムのような一八世紀の快楽主義の古典的な形式では、快楽と呼ばれる特定の種類の「感官的感覚（sensations）」[43]が存在するとされる。この点では「快楽と呼ばれるある特定の感覚」[44]を認めるG・

E・ムーアも、この伝統に連なっている。最近ではプリンツが「さまざまな非基礎的感情は構成要素として快楽をふくんで」おり、それゆえ「快楽はひとつの基礎感情である」[45]といい、ティモシー・シュレーダーも快とは「よい感じ（feeling good）」に共通する特定のタイプの感覚であり、感じられた感情、すなわち感情のエピソードはつねに「ある程度の快ないし不快をふくむ」という。たとえばショックは「不快と驚きの結合」であり、喜びは「快と驚きの結合」である。また行方不明の子どもはもう生きてはいないと頭では受けいれても、それがどうしても腑に落ちず、子どもはきっと生きているにちがいないという期待や確信を捨てられない両親のケース、次章で論じるように、一般には自己欺瞞や希望的観測と呼ばれて不合理な感情とされるようなケースでは、快や不快は頭で理解されたものではなく「〈肚の底（gut）〉で、あるいは〈心（heart）〉で感じられた」[46]ものにしたがって生じるという。

これら快を特定の感覚や感情とする立場に対して、ウィトゲンシュタインは「喜び、楽しみ、歓喜は感覚（Empfindungen）ではない」[47]といい、また「もしだれかが、享楽（Vergnügen）は感覚かと問うならば、おそらくかれは理由と原因とを区別していない」という。楽しむ、つまり「なにごとかを享楽とする（*an etwas* Vergnügen hat）」という表現は、この「なにごとか」がわれわれの内なるある感覚の原因となるということを意味せず、ただひとが楽しんでいる事態の理由を説明しているにすぎないというのである。最近の快楽論では、一九世紀後半の功利主義者ヘンリー・シジウィックが注目されている。かれも快を「望ましいものとして、あるいは……より好ましいものとして理解される感覚」[48]とするのだが、しかしなにか快と呼ばれるような「ある特定の質」をもった感覚が存在するとはいわない。ウィリアム・アルストンによれば、シジウィックの立場からすれば、ひとがある経験を楽しむとは、かれがそのような「経験を選択する傾向にある」(49)ということであり、快はだれにも共通する特定の感覚というのではなく、個々人の好みや欲求とのかかわりで望ましいとされる感覚である。

ここでふたたびライルを見てみよう。ライルは「快・快楽」という語は一般にある感覚をあらわすために用いられると考えられているが、なにごとかを「快とする（taking pleasure in）」ことはそれを「楽しんでいる」ことであって、それは「あるひとが現在おこなっているようなことをおこなう性向をもっている」ことにほかならないといい、この点ではシジウィックと共通した認識を示している。「自分がやりたいと欲したことをいまおこなっている」こと、当の「行為への傾動が充たされていること」(50)それ自体が快であって、それとは別になにか快楽と呼ばれるような特定の感覚がそこから結果するというわけではない。ひとがゲームに没頭して楽しんでいるあいだに、ときに歓喜や興奮、自賛といった動揺の「ときめきや高揚」といった感覚を経験するにしても、それをとくに意識していないあいだもかれは「終始そのゲームを楽しんでいた」といってよい。その楽しみの経験を「快楽のスリル」とか「快楽の高揚」と記述することもできるだろうが、しかしここで快楽という語があらわしているのは、じっさいにはそのゲームを楽しんでいる、まさにそのことであって、なにかある特定の感情種やそのエピソードとしての感覚を指示しているのではない、というのである。

フレッド・フェルドマンも、快楽とは特定の感情や感覚ではなく、あるひとが特定の感覚ないし経験を「端的に快とする（takes immediate pleasure in）」(51)こと、したがって「それ自体のために楽しむこと（enjoying）」ことだとする「シジウィック的快楽」の立場に同調する一方で、シジウィックが

「それ自体のために」というとき、そこにはあるあいまいさがあると批判している。シジウィックは、快とはある活動を「それ自体のために」好み、それゆえその活動がもつ「内在的な本性」のゆえに楽しむことだというが、ここにいう「本性」はじっさいにはこれを好み楽しむ当人にとってのみ妥当するものである以上、それは個人的な選好という外在的な要因に依存しており、この点でシジウィックには混乱があるというのである。フェルドマン自身は、あるひとがある事態を快とするというとき、それは当人がある事態を「よろこぶ」とか「それがつづくように願う」というように、そのひとに特有の命題的態度をあらわしているとして、これを「命題的快」と呼び、あるいはその事態に対して「快という態度をとる」という意味で「態度的快」と呼ぶ。その上でかれは、一般に「快・快楽」といわれているものを、身体感覚にかかわる「感官的快（sensory pleasure）」とある事態や活動にかかわる「態度的快」とに区別するが、いずれにせよフェルドマンにとっても、快は特定の種類の感覚ではない。たとえばわたしは、ボスニアでの戦争が一時的に停戦となったことを歓迎しよろこぶ、つまり快とするが、だからといってなんらかの快い感覚を経験しているわけではない。なるほどビールを飲むことを快としているとき、それにはのどごしの爽快さや味わいにかかわる感官的快もともなうというように、態度的快にはしばしば感官的快がともなうが、しかしこのふたつは別のことがらとして区別するべきである。かつて感じていた苦痛が和らいでわたしがこれをよろこび、これを快とすると[52]いうとき、それはわたしの「情況を記述している」が、この情況でわたしが感じているのは「低減した苦痛」の感覚ではあっても、なんらかの感覚的快ではないだろう。しかし逆に、ある事態に対して態度的快を経験することなく感官的快を経験することはできない。というのも、たとえばビールを楽しむとは、ビールを飲むことにともなう感官的感覚に対して、それを態度的快として受けとめることだからである。

だがフェルドマンが、感官的快とはことなって態度的快は「ちょうど信念や希望や恐怖が対象にむけられているのと同様に、ある対象にむけられている」というとき、ここにはやはり、感情は命題内容を対象とする態度だとする命題的態度論の、すでにわれわれが批判しておいた考えかたが見てとれる。ある対象に対して「わたしは快という態度をとる」という表現は、フェルドマンがいうようにわたしの情況を記述するものだとすれば、「快・快楽」もまた、わたしの〈現〉の〈いま・ここ〉の存在情況を「よろこばしい」ものと受けとる情態的了解の一様態というべきである。なるほどわれわれは「パンテオンを見る機会をもてたことをとてもよろこんでいる」といったり、「パンテオンを見る機会がもてるのをとてもよろこんでいる」というように、過去の対象や未来の対象に対しても、これを快とすることができる。しかしわたしが「いまよろこんでいる」のが過去の経験であろうと、未来に予定されている事柄であろうと、それが記述しているのは、そうした過去の経験を閲した現在の自分、あるいは未来にそれを経験できることが約束されている現在の自分の存在情況なのである。

4　快楽主義と独我論

ライルが、快楽はなんであれ自分の欲求ないし傾動の妨げられることのない充足の情況を楽しんでいることだといい、フェルドマンが、ひとがある事態を楽しんでいるならば、かれはその事態に快という態度をとっているというとき、かれらはたしかにアリストテレスでははっきりしなかった「活動の完全性」の意味するところを、しかしアリストテレスのように「善きひと」の倫理学に踏みこむことなく、心の哲学の範囲内で明確にしたということはできるだろう。ライルやフェルドマンのいう快楽は、まずは個々人にとって「それ自体望ましい」ものである。そのかぎりでフェルドマンは、快楽は「あるひとの人生を、かれにとってはそれ自体でよりよいものにする特徴である」という。だがそれが、あくまでも個々人にとっての快楽とよりよい人生である以上、そうした快楽と人生の倫理性があらためて問われることになるが、フェルドマン自身は「態度的快は人間にとって主たる善である」(53)と主張し、この点で自分はエピクロスに似ているという。はたしてライルやフェルドマンの快楽についての主張は、古来快楽主義の名の下で批判されてきた立場に帰着するのだろうか。

アルストンによればシジウィックやライルは、快楽は当人にとってそれ自体として望ましいと主張する点で心理学的快楽主義にコミットするように見えるが、だからといってかれらは快楽が唯一望ましいものだと主張しているわけではない。テニスの快楽は、わたしがそれを性向として欲求し好むので、わたしにとってそれはつねに望ましいものだが、しかしわたしはそれ以外にも、自分の可能性を実現したり知的能力を身につけたりすることをもそれ自体で望ましいものとみなすことはできる。ライルの主張を転倒して「もしもなにごとかを欲求することは、それを快いものと考えることだ」と主張するならば、「われわれは快楽、あるいは快楽に導くと信じられているもの以外のなにものも欲求しない」(54)ということになるが、アルストンによればこれが心理学的快楽主義である。フェルドマンはこれを純粋な快楽主義と呼ぶが、それは「快と苦以外のなにものも、あるひとの人生の内在的価値に対して直接的な影響をあたえない」[55]と主張するものである。またここで快とされているものは多くのばあい感官的快を意味しており、それゆえ一般に快楽主義といわれているものは「普遍的な感官的快楽主義の一形式」である。これに対してフェルドマン自身はすでに見たように、態度的快は当人にとってそれ自体で善であり、それゆえに当人の人生をよりよいものにすると主張する「普遍的な態度的快楽主義」、あるいは「純粋な態度的快楽主義」を擁護する。自分の感官的快をつねに態度的な快とする人物、たとえば倫理性など意に介さずセックスの快楽をつねに肯定的にとらえる人物のばあいには、感官的快楽主義と態度的快楽主義は重なるが、これはむしろ例外的なケースというべきで、われわれのほとんどは感官的快以外のものについてもこれを快とする。フェルドマンによれば快楽主義は、われわれがなにをなすべきか、あるいはなにを追求するべきかについては語らないし、それゆえそれは倫理学のではなく価値論におけるひとつの立場である。この点で、いわゆる快楽主義的功利主義は「なにがわれわれにとって価値があるかについてのひとつの見解」[56]をもつから、ほんらいの意味での快楽主義ではない。

純粋な快楽主義、すなわち伝統的な感官的快楽主義からすれば、ストア派の生涯は感官的快を欠いているのでそれ自体価値のないものということになるが、態度的快楽主義にしたがえば、感官的快を欠いていてもかれ自身はその人生に対して態度的快をもつかぎりで、かれにとってはそれはよい人生だということになる。もっともそれは、別のひとにとっては退屈で不満足な人生であるかもしれない。一方で、伝統的な快楽主義の主潮流はほとんどつねにエピクロスやミルなどに代表される穏健な快楽主義として、「高級な快楽」というものがあると認めてきた。たとえばミルは偉大な文学作品を読む、すばらしい音楽を楽しむ、哲学を学ぶといった「高次の能力」を用いる快と、肉体的快や官能的耽溺のような低次の快とを区別して、高次の「種類の快楽はそうではない快楽よりもいっそう望ましく、いっそう価値がある」(57)といい、知的な人間ならだれもが「高次の能力を用いるあり方」をつよく好むと主張するが、この立場からすれば、たとえば豚のような人生はよい人生だとはいえない。フェルドマンが「洗練された快楽主義」と呼ぶムーア流の快楽主義も、当人にとっての態度的な快ないし苦のうち「ほんらいあるべきやりかたで方向づけられたエピソード」はすべて当人にとってそれ自体で、したがって「内在的によい」といい、たとえば受苦のひとに対する「同情の徳（the virtues of compassion）」(58)は苦痛だとしても、それがほんらいあるべき感情的反応であるかぎり、それはそれ自体でよいとされる。だがそうだとすると、あるひとの人生がそうした同情の苦痛に満ちていたとしても、その人生は「それ自体で際立ってよい」ということになるが、フェルドマンはこれを快楽主義とするのは問題であると批判する。これに対してフェルドマンの態度的快楽主義では、豚のような人生でもそれを快とする当人にとっては「それ自体でよい」といえると同時に、かれとはことなる「われわれにとってはよくはない」(59)ともいえる。

普遍的な態度的快楽主義のこの相対性に対してフェルドマンはあらためて、感情の合理性を規定する感情の認知理論と似たやり方で、当人にとってそれ自体でよいかどうかとは別に、ある対象が「快楽に値する（pleasure-worthiness）」かどうかについての規範として「賞罰（desert）」という概念を導入することで、「賞罰調整的（Desert-Adjusted）で内在的な態度的快楽主義」を提唱する。ある絵画が真に美しいとき、その絵はだれにとっても鑑賞するに値する、したがってだれもがその絵に態度的快をもつに値するといってよいし、ある事態が道徳的によいならば、それは賞賛され、あるいは楽しまれるに値するといってよい。そしてこれによって快楽主義の理論は、価値にかんするわれわれの直観に矛盾しないものになるというのである。だがこれによってフェルドマンは、一方で態度的快のエピソードはすべて当の個人としての〈わたし〉にとって内在的によいと主張しつつ、他方である態度的快のエピソードがもつ、〈われわれ〉にとっての内在的価値は、そのエピソードにふくまれる快楽の「賞罰に調整された総量」にひとしいというのであり、そしてここにわれわれはまたしても、命題的態度論が直面するのと同種の、わたしにとっての主観的で一人称的な快ないし価値と、われわれにとっての客観的で三人称的な規範としての快ないし「善」のあいだの齟齬に直面することになる。じっさいフェルドマンの立場では、わたしの人生がもつ価値は総体として、わたしにとってそれ自体で「よい」ものである内在的な態度的快のうち、われわれの客観的規範としての賞罰のふるいにかけられてのこる「快楽に値する」ものの総量によって規定されることになる。だがそうだとすると、わたしにとってそれ自体でよく、それゆえわたしの人生をよりよくする態度的快も、結局はわれわれにとってそれ自体善である快へと還元されることになり、これによってフェルドマンの立場も、その意図に反して、純粋な感官的快楽主義でないのはもちろんだが純粋な態度的快楽主義ともいえないものとなる。

このことについては、フェルドマン自身も気づかないわけではない。態度的快楽主義が「当人にとって快楽はすべてよい」というとき、それは「個人は楽しむことを遂行しなければならない」と宣告するが、それはあたかも個人に対して「よき人生を送るために汝は健康と福利と名誉を遂行すべし」

と命じる父権主義と同様に、いわば上から「なにが他人の人生を、まさにその他人にとってよいものにするのかを特定する」。その結果態度的快楽主義も個々人に、自分がなにを欲求しなにを楽しむかをみずから決定する自由をあたえないというジレンマにおちいることになる。それゆえフェルドマンは「個人の自律の原則にかんして、わたしは混乱したままである」(60)と認めざるをえない。さらに「なにがある対象を快楽の対象としてふさわしいものにするのか」という問い、したがって規範的概念としての「賞罰」の起源ないし根拠についても、自分はなお不明なままであると告白するのである。態度的快楽主義で問題となっている〈わたし〉と〈われわれ〉の視点ないし立場のことなりにもとづく齟齬と緊張は、それがモデルとしている命題的態度論における信念のパズルにおけるのと同様の、一人称的で主観的な〈わたし〉の視点と、三人称的で客観的な〈われわれ〉の視点の区別を明確にしないことに由来する。なるほどフェルドマンも所々で、〈当人〉の立場と〈われわれ〉の立場のちがいに言及するのだが、この視点の区別について明確に理論化しているとはいえず、それゆえにかれも上述の態度的快楽主義のジレンマの前で立ちどまらざるをえなかったのである。

そうだとしても、快楽主義は価値論で倫理の問題ではないといいつつフェルドマンが擁護しようとしたのは、態度的快は、なるほど客観的な規範からすればふさわしいものもあればふさわしくないものもあるにせよ、すくなくとも当人にとってはそれ自体でよいという事実であり、そのような意味での快楽がもつ積極的価値であり、そして個人の人生にとってそうした快楽がないよりはあった方が、またすくないよりは多い方が「よりよい人生」だということである。ムーアとはちがってフェルドマンの立場では、ひとが醜いというものをわたしが美しいと見て快楽をえるとしても、あるいは品のないキッチュを好むとしても、すくなくともわたしがそれを個人的に楽しんでいてだれにも迷惑をかけてはいないかぎり、「悪趣味」と非難される筋合いはないし、わたしの客観的に見て「まちがった方向に導かれた美的鑑賞」は、だからといって価値倒錯というわけではなく、せいぜいそうした鑑賞は「いくらかその価値を減じた」(61)というにすぎないのだということになる。それにもかかわらず、フェルドマンが「よい人生」というときの「よい」は客観的な規範としての「賞罰」にかかわる倫理的・道徳的な「善」を意味するかぎりで、フェルドマンは結局のところ、〈わたし〉にとっての人生の価値はどこかで〈われわれ〉にとっての普遍的な倫理的「善」と結びつかねばならないという、価値にかんするわれわれの直観に引きずられてしまう。だがイングヴァール・ヨハンソンがいうように、「もしあなたがテニスを好むならば、あなたはその行動を楽しむ。人生はそのあいだはきわめてよいものである。あなたは幸福ですらあるかもしれない」し、この楽しみや快楽はなにか特定の感覚や感情を意味するわけではないから、それはしばしばある種の苦痛、たとえば筋肉痛や試合をまえにしての不安といった「苦痛の感覚をふくんでいるといったとしても、なんら矛盾ではない」(62)。それゆえわれわれとしては、自分の人生にとって「内在的によい」態度的快の総量を名指すのに、倫理的な意味の「善い」という語に代えて「豊かさ」を用いるのが適切であるように思われる。じっさい貧しさとくらべて豊かさもまた、善という倫理的な価値とは別の、しかし人間にとって基本的な価値のひとつにはちがいない。個人の人生にとって内在的な態度的快が多ければ多いほど、それが他人から見ればかならずしも客観的規範に照らしてふさわしい快楽に満たされた「善い人生」とはいえないとしても、その人生は当人にとって「豊かな人生」として「よい人生」であることは可能である。もちろんこの個人にしても同時に共同体の一員でもあるから、なんらかのかたちでその共同体で共有された客観的な規範を身につけており、自分の人生がこの規範に照らしてかならずしも「善い人生」ではないことを自覚しているということもあるだろうが、それでもかれが自分の人生を「豊かな人生」と呼ぶことは可能である。『アンタッチャブル』というハリウッド映画で、ロバート・デ・ニーロ演じるアル・カポネがオペラを見て涙を流しているときにひとりの手下がやってきて、敵対する警官を指示通りに殺害したと耳打ちし、カポネはこれに応えて軽く頷いたのちまたオペラに集中するシーンがある。カポネの人生はけっして善い人生ではないし、おそらくかれ自身にしてもそのことはあるしかたで知っているはずだが、しかしかれにオペラを楽しむ快楽があることは、その殺伐とした人生をすこしは豊かにしているのも事実であり、これをだれも否定できないのである。

第四章　感情の義務論

1　信念の義務論

性向や気分、動揺、感情が個々人の〈いま・ここ〉における情態性であり、また一人称的に所有された信念状態も潜在的な〈自己についての〉思念として、つねに気分づけられた情態的了解だとすれば、たしかにわれわれにとってある種の自己中心主義ないし独我論は逃れがたい。それにもかかわらず、わたしの現存在の〈現〉が「わたしの信念世界」と、そこで出会う他者によって構造化されている以上、この独我論はわれわれにとって「生きられる独我論」であり「大勢で演じる独我論」である。それゆえわれわれはあらためて、他者の信念とわたしの信念とのあいだに必然的に生じる齟齬や葛藤をのりこえて、いかにしてわれわれは、それぞれの主観的視点から「ひとつの世界の存在を信じる」ことができるのかを問わなければならない。そのとき問題になるのは、わたしの一人称的・主観的信念とは対立しあるいは矛盾する三人称的・客観的信念は、わたしにとって自分の信念を捨ててももつべき当為ないし義務なのか、そもそもわれわれは自分の信念を自由に捨てたりもったりすることができるのかである。

行為の当為を主題とする倫理は「義務論（deontology）」と呼ばれる。ところが近年、とりわけ八〇年代以降の分析哲学では、行為の義務論的当為を認識にまで拡張する認識的義務論がさかんに論じられるようになる。認識的義務論がとりあげる認識のモデルは、命題的態度の範型としての信念である。認識的義務論は、「ひとは命題pを信じるべきである（ought to believe that p）」という主張の妥当性を論じる。しかし前章で見たように、自己の存在情況の情態的了解において信念と感情とが分かちがたくむすびついている以上、信念のパズルにおいて顕在化する命題的態度の合理性や、意志の弱さ《アクラシア》、自己欺瞞、希望的観測、現実逃避といった信念態度の不合理性をめぐる葛藤とパラレルに、感情の認可にかかわる合理性や、病的恐怖《フォビア》や「御しがたい感情」にまつわる感情の不合理性をめぐる葛藤に対しても、ある種の当為、いわば感情の義務論が問われることになる。そしてこれに答えるためにも、まずは認識的義務論ないし信念の義務論を見ておく必要がある。

信念の義務論は、行為の義務論との類比にもとづいている。アルストンによれば、このようなやり方で信念をあつかうもっとも著名な現代の義務論主義者はチザムである。

「もし自己制御が活動にとって本質的なものであるなら、われわれの信念、われわれが信じることのあるものは行為であるように見える。あるひとが熟慮し、最終的にある結論にいたるとき、かれのその決断（decision）は、われわれがかれに帰属する他のすべての行動がそうであるのと同様に、かれの制御のうちにある。もしかれの結論が筋のとおらないものであれば、それはかれが受けいれるべきではなかった結論であり、われわれはつぎのようにいってかれを説得するかもしれない——「でもきみは、かくかくのことが真であると想定する必要はなかった。どうしてきみは他のこれらの事実を考慮しなかったのか」。われわれは、かれの決断はかれが避けることのできたものであり、ただかれが避けることを選択していたなら、かれはより道理にかなった推論をなしていただろうとみなす(1)」。

この立場からすれば信念の義務論とは、「信じる」行為ないし決断においてひとは、十分に真であるように思える信念内容のみを許容する認識的原則に違反するべきではないという主張である。ところで、もしも信念に要求や許容、義務、叱責、非難といった概念が適用されるとすれば、アルストンもいうように、信念は「随意制御（voluntary control）のもとに(2)」なければならない。ひとが選択できない事柄について許容されているとか禁止されているとかいうのは意味をなさないし、決断する能力をもたないのに当人を非難することもできない。それゆえ行為の義務論とパラレルに主張される信念の義務論で問われるべきは、ひとはある命題を随意に意図して信じようとすることができるのかどうかである。

信念の義務論にかんする最近の論調は、あからさまに信念の随意性を主張することはない。たとえばシャー＋ヴェルマンも、自分が随意に「なにを信じるべきかを決断することなど、あきらかに不可能である」として、信念の不随意性を主張する。たとえばひとはフィクションの物語世界において主張される命題をただ想像のなかで恣意的に真と見なすし、議論のために「太陽は地球のまわりを回っている」という命題を仮定した上で、そこから帰結する事態を想定することもある。だが自分がじっさいに「信じる」という意味で、「太陽は地球のまわりを回っている」という命題を随意に、恣意的に真と見なして受けいれることなどできるものではない。一方で、ひとがすでに一般に信じられており自分も受けいれている命題を、あらためてほんとうに「信じるべきかどうか」について自問し熟慮することはごくふつうにある。こうした自問や熟慮をシャー＋ヴェルマンは「ドクサ的熟慮」と呼ぶが、シャー＋ヴェルマンにとって信念の義務論の問題は、こうしたドクサ的熟慮における決断が信念の不随意性といかに両立するかにある。

すでに前章で見たように、シャー＋ヴェルマンにとって判断とはある命題を肯定する認知的な「行為」である。それが認知的であるのは、それが当の命題を「真として肯定する」ことをふくむからである。それゆえ判断とは正しさの基準にしたがい、事実や証拠にもとづく推論を介して、当の命題が真かどうかについて「決断しようとこころみる」行為である。これに対して個々人の頭のなかにある信念は、「ある命題を真として表象する心的状態であり、それゆえ認知的行為というよりもむしろ認知的態度である」。だが信念主体が、正しさの基準にしたがって客観的に真と判断された命題を、自分の信念すなわちドクサとして「所有するべきか」どうかにかんして思案するとき、このドクサ的熟慮のふるまいも、信念形成にかかわる選択ないし決断としてひとつの行為といえる。そして個人的なドクサ的熟慮にしても、たんなる想像や仮定とはことなって、真理をめざすべきだというのが認識的義務論の要請であるから、この意味ではドクサ的熟慮も判断とおなじ正しさの基準をふくむ。たとえば大統領が「イラクは大量兵器を隠しもっている」と主張するとき、われわれにとっての自然な問いは「自分はそれを信じるべきか」である。しかしこの問いは結局、「ほんとうにイラクは大量兵器を隠しもっているか」という事実についての査察と探求に道をゆずることになる。その結果「イラクは大量兵器を隠しもっている」という命題が真と判断されるならば、この命題を信じるべきだということになる。それゆえ客観的な認識判断と個人的なドクサ的熟慮とはおなじ正しさの基準にしたがう「ひとつづきの思考作用」であり、規範としてあるべき信念形成においては、判断と熟慮のあいだにはシャー＋ヴェルマンが「透明性」と呼ぶ関係が成立していることになる。シャー＋ヴェルマンは、この規範としてあるべき信念を個々の信念主体がじっさいにドクサとして頭のなかに所有している信念状態と区別して、とくに「信念の概念」というが、このとき個人的なドクサが正しさの基準にしたがう「真の信念」すなわち信念の概念に一致するためには、信念主体には規範的判断を支える「証拠への敏感さ」(3)が要求される。シャー＋ヴェルマンの「信念の義務論」において問われているのは、規範的判断に支えられた「信念の概念」と個々の信念主体が現実に所有する「信念状態」との一致にかかわる当為である。

「信念の概念」は正しさの基準をふくむというのはそのとおりであるし、個々人が自分がもつべきドクサにかんして熟慮するとき、かれはそのドクサが客観的な判断に一致するかどうかという正しさの基準にコミットしているというのも、そのとおりである。シャー＋ヴェルマンはまた、かれらのいう「信念の概念」をたんに命題を「受けいれる」ことから区別する。たとえばイラクは大量兵器を隠しもっていると主張する大統領の演説を聴いて「嘘だ！」と考えているとき、わたしは自分のこの「嘘だ！」という思念は真であるとみなし受けいれているが、だからといってそれはなお、この思念をほんらいあるべき信念としてもつことを意味しない。このときわたしに大統領の虚偽と見えたものは、自分が最初に感じたたんなる憶測、したがって検証が必要な仮定のようなものかもしれないし、あるいはたんに偏執狂的ファンタジーかもしれない。たとえば足し算をしてその和が一二三四であるとき、わたしはとりあえずこの解をいわば作業仮説として受けいれるが、だからといってほんとうにその解が一二三四であると信じているわけではかならずしもなく、これには検算が必要である。いずれにせよ、このときわたしはさしあたって命題を受けいれはするが、それが「信念の資格をもつ」かどうかについてなお疑念をもっており、それはいまだ「信念の概念」に値しない、したがって信念とはことなった態度であるが、事実としてひとはしばしばこの態度にとどまっている。それゆえそうした態度は、これに真理の基準を適用することによって、いずれほんらいの信念へと格上げされるか捨てられるかするべきものだというのである。シャー＋ヴェルマンにしても「信念の概念は……信憑性の度合いを容認する」というのだが、それにしてもかれらのいう規範的な「信念の概念」は、「信念」とか「信じている」といった語の日常的な用法に照らしてあまりにも強すぎる主張に思われる。

じっさいにはシャー＋ヴェルマンも認めるように、ドクサ的熟慮と信念形成のプロセスがつねに、規範としての「信念の概念を行使する情況」においてなされるわけではないし、いわゆる信念の多くはむしろ知覚のように、正しさの基準にもとづく意識的な判断を介さないプロセスの所産である。たとえば「わたしがいま見ているのはＵＦＯである」といった一人称的な知覚経験にもとづくいわゆる知覚的信念のようなケースでは、当然のことながら他者の知覚的信念や、科学のような客観的で規範的な判断との齟齬は生じうるが、だからといってわたしが自分にとってうたがいえない知覚的信念をただちに取りさげるとは考えられないし、取りさげるべきだとも断言できないだろう。一方で、個々人の生活を支え枠づけている信条や信念体系というものは、科学的な世界観や宗教やイデオロギーもふくめて、その多くは自分でその正しさを判断したものというよりは、自分が帰属する社会や文化のなかでひろく共有されており、それを学習をつうじて受けいれ、身につけたものにちがいない。しかもそうした信念の多くは、神やUFOは存在するかといったものから、信号の「進め」の色は青なのかそれとも緑かにかんする信念にいたるまで、個々人にとって多かれ少なかれ「確信をもてない」ものである。自分が確信していると考えていた信念についてさえ、だれかに「ほんとうにそうなのか」とつよく問われれば、わたしは言いよどみ「たぶん」と返答することもしばしばなのである。

もちろんシャー＋ヴェルマンにしても、個々人がじっさいにもっている信念がときに誤っていることを否定はしないし、ある命題を真と判断したからといって、かならずしもそれを自分が「いま信じる」という結果にはならないことも認める。たとえばムーアのパラドクス——「その飛行機は安全なのだろう、でもわたしはそれを信じない」——とか、「ジョーンズは巧みな詐欺師だ」という判断を下しながら、ジョーンズの優しかったり友好的であったりする外観にもとづくドクサ的熟慮によって「ジョーンズは信頼するに足る」という信念をもつようになるといった、いわゆるアクラシアや希望的観測と呼ばれる信念状態がそれである。それゆえシャー＋ヴェルマンは、かれらのいう信念の概念を「よわい意味で真理にむかって規制されている」ものというように修正する。だがこの証拠への敏感さの要求を弱める修正にもかかわらず、[4]結局のところかれらにとってアクラシアや希望的観測は「証拠にかんして鈍感なプロセス」であって、それは規範的な「信念の概念」が自己利害や情念や不合理なフォビアのような信念以外の心的プロセスからの影響を受けた結果、当人がその判断に「対応する信念を形成するのに失敗した」ケースだということになる。ほんらいあるべき規範的な信念の概念は「人格のうちなる合理的な行為者(5)」によって行使されるとするシャー＋ヴェルマンにとって、これらあやまった信念の事例はもっぱら「合理性の失敗」なのである。

そうだとすれば、宵の明星と明けの明星とはべつの星であると信じていた古代の天文学者も合理性の失敗を犯していることになるし、ガリレオが地動説を唱えたとき、これを信じなかった当時のほとんどの人びともまたそうである。だが古代の天文学者も、天動説を維持したガリレオの時代の人びとも、それぞれの時代の規準に照らしてけっして不合理であったわけではないし、もしもかれらを不合理というなら、まだビッグバンなるものがほんとうはいかなる事態であるのかについてなんら確信をもてないまま、「宇宙の始まりはビッグバンである」と信じている現代のわれわれもまた、後世から不合理とされるだろう。こうしてわれわれはシャー＋ヴェルマンにおいてもまた、一人称的で主観的な知覚経験やドクサ的熟慮と、それにもとづいて頭のなかに所有された信念状態を、三人称的で客観的な判断とそれにもとづく永久文としての命題内容へと還元することで、真偽にかかわる一元的な意味論を確保しようとする命題的態度論の根底にある、あの根強い合理性の圧力を認めざるをえない。

シャー＋ヴェルマンの、命題の真偽を判断しそれを信じるべきかどうかを熟慮するための証拠への敏感さの要請は、リチャード・フェルドマンのいう「証拠主義的見解」に呼応するものである。フェルドマンにとっても、ある命題を信じるべきかどうかについてのドクサ的熟慮とは信念形成にかかわる選択ないし決断であるが、しかしそれは、意志的行為におけるのとおなじ意味でわれわれが「信じようとする意図を形成する」というようなことではないとして、かれもまたドクサ的不随意主義に立つ。しかし一方でフェルドマンは、世界における自分の経験に応じるかたちで信念を形成するわれわれは、ある意味で「信念主体という役割」をになっており、そして社会的役割には、たとえば教師はことがらをはっきり説明するべきであり、親は子どもの面倒を見るべきであるというように、「その役割を正しく果たすべきだ」という「役割の当為（*role oughts*）」[6]が課せられているという。もちろんひとはじっさいにはあやまった信念をもち、しかもそれを当人が制御できないことはある。だとしても、それはやはり非難されるべきものであって、それはあたかも、当人が制御できない属性であっても、その属性――たとえば「美しい」――のゆえに賞賛されたり非難されたりするのと同様である。それゆえわれわれが信念主体という役割をもつということは、信念形成という活動を正しくなすべきであるという当為ないし義務をも負うことを意味する。このとき信念主体に課せられた認識的当為としてフェルドマンが提起するのが、ひとは個人的な望みや恐れにではなく「つねに自分の証拠にしたがうべきである」という証拠主義的テーゼである。もちろん現実には、ある命題を信じるための十分な証拠が欠けていて確証をもてないばあいがある。ある命題を支持する証拠とそれに反する証拠の重みがひとしいばあいに、証拠主義が唯一受けいれうる態度は判断を宙づりにすることである。単独犯による犯罪であることがはっきりしているのに、同一の証拠がふたりの容疑者を指さしているケースでは、ひとはどちらか一方の容疑者を特定して有罪であると信じるべきではないだろう。しかしたとえ証拠が決定的でなくとも、自分の証拠が命題に対して「ニュートラルであるよりは支持的である」ならば、証拠主義の立場からはそれを信じるべきである。要するにフェルドマンは、現実にわれわれがもつ信念はしばしば自分にとって確信のもてないものだが、それでもそれは信念と呼ばれてよいし、それについての義務論も可能だというのである。

シャー＝ヴェルマンの証拠主義にとって、ドクサ的熟慮がめざすべきは、正しさの基準にもとづく唯一「真の信念」である。だがフェルドマンにとって、唯一「真理とその体系としての知識」を信念形成の目標とするのは現実的ではない。じっさいには、認識的には不合理なやり方で真理を信じているひともいれば、古代の天文学者のようにその時代としては合理的だが偽の信念を形成するひともいる。それゆえフェルドマンにとっては、シャー＝ヴェルマンのいう合理的な「真の信念」のほかにも、事実として知識にはいたらないが「道理にかなった信念」や不合理な信念もある。そうした信念は十全な意味で合理的ではなく、それゆえ認識的価値を欠くかもしれないが、それでも思慮分別にかかわる価値あるいは道徳的な価値をもつことはある。それゆえフェルドマンの証拠主義は、ひとは自分が「確信していないすべての命題について、より多くの証拠を追求する認識的責務がある」というようなつよい当為は主張しない。それが主張するのは、さしあたり現時点で自分がもっている証拠にもとづいて道理にかなったやり方で信じるという目標を達成するべしという当為であり、これをフェルドマンは「共時的合理性」という。もちろん、ひとはしばしば現時点で自分がもっている証拠に満足せず、あらたな証拠をえるべく探求するだろうし、ほんらいそうするべきである。だがフェルドマンにとってそのような探求は信念形成にかかわるふるまいないし行為であって、認識的義務論の問題ではない。

問題はマシュー・クリスマンが批判するように、フェルドマンの「役割の当為」が果たして義務論をになうるかどうかにある。教師はわかりやすい授業をするべきだが、だからといってそれができない無能な教師は教師を辞めるべきだとまで主張できるかどうかは疑問である。あるひとが窃盗症患者であるからといって、われわれは「彼女は盗むべきである」とはいわず、逆に「盗まないでいるべきだ」という。それゆえクリスマンは、当人がになう役割から「無条件に、その役割を正しく果たすべきである」ということが帰結するわけではないという。(7) じっさいのところ「信念主体である」ということは、教師のような仕事として選択可能な役割というよりは、「母親である」とか「父親である」というのとおなじように、われわれにとって逃れがたい存在の事実というべきである。なるほど社会的規範として果たすべきだと一般的に考えられている「母親の役割」というものはあるにしても、育児放棄や幼児虐待といった事例に見られるように、すべての母親が「あるべき母親」になれるとはかぎらないが、それでも彼女は母親でありつづけるだろう。

2　批評のルール

アルストンは、信念の義務論で問われているのは信念という「状態の制御」が、信じるという「行為の制御」とおなじ意味で可能かどうかだという。たしかに命題の真偽がはっきりしないばあいに、命題を受けいれるかどうか決断するためにその証拠や理由を探しつづけるかどうか、またどこを探すべきか、どのような手順を踏むべきかについてひとは随意制御をもつが、だからといって証拠を探求する行為の随意性が、その結果自分がどのような信念状態をもつことになるかを直接に制御するということにはならない。自分が信じたいと思っている命題を支持する証拠を探求したが、その結果は当の命題を支持せず別の命題を支持するとき、ひとは当初の意図に反して別の命題を信じざるをえないと感じるだろう。なるほどひとはときに、Xは自分を愛している、浦和レッズはJリーグを制するだろうなどと、むりやりにでも自分に好都合な信念をもとうと意図することはある。通常、希望的観測や自己欺瞞と呼ばれているのはこうした信念態度だが、そのためにひとは、自分が信じたいと思っている命題を支持する特定の証拠だけに注目したり、その命題を信じている仲間をもとめて教会や政治的党派や思想家グループなどに参加したり、自己暗示にかけたりするかもしれない。そうでなくても、自分がふたしかに、あるいは特別な証拠もなく信じている命題に対して、そのより十分な証拠を探索したり情報を集めたり、権威に盲従しない性向を身につけたり、また他の人びとがおかれている状態に対する感受性を養うといったことはごくふつうにおこなわれる。だがこれらは自分自身をある命題を信じる人物へともたらそうとする、信念形成の活動や行為に対する「長期的な随意制御」であって、その結果生じた信念状態に対する制御ではないし、信念形成にかかわる行為の制御の結果意図された信念状態が生じなかったとしても、シャー＋ヴェルマンやフェルドマンがいうような意味で非難されるいわれはない。それゆえこの種の随意制御をアルストンは、われわれが自分の信念状態におよぼす「間接的な随意影響」と呼ぶ。信念にかんする認識的義務論のあやまりは、信念状態をもたらしそれに影響をあたえうるさまざまな「活動や行為」に対する随意制御とそれにかんする義務論を、信念状態に対する随意制御と混同し、日常の言語使用でしばしば信念状態に対して用いられる随意制御を思わせる表現、たとえば「きみにはそんなことを想定する権利はない」とか、「わたしは、かれこそその仕事にうってつけの男だと決断した」、「それはハルシャ菊なのかそうではないのか、はっきりしろ」といった表現は、行為にかんする義務論の「派生的適用」(8)でしかないにもかかわらず、それを字義通りに信念状態に対する随意制御だと考えてしまう点にある。

いまや問題は、信念のような状態にかんするドクサ的不随意主義を維持しつつ、たとえ派生的にでも日常生活においてわれわれが用いる、そうした状態にかかわる義務論的当為の表現をどう理解するかである。医者は「あなたは血圧を下げるべき（はず）です」と忠告するし、時計の修理屋は「その時計のチャイムは十五分ごとになるべきです」という。これらの〈べし〉は行為主体が直接にそして随意に制御できるものではないが、それでも血圧や時計のあるべき様態として、ある意味で当為と見える。クリスマンはこの、行為の〈なす－べし（'ought-to-do's）〉とはことなるが、そこから派生的に用いられる、状態にかんする〈ある－べし（'ought-to-be's）〉が響かせるある種の当為を、セラーズの「行為のルール」と「批評のルール」の区別を適用することで解明しようとする。セラーズは「あるべしは、なすべしから注意深く区別されるべきだが、しかし両者はおたがいにある本質的なつながりをもっている。(9)そのつながりとは、おおざっぱにいって、あるべしは、なすべしを含意しているということである」というが、クリスマンによればセラーズの意味するところは、「X'sは状態ϕであるべきだ」という批評のルールは「（他の事情がおなじならば、そして可能ならば）ひとは、X'sが状態ϕであることをもたらすべきだ」(10)という行為のルールを含意しているということである。これにならえば、あるひとXにかんするドクサ的当為は、「Xは条件Cの下で命題pに対するドクサ的態度Aであるべきである」というかたちをとる。そのときドクサ的当為は〈ある－べし〉にかかわる批評のルールとしてドクサ的不随意主義と矛盾しないし、またそれは行為のルールを含意するから、日常の派生的用法や、それにもとづく認識的義務論がまちがったやり方で主張したがっている事態をもカバーしている。

クリスマンのこの議論は、これまで見てきた信念の義務論の問題点をうまく解決してくれるように見える。フェルドマンのいう「役割の当為」のあるもの、たとえば「教師はその教える主題に関心をもっているべきだ」は批評のルールである。シャー＋ヴェルマンが、ドクサ的熟慮において自分の信念は「信念の概念」に一致するべきだというとき、これも正しくは、主観的な信念状態の〈あるーべし〉にかかわる批評のルールである。一方でかれらが、ドクサ的熟慮がめざすべき正しさの基準にもとづく合理性のために、証拠主義にもとづいて、ひとは「より多くの証拠を追求する認識的義務がある」というとき、それは正確には信念形成という行為のルールである。ドクサ的熟慮は批評のルールとして、あるべき信念状態をめざす行為のルールを要請する。そうだとしてもじっさいにはアルストンが指摘するように、信念形成の行為がつねに真偽にかかわる客観的な判断にもとづいてなされるわけではないし、そもそも「信念の概念」が要請し勧告する正しさの基準にもとづく「認識的理想」を実現することなど不可能である。日常生活においてわれわれがさまざまな行動を選択したり決断したりするべく身につけている信念の多くは、さほどの根拠もなく特定の共同体に根づいている伝統や慣習、宗教観や偏見、性向などにもとづいて、あるいは根拠がふたしかな思いこみや専門家の主張の受け売りによって身につけたものである。「飛行機が怖い」といった病的恐怖《フォビア》やアクラシア、また故国や家族、政治的党派、宗教などにかかわる実践にともなう感情的執着を支配している信念なども、当人にとって制御不可能な「抵抗できない（irresistible）信念」[11]である以上、そのような信念形成は義務論的に非難されることはできない。ある部族の構成員がすべての信念を部族の伝統の権威にもとづいて受けいれるばあい、かれはそうすることを期待されているのだから、信念形成の行為にかんする知的義務にかんしてなんら非難されることはない。信念の十分な証拠や根拠を確定するための、すべての文化に共通する基準があると主張するのは、アルストンもいうように「文化のちがいに対する感受性のなさ」[12]である。また自分の心に深く根づいている神の存在や聖書の権威などにかんして疑問を感じたからといって、ひとがこれらをただちに捨て去るということはない。その正否をめぐる探求に着手するとしても、その探求がつづくあいだその信念をもちつづけることは義務論的に非難されない。この点でもアルストンが、信念形成という行為のルールが要請する正しさの基準にもとづく合理性は「ひとから期待するのが道理にかなっている」程度のものでしかないというのはまったく正しい。ところが一方でアルストンは、そのように真偽がはっきりしない命題はむしろわずかで、われわれの信念の大部分は「はっきりと真か偽であるような命題」[13]だという。だがわれわれとしては、アルストンがあげているさまざまな例こそ、われわれがふつうに所有し、日常生活におけるさまざまな行為をおこなう際に依拠するが、たいていのばあい自分として百パーセント確信をもてない信念という心的状態のありようだというべきである。

一方クリスマンは、批評のルールが含意する行為のルールについては、われわれはより「相互人格的な（interpersonal）」考え方を必要とするという。

「たしかに、認識的理想を正確に同定するには十分な反省を要求する。われわれの道徳的理想は、社会的存在としてのわれわれの本性から由来するように、われわれの認識的理想も社会的存在としての本性と結びついた、情報を追求し伝達する存在というわれわれの本性から由来するとわたしには思われる。われわれが他人の行為のみならず、他人のあり方（ways of being）を評価しそれに反応することは、これらの理想を理想とするような社会構造を制度化し維持することの一部をなす。こうした評価や反応は、われわれのあり方をかたちづくる手助けとなる。というのもわれわれのあり方は、われわれがなにをおこなうか、そしていかにおこなうかと緊密に結びついているからである。このような情況においては、情報を追求し伝達するという点で優良な存在であるという理想から由来するドクサ的当為は、相互人格的で認識的な行為のルールを含意する定言的な批評のルールであるだろう、とわたしは考える[14]」。

「地球は平面である」と信じているひとに対して、かれが帰属する認識共同体のメンバーは「あなたは地球は平面であると信じないでいるべきだ」というだろうが、それは「あなたはあなたがもっている科学の本を読み、両親や教師のいうことをきくべきだ」という「一個人内部の（intra-personal）」行為のルールにとどまらず、「あなたの両親と教師はあなたに、地球は平面ではないことを教えるべきだ」という行為の相互人格的ルールを含意する。さらにかれら両親と教師は、あなたをそのあやまったドクサ的態度から解放するためになしうること、たとえば反証や反対論拠を提供し、極端なばあいには制度的にケアするといったことをもみずからなすべきである。この意味では〈なす－べし〉という行為のルールにしたがうのは、信念主体が帰属する認識共同体といえるだろう。

クリスマンも、シャー＋ヴェルマンの正しさの基準にしたがう「信念の概念」やフェルドマンの「役割の当為」と同種の「認識的理想」を主張するが、シャー＋ヴェルマンやフェルドマンの規範がもっぱら「信念主体である」という個人の存在情況ないし存在の事実性に根ざしているのに対して、クリスマンの認識的理想はあくまでも、情報を追求し伝達する存在という人間の社会的存在としての本性と結びついており、それゆえ認識的理想とそれが支えるドクサ的当為、そしてそれが含意する行為のルールのいずれに対しても責任を負うのは、当の信念主体が帰属する認識共同体である。これはきわめて正しい認識であり、バージが批判するような心の哲学における「個体主義」(15)に対して、社会的・共同体的契機を導入する企てとして、十分に評価されてよい。だがまさにこの点に、ある決定的な問題が露呈する。ドクサ的当為の判断主体は、当の信念主体が帰属する「認識共同体の人びと」であり、信念主体の信念状態に対する批評のルールも、この認識共同体という相互人格的で三人称的立場からの〈ある－べし〉である。だからこそ、それが含意する行為のルールに責任をもつ主体も、まずは認識共同体の人びとである。つまりクリスマンが認識的理想ないし「真のドクサ的当為」と名指すものも、信念主体が一人称的・個人的に所有している信念状態を三人称的で永久文的な命題内容へと還元することでその真偽を問う、命題的態度論に連結しているのである。

問題は、そもそも批評のルールによって「ある信念所有の状態にあるべきだ」と三人称的に批判される個人がつねに、それを当人にとっての真のドクサ的当為として受けいれることができるかどうか、あるいは受けいれるべきであるかどうかにある。われわれはアルストンの、われわれの信念の大部分は真か偽であるような命題だとする主張に対して、むしろ百パーセント確信をもてない信念という心的状態こそ、われわれがふつうに所有し、それにもとづいて日常生活におけるさまざまな行為をおこなっている信念体系のありようだといっておいた。じっさい「飛行機を怖がるべきではない」という批評のルールのもとで、第三者がそのことをわたしに納得させるべく行為のルールにしたがって、あらゆる交通手段のなかで飛行機事故がもっとも確率が低いという統計的データを示すなどして、かれのなしうる、そしてなすべき方策を尽くしてくれたとしても、事実としてときに飛行機は落ちるから百パーセント安全とはいいきれず、それゆえわたしは「飛行機は安全である」という判断を合理的な認識的理想として理解しても、それが要請する「怖がるべきではない」という感情状態にかんする批評のルールにしたがえないかもしれない。そのときわたしのそうした存在情況ないし情態的了解は一人称的・個人的な逸脱として、認識共同体の正しさの基準と真のドクサ的当為にとって排除されるべき不合理性であり、弱さであり、あるいは病的なフォビアであり悪として非難されるだろうか。

心の哲学における個体主義に対して社会的・共同体的契機を導入したクリスマンにあっても、一人称的個人は三人称的な認識共同体が要請する真のドクサ的当為に合致する合理的存在か、あるいはそれを逸脱するために不合理として批評にさらされる存在でしかない。だが実情はむしろ、みずからも三人称的な認識共同体の構成メンバーとしては飛行機が安全なことはよく理解しつつも、他方でそれでも「ときに墜落する」し「怖い」という信念と感情を捨てられない個人として、当の個人の心の内部にあって、(16)一人称的信念所有と三人称的批評のルールとのあいだの葛藤と緊張は生じるというべきではないか。そして一般に不合理性として断罪される「抵抗できない信念」や「御しがたい感情」と呼ばれる事態は、まさにこうした個人の心の内部にふつうに生じる緊張状態として、この事実をこそ解明するべきではないか。

3　意志の弱さ《アクラシア》

じっさいのところ、一般に行為の不合理性と考えられている意志の弱さ《アクラシア》や、ドクサ的当為にかかわる不合理性とされる希望的観測や自己欺瞞、さらには感情の不合理性としての病的恐怖《フォビア》などはけっして特異なものではなく、むしろわれわれにとってごくありふれた心的現象というべきである。しかしこれらの不合理性についての議論が混乱しているように見えるのは、まずはこれらの用語で名指されているのが、ほんとうのところはどのような心的現象なのかについての認識が混乱しているからである。

たとえばプラトンやアリストテレスがアクラシアと呼び、通常「意志の弱さ」と訳される不合理な態度について、デヴィッドソンはこれを「(a)行為者はxを意図的におこない、かつ(b)その行為者は自分に可能な別の行為yがあると信じ、かつ(c)その行為者は、すべての事情を考慮して、xをおこなうよりもyをおこなう方がよいと判断している[17]」というケースだとして、これを「自制の欠如(incontinent)」とする。(c)の、行為者は「yをおこなう方がよいと判断している」という事態をデヴィッドソンは、「行為者はyをなそうと意図している (*intends* to do)」、「行為者はyをなそうと決断している (*decides* to do)」、「行為者は熟慮の結果yを選択する (*chooses*)」ともいいかえているが、かれによればこの問題をあつかう際の混乱は、ひとつには行為にかんして「判断する」という語がしばしば、その行為を「意図する」「決断する」「選択する」「欲する」「おこなう」といったさまざまな意味で理解されるという用語自体のあいまいさによる。そしてその結果、実践的推論の本性にかんするある誤りがもたらされるという。それはたとえば、判断をなすことと欲することをむすびつけ、さらにそれを行為することにむすびつけるヘーアのような「指令主義（prescriptivism）」であり、あるいは価値判断は欲求ないし動機のうちに反映されていなければならないとする「穏やかな形式の内在主義」[18]に見られる。それはまた、行為者が「yがよりよい」というとき、それは「yがより多くの快楽をもたらす」を意味するといい、さらに「yがより多くの快楽をもたらす」と信じる者はだれであれ必然的に「yをよりつよく欲する」と主張するミルのような快楽主義にもつうじるものである。いずれにせよこうした立場からすれば、道徳的判断は指令的であるからこそ、それに違反する「道徳的弱さ」が生じるのだということになる。

デヴィッドソン自身は、自分がなすべきであると考えることをなそうとは欲しないことがわれわれにはよくあるという事実に照らして、こうした内在主義をとらない。デヴィッドソンによれば内在主義の誤りは、そもそもアリストテレスのアクラシアについての定式化に見られる。アリストテレスによれば、理論的な推論においては魂はその結論を必然的に肯定せざるをえないのと同様に、行為にかかわる判断においてはただちに実行せざるをえない。たとえば大前提「すべて甘いものは健康に悪い」、小前提「これは甘い」、結論「これは健康に悪い」にもとづく「これを味わうことをさけるべきである」との実践的推論は「まっとうな分別」[19]であり、抑制のあるひとならこれを実行するはずだという。ここでアリストテレスは、「結論をみちびくことと行為することをあからさまに同一視する」(20)のだが、これは「結論は行為である」とする内在主義の主張である。内在主義にとってあるべき判断を妨げるのは情念や欲望や快楽であり、その結果としてオースティンが批判する「道徳的な弱さを意思の弱さと見なす、後代のグロテスクな混同」(21)が生じる。だがわれわれは平然と誘惑に屈することがあるし、自分のよりよい判断に反して行為しながらも、道徳性がまったく問題にならないようなケースもかず多く存在する、とデヴィッドソンは反論する。たとえば夜疲れてベッドに横たわったがまだ歯磨きをしていないことに気づいたとしても、わたしは、一度ぐらい歯を磨かなくてもたいしたことにはならないだろうし、いま起きれば目がさえて寝つけなくなるというように「すべての事情を考慮して、ベッドにとどまっていた方がよいと判断する」かもしれない。それでも「毎日歯を磨くべきだ」という慣習に対する「わたしの思い（my feeling）」ないし「義務感（sense of duty）」はあまりにも強く、わたしは疲れはてたからだを引きずって起きあがり、歯を磨く。モラリストの立場からいえば、この情況でベッドにとどまるのは「歯を磨くべきである」という慣習上の義務感が生々しい快楽によって懐柔され、鈍らされ、欺かれる道徳的な弱さとされるが、デヴィッドソンによれば、じっさいにはここでの「すべての事情を考慮した、よりよい判断」とは「ベッドにとどまるべきだ」というものであり、「それでも歯を磨く」と決断することこそ、アクラシアの定義からして自制を欠いたものだというのである。

はたしてどうだろうか。日常生活にありふれた、そしてことさら道徳的弱さが問題にならないこのケースで、「それでも歯を磨く」行為はむしろ自制の欠如としてのアクラシアだといえるかどうかは、その決断の時点における「すべての事情を考慮した、よりよい判断」が、はたしてデヴィッドソンのいうように「ベッドにとどまる快楽を選ぶべきだ」ということなのかどうかにかかっている。「それでも歯を磨く」というわたしの決断を支えている慣習上の義務感とは、わたし自身がすでに「すべての事情を考慮した、よりよい判断」と見なし、みずから選択して自分に毎日課している当為であるが、これに反して今日一日ぐらいは大丈夫だろうと考え「すべての事情を考慮して、ベッドにとどまるという快楽を選ぶべきだ」とする判断は、前者の「それでも歯を磨く」というのとおなじ意味で「すべての事情を考慮した、よりよい判断」ではない。前者は一般的な観点から見て「すべての事情を考慮した」結果わたしが下したよりよい判断だが、後者は「すべての事情を考慮した」ものというよりは、今日この時点での、わたしが個人的に置かれている疲労困憊した情況に限定した「よりよい判断」というべきであって、そう判断したからといって、一般的な観点からはわたしは依然として、疲れた夜もふくめて「毎日歯を磨くべきだ」という「すべての事情を考慮した、よりよい判断」を捨てることなく自分に課しているのである。クリスティン・タポレットも、すでに「毎日歯を磨くべきだ」という判断を受けいれている行為者が、それでも「今日はベッドにとどまる」と決断するとき、これをデヴィッドソンのように、行為者が「すべての事情を考慮して、よりよいと判断した」と想定するのはあやまりだと批判する。とはいえタポレットのように、アクラシアの原因はもっぱら判断を軽視するべくひとを導く感情にあるとして、「感情的アクラシア」(22)を主張するのも正しいとはいいがたい。「今日一日ぐらいは大丈夫だろう」と考え「ベッドにとどまる快楽を選ぶべきだ」とするのも、やはりひとつの判断にはちがいないからである。

浅野光紀も、アクラシアの主体によって「短期的快楽の追求がもたらすあらゆる利点を考慮に入れてもなお、長期的利益を追求して行為するのが最善であるとの判断が、よりトータルな見地から下されている」(23)のであるから、かれにとってその最善の行為を行わない正当な理由はないとして、デヴィッドソンを批判する。それにもかかわらず浅野は、「今日はベッドにとどまる」という「短期的快楽にふけることを最善であると判断する機会があったとしてもおかしくはない」し、「それでも歯を磨く」という「長期的な利益への欲求に抗しがたくそれに屈してしまう」とき、それはデヴィッドソンのいうように「アクラシアに陥っている」という。これは一見矛盾した主張に見えるが、浅野にとって「今日はベッドにとどまる」というのも、なるほど「毎日歯を磨くべきだ」という長期的な利益を視野に入れた実践的推論からすれば理性的・合理的ではないという意味で非合理だとしても、「短期的快楽のみを視野に入れたローカルな行為理由の見地からは合理化可能な行為」であって、そのかぎりではこれに抗して歯を磨くのはアクラシアだというのである。だが浅野にとってわれわれの心は、長期的でトータルな視野に立つ「推論的に思考するシステム」と短期的でローカルな視野に立ってじっさいの行為を動機づける「行為を導く心のシステム」とに分裂しており、アクラシアの中心的なケースとは「長期的な利益を追求しようとする意思の挫折、短期的な快楽への屈服」(24)である。そしてそうだとすれば、デヴィッドソンの歯磨きのケースはやはりアクラシアではないというべきである。「ベッドにとどまる」というのがローカルには合理化可能な行為理由であり、それに反するという点で「それでも歯を磨く」のは、アクラシアの中心的なケースではないとしても、「リジッドに生活習慣を遵守せねば気のすまない人が陥るアクラシア」(25)だというのであれば、いずれにせよ心の内部で

「思考と行為」というふたつのシステムが対立する場面はすべてアクラシアだということになる。また浅野の「長期的利益」と「短期的快楽」の区分は、アルフレッド・メレの、アクラシアとはいますぐには得られないが長期的にはより大きな報酬が約束されている行為に注目するべきだという自己制御に失敗することだとする主張と軌を一にするものだが、メレのこの「近さ仮説（proximity hypothesis）」[26]は就学前の子どもを対象にした心理学実験に依拠しており、そしてメレ自身、これをそのまま大人に適用できないことは認めている。

浅野のような、実践的推論をになう思考システムと動機づけの行為システムのあいだの分裂を前提するこうした議論は結局のところ、一方で理性を、他方で情念ないし欲望を対置する古典的な心の二元論に帰着するといわざるをえない。なるほど禁煙をかたく誓ったのに「一本ぐらいなら大丈夫」と考えてついたばこを吸ってしまうケースでは、浅野がいうように、その行為は考えるまえにそれとは別種の過程によりすでに決定されていて、そこに思考が働くとしてもそれは行為の直前に自身の行為を容認しようとする「合理化＝最善化」であり、それゆえ「アクラシアにすでに陥った後で、それを欺瞞的に隠蔽する思考の作業」[27]にすぎないというばあいもないわけではないだろう。だが禁煙しているのについ一本吸ってしまったといったケースのすべてが、目先の快楽に引きずられて行為システムが作動した結果としてのアクラシアだというわけではない。禁煙を誓ったとしても「一本ぐらいなら別段影響はない」というのは、歯磨きのケースと同様、合理的な判断ないし信念としてかならずしもまちがいではないし、その判断の下で自分の目先の快楽を許容して一本吸ったとしても、当人が自分を意志の弱さにおいて責めるとはかぎらない。デヴィッドソンの歯磨きの例にしても、「ベッドにとどまる快楽の方を選ぶべきだ」という決断は、もっぱら思考とは独立に行為を導く動機づけのシステムによるというのではなく、かれ自身がすでに一般的な観点から下している「あらゆる事情を考慮した、よりよい判断」には対立するにしても、わたしのいまこの時点での個人的な事情に鑑みてなされる、やはりひとつの判断といってよい。そしてそれが慣習上の義務感に反するとしてもばあいによってはよりよい判断だとされる理由は、「一日でも歯を磨かないと大変なことになる」という命題は百パーセント確信される信念ではなく、「一日ぐらい歯を磨かなくとも大過ない」という判断もありうるからである。「一日ぐらい大過ない」という判断それ自体はまちがっていないにせよ、それでもかれが歯を磨くのは、かれにはそれがずるずると度重なって、自分が選択した最善の判断と当為に反するアクラシアにおちいることへの警戒感のゆえであり、そのかぎりでかれはなるほど「リジッドに生活習慣を遵守せねば気のすまない人」ではあっても、アクラシアどころか、むしろきわめて厳格な自制のひとといわれるべきである。しかしかれがベッドにとどまることを選択したとしても、おそらくかれ自身も他人も、このごくありふれた行動をことさらアクラシアとして非難することはないだろう。もちろん、アルコール依存症のばあいはもっと深刻である。断酒会に参加しているひとが、一口でもお酒を口にすればふたたび依存症にもどってしまうことが確実であることを知っていながら、「一口ぐらいなら」と考えてお酒を口にするとき、この思考は判断というよりも病的強迫による合理化であり口実にすぎないが、こうした病的強迫が関与するケースは文字通り病気であって、これはふつうアクラシアとは見なされない。

リチャード・ホルトンのように、アクラシアがプラトンやアリストテレスのいうように「自分の最善の判断に反して随意に着手された行為」を意味するかぎり、「意志の弱さはアクラシアではない」(28)として、このふたつを区別する立場もある。ホルトンによれば、タバコをやめることを決断したが軽率にもふたたび吸い始めてしまったひとが、たばこをくわえた時点で考えを変えて「禁煙は最善である」との判断を修正しあるいは放棄したとすると、その時点ではすでにかれにはなんらの内的葛藤もなく、したがってそれは、それにさきだつ「禁煙する」という意図を遂行するべく「意思堅固であることに失敗する」(29)という意味で意志の弱さといってよいが、自分がなした最善の判断に反するという意味でのアクラシアではない。ホルトンはまた、意志が弱いということではないがアクラシアであるケースもあるという。上司の家で泥酔して目覚めたときに、ベッドのシーツをたばこの火で焦がしてしまったことに気がついて、そのことを上司に告白するのが最善だとは思いながら、じっさいには自分にはできないとわかっているようなケースでは、自分にとっての最善の判断に反して行動するという点ではアクラシアだが、そもそも最善の判断にしたがう意図を形成することに失敗しているという点で、それは意志の弱さではない。かれはたしかに「意志の弱さへの傾向をもつ人間である」が、しかしそれは性格や才能の問題であって、じっさいに意志の弱さを示すこととは別の問題である。アリソン・マッキンタイアは、アクラシアと意思の弱さについてホルトンがあげる事例をつぎの三つのケースに整理している。

（1）行為者は、自分がなすべきと信じていることをじっさいになす意図を形成することに失敗することでアクラシアを示すが、これは「意思堅固であることに失敗する」という意味での

「意志の弱さ」をともなわないアクラシアである。

（2）行為者は、自分がなすべきと信じていることをじっさいになす意図を形成したが、その意図をやり遂げることに失敗することによって、意志の弱さにもとづくアクラシアを示す。

（3）行為者は、自分が下した最善の判断を修正しあるいは放棄することで、アクラシアにはならないが、その判断にもとづく自分の意図をやり遂げることに失敗するという意味で意志の弱さを示す。

その上でマッキンタイアは、意思堅固であることの失敗のすべてが意志の弱さと記述されるわけではないともいう。あきらかに要求水準の高い計画を立てて実行したが、それをやり遂げられないために、その欠陥のある計画を放棄した行為者は、これによって意思堅固であることに失敗したとしても、そもそものような計画を立ててこれを意図することが不合理である。

自分が最善の判断にしたがっていったん決断し、またそれが自分の可能な範囲のものであるにもかかわらず、それをやり遂げること、意思堅固であることに失敗するのが意志の弱さだという、ホルトンやマッキンタイアの議論はおおむね妥当なものといってよいが、アクラシアについては問題がないわけではない。マッキンタイアがあげる（1）のケースがすべてアクラシアであり不合理だとすると、たとえば線路に落下したひとを目撃してとっさに「かれを救わねば」と考えたが、じっさいには逡巡してそう意図することに失敗することもアクラシアだということになる。だがわれわれはおおむね、「苦境にあるひとを救済するべきである」といった一般的な道徳規範を原理上は最善の判断として受けいれて生活しているにしても、じっさいにはこれはあきらかに要求水準の高い当為であり、自分に可能であればこの判断にしたがって行動したいと思いつつも、じっさいにはその当為が自分の能力をこえていたり、自分の臆病さから個人としてとくに行動を起こすことができないというのがふつうで、これがアクラシアだとすれば、われわれのほとんどすべては日常的にアクラシアに陥っているといわなければならなくなる。

ひとは最善の判断を知識としてもっているかぎり、それにしたがって行為するはずであり、それができない状態は「自制の欠如」としてのアクラシアだとする伝統的なテーゼで問われているのは、じっさいにはプラトンやアリストテレスのいうたんに理性の統御と情念ないし欲望の反乱でも、浅野のいう思考システムと行為システムの対立でもなく、それをなおアクラシアと呼ぶかどうかはともかくとして、一般に受けいれられた客観的な道徳的命法と個々人がおかれた情況に応じた主観的な判断や動機づけ、あるいは決断のあいだの葛藤であり、そのような緊張状態にある個々人の〈いま・ここ〉の存在情況の事実性である。

4　自己欺瞞

いまわれわれが意志の弱さと区別したアクラシアの特殊なケースとしてあげられるものに、いわゆる自己欺瞞がある。一般に自己欺瞞は、たとえば最近の夫の行動に見られる不自然な点から考えあわせて、夫が浮気をしているのではないかと疑いをもった妻が、それでもそのことを信じたくないために、夫が浮気をしている事実はないと信じこもうとするような心理状態をいう。だが自己欺瞞をめぐる議論も混乱しており、そしてそれは、そもそもひとりの人間の心に相矛盾するふたつの信念が存在するというような事態がありうるのかということと、その一方が他方を「欺く」というようなことが可能かという問題にかかわる混乱である。

AがBを欺くとき、通常の意味ではそれは、A自身は偽であると信じている命題pについて、意図してBが真であると信じるように仕向けることをいう。それゆえ「AがAを欺く」という意味での自己欺瞞があるとすれば、「Aは、pは偽であると信じると同時に、pは真であると信じていなければならない」ということになるが、これはもちろんパラドクスである。メレはこれを「静的パラドクス」と呼ぶが、BがAの、自分を欺くという意図を知っていればAは成功しないし、AがAの意図を知らないでいるというのはばかげている。それゆえ自己欺瞞を静的パラドクスの意味で考えるなら、それは不可能である。そこでメレは、ふつうのひとが自己欺瞞に数えあげるようなケースにおいて生じている事態を、「動的パラドクス」ないし「戦略的パラドクス」と規定する。夫が浮気していないと自分に信じこませる妻は、夫が浮気していると信じる強力な証拠に直面しても浮気していないことが真であってほしいと願っており、この欲求ないし動機がデータを戦略的に誤って操作するように導く。それゆえここにあるのは、ひとつの心の内部に「浮気している」と「浮気していない」という相矛盾するふたつの信念の同時存在という静的パラドクスではなく、自己を戦略的に欺いて誤った信念へと導く動的パラドクスである。しかもメレによれば、この意味での戦略的欺瞞は彼女の欲求によって「動機づけられているとしても、典型的には意図的な欺瞞ではない」[30]。

問題は、そもそも意図的ではない欺瞞とはなにか、それはたんなる誤謬とどうちがうのかである。Aが意図せずにBをあやまった信念に導くことは日常的にあるが、このときA自身もあやまった信念を真と考えているのであり、それゆえ意図せずにBを欺くことなどふつうにはありえない。メレ自身も「欺く（deceive）」という語の意味について、その能動形は「偽であることを信じこませる」を意味するが、その受動形の日常的な意味は「もしわたしが思い違いをして（am deceived）いなければ、航空券をわたしの部屋に置き忘れてきた」というように、しばしば「誤り」を意味するというのだが、それにもかかわらずメレは意図的でない欺瞞を認め、したがって自己欺瞞を認めるのである。だが意図せずに、あるいはそれと意識せずに戦略的にデータをあやまって操作するようなふるまいは、メレ自身も認めるように、自己欺瞞にかぎらない。たとえば自分にとってなじみのデータはより鮮明で、より関心を引くとか、自分が当の対象にアクセスするのに有利な立場にあるとか、仮説を検証する際にひとはその仮説を反証する事例よりは確証する事例を追求する傾向があるといった事情は、一般に社会心理学者のいう「動機づけられない、あるいは〈冷たい〉偏向信念」をもたらす要因であるし、こうして得られる偏向信念も典型的には希望的観測と呼ばれるような事例であって、これをあえて自己欺瞞という必要はない。

じっさいにはメレは意図的な自己欺瞞をも認めるのだが、そのばあいでも「pであると信じると同時にpでないと信じること」は必要ではないという。たとえばあるひとが神は存在しないと信じているにもかかわらず、神を信じることは自分の人生を豊かにすると思い、神を信じたいと考えているばあいに、かれは宗教的態度が自分の身につくだろうという希望のもとに宗教的なひとと交わり、宗教にかかわる書物を読み、礼拝に参加するかもしれない。そのあいだにもかれは、神が存在する証拠をみずから追求しようとこころみ、その結果自分が集めた超自然的なものにかんするいかなる証拠も「神は存在する」という命題を信じるにはあまりにも不十分だという結論にいたるかもしれない。そうだとしてもかれのもともとの望みは、そうした証拠があるかどうかにかかわらず、現在の自分の無神論の立場から神を信じるという態度への変更にあり、かれがこのことに成功したとすれば、その時点で「かれの無神論的信念は消滅した」といいうる。それゆえ、かれが神は存在すると信じると同時に神は存在しないと信じていると想定する必要はないが、それでもわれわれが第三者的な視点から、かれは「自己欺瞞におちいっていると見なすのは妥当であるかもしれない」というのである。だがここに記述されている事態は、すくなくとも当人の一人称的視点から見るかぎり、すでに信念の義務論で見たように、「神は存在しない」という命題が百パーセント確実ではないからこそ「存在してほしい」という個人的希望に支えられた「神を信じるべし」というドクサ的当為の批評のルールにしたがって、みずからがそうあるべく行為のルールとしてさまざまな方策を講じるふるまいであって、ことばの厳密な意味で欺瞞などというものではない。

希望的観測においては、当人は自分がそう信じたがっている信念を偽であると考えてはいないが、自己欺瞞においては、当人はそれが偽であると考えているという主張も正しいとはいえない。浅野が、自己欺瞞をしているひとがじっさいにおこなっているのは「私は不幸にして苛酷な真実に気づいてしまった。この信念は、私の心に苦痛をもたらす。どうせ真実を変えられないのなら、逆の事態を信じた方が、心の安寧を得られる分得である。よし、偽なる事態を信じるべく、証拠の操作に乗り出そう」[31]というふるまいだというのは、あきらかに記述のまちがいである。もしもひとが、苛酷な真実が百パーセント確実だと信じているならば、かれが「偽なる事態を信じるべく、証拠の操作に乗り出そう」などと本気で決断することなどありえない。苛酷な真実からのがれて心の安寧をえようとするふるまいがないわけではないが、それはたとえば金杉武司があげるような現実逃避のケースである。だがこれも金杉のいうように、百パーセント確実だとわかっている真実から逃れるべく、偽であるものを「正当化すべく証拠を操作する」[32]というようなものではなく、目の前にせまった試験を直視するのがいやでつい麻雀にうつつを抜かすとか、不誠実な恋人に捨てられたことがわかっていながらその恋を美化し、[33]その幻影にすがって生きるといった情況である。ケント・バッハは、自己欺瞞のケースではひとは「自分の心を、不快な信念に反する理由や、その信念と反対のことについての思念で一杯にする」[34]ことで、自分が真だと信じているが不快な信念を考えないようにしているというのだが、これはむしろ現実逃避のケースというべきである。柏端達也のように「自己欺瞞は、pという恐ろしい事実……から目を背けるための有効な手段」[35]だといってみても、恐ろしい事実から目を背けるには希望的観測や現実逃避をふくめてさまざまなやり方がある。また柏端が「自己を欺くことは……しばしば長期にわたる一連の複合的な行為」であり、その結果この「弱い意味において」の自己欺瞞的信念が主体のなかに生じるというとしても、それはたいていのばあい当人がその恐ろしい事実が百パーセント確実であると考えていないためであって、柏端のいう「複合的な行為」もやはり、批評のルールにふくまれる行為のルールにしたがうふるまいである。じっさい、いつかきっと売れるという夢を捨てきれずにロックバンドをやり続けているひとに対して、他人が「それは自己欺瞞だ」とか「きみは幻影にすがって現実逃避をしている」と非難するとしても、すくなくとも当人がたとえわずかのパーセンテージでも「いつか売れる可能性がある」とか「自分は才能があり、いつかはだれかが認めてくれる」と信じているかぎり、一人称的視点からはそれは自己欺瞞でも現実逃避でもなく、おそらくは希望的観測というべきだろう。デヴィッドソンが、現実の世界に絶望したボヴァリー夫人が「自分自身や自分の情況、そして自分の行動についてのとほうもなく現実離れした考えを受けいれる」ようみずからを説き伏せて、自分を空想のあこがれの世界へと誘い、やがてあたかもそれが事実であるかのようにに行動し、さいごには「それが現実なのだと信じるにいたる」さまは、自己欺瞞の説得的な記述だというとき、これもむしろ希望的観測や現実逃避であり、極端なばあいには現実と虚構の区別がつかなくなる一種の精神病理ということはできても、比喩的ではなく字義通りの意味で自己欺瞞というべきではない。天性の嘘つきはなんども嘘をついているうちにそれを自分でも本当に信じてしまうといわれ、デヴィッドソンはこれも自己欺瞞にかぞえるが、ここにあるのはやはり虚言癖のような一種の精神病理だろうし、結果として当人はこれを信じこんでいる以上、そこにはなんら欺瞞はない。デヴィッドソンはさらに「空想に身をまかせ、想像のなかの自分がとるあれこれの役割を演じてみせ、現実では味わえない興奮や勝利を白昼夢のなかで楽しむ」といった「自己幻惑（self-delusion）」をも自己欺瞞と考えるのだが、そうだとすれば小説を読み映画を見るフィクションの美的想像も自己欺瞞だということになる。じっさいかれがいうように、「自己欺瞞にはさまざまな程度がある。通常の夢にはじまり、なかば演出された白昼夢を経て、あきらかな幻覚にいたる。熟考中の行為の帰結を想像する正常なものもあれば、精神病的な幻惑もある。無害な希望的観測もあれば、入念に自己誘導された誤謬もある」[36]というのがほんとうだとすれば、われわれの日常生活はおしなべて自己欺瞞の産物だということになってしまうだろう。

5　心の分割

これまで見てきたように、アクラシアと意志の弱さ、そして自己欺瞞、さらには希望的観測や現実逃避といわれる現象はそれぞれにことなっており、そしてそれらはたしかに客観的な合理性の基準からすれば不合理と考えられうる心的状態である。ここに生じている不合理性は、一般的な観点から「すべてを考慮した、よりよい判断」と、行為者がおかれている特定の事情や情況にかかわる判断ないし決断のあいだの齟齬であるが、ここで問題なのは、そもそもこのふたつの相反する判断ないし決断それぞれの主体はだれなのかである。あるいは、このふたつの判断のあいだの齟齬と葛藤がひとりの行為者の心に生じるのだとすれば、そのときの行為者個人における意識構造とはどのようなものかである。

ここであらためて、デヴィッドソンが考える不合理な意識の構造がどのようなものであるかを見てみよう。デヴィッドソンによれば、実践的推論においてなされるのは「すべての事情を考慮して、xよりもyをなす方がよい」との判断である。デヴィッドソンは、ここにいう「すべての事情」という表現自体は「やっかいな（troublesome）」概念であることを認めた上で、これを「当の行為者によって知られ、信じられ、考えられている事柄、すなわち、問題に関連したかれの原理や見解、態度、欲求の全体」とするが、実践的推論はこれらすべての事情との関係において「一応（*prima facie*）」なされる条件的判断、すなわち「*pf*判断」であるという。実践的推論が条件的な*pf*判断であるとは、それがあたえられたからといってひとは「ただちに行為する」という結果にはいたらないということを意味する。無抑制《アクラシス》なひとはこの*pf*判断と矛盾する行為をなすが、そのときかれが依拠している判断（「*x*をおこなうことは*y*をおこなうことよりもよい」）は、かれ自身がもっている*pf*判断を無効にする行為へとじっさいにかれを動機づけるという意味で「無条件的な判断」である。無抑制のひとは「理由*r*によって*x*をなすが、かれには*r*に加えてそれ以上のものをふくむ理由*r'*があり、それを根拠にかれは、別の行為*y*を*x*よりよいと判断している」[37]。ここで「理由*r'*」とは実践的推論による*pf*判断のための理由（「肝臓が弱っているから酒をひかえるべきである」）であり、「理由*r*」はこれと矛盾する行為をみちびく「無条件的な判断」の理由（「今日はのどが渇いたからビールを飲むのがよい」）である。このふたつの理由は論理的には衝突しえないから、ここにはパラドックスは存在しないが、そうだとしても、かれはどうして自分にとって「よりよい理由*r'*」にではなく「理由*r*」にしたがって*y*ではなく*x*をおこなうという自制の欠如を示すのか。

デヴィッドソンは後年、あらためて意志の弱さや自己欺瞞といった不合理性のパラドクスをとりあげるが、ここではなぜ不合理に行為するというようなことが起こるのかという問いに対して、あらたな答えを提示している。不合理性を説明しようとするならば、心は「理にかなった判断をなす側と、自制を欠いた意図と行為を示す側」というふたつの相互に作用しあう「準独立的な構造に分割されうると想定しなければならない」[38]というのである。こまったことに「心の分割」というこのアイディアは、他者理解の問題と対立する。他者理解には、われわれの常識をなすもののきわめて多くを他者も共有していること、つまりは他者をもふくめた〈われわれ〉のうちに整合性にかんする最大の一致が見出されることが必要である。ところが心の分割は相対立する信念や欲求、感情がおなじ心のうちに存在するという不整合を容認するから、それは「解釈のすべてに暗黙にふくまれる合理性の基準」としての整合性にもとづく他者理解にとって障害となる。このアポリアに対してデヴィッドソン自身は、結局のところそれは「程度の問題」だという。合理性の基準ということで「いかなる基準が、あるいはだれの基準が問題となっているのか」という問いに対しては、われわれは「永遠不滅の絶対的な基準は存在しない」といわざるをえないが、だからといって個人的な「あなたの基準やわたしの基準に立ちかえることを余儀なくされるわけでもない」[39]。われわれは合理性の基準におおむねしたがっているのであり、他者の信念もすくなくともある程度は論理的に整合しているから、それを背景とすれば「ちいさな混乱を理解することにはなんの問題もない」というのである。

問題は、デヴィッドソン自身が用心深く「おおむね」「ある程度は」と限定詞を用いて記述している「程度の問題」を、結局はちいさな混乱にすぎず、原理上は完全な整合性をめざす論理空間のなかで処理できるとしている点である。ここでデヴィッドソンは、フェルドマンやアルストンに見られた証拠主義に似た「全体証拠の原理」とそれに類比的な「自制の原理」をもちだすのだが、それは「命題的態度をもち、意図的に行為するすべての生き物が共有する原理」であり、もしだれかが実際にそれらの原理に反するとしたら「かれは自分自身の原理に反することになる」[40]という。それゆえデヴィッドソンのいう心の分割において、自分もそのひとりであるところの〈われわれ〉の規範にしたがう

「理由r'」にではなく、個人的な「理由r」にしたがってyではなくxをおこなうことはつねに「当人自身の規範」からの逸脱として、不合理であり誤りだということになる。そうだとすれば、デヴィッドソンのいう心の分割とは、わたしの心の〈われわれ〉の側にもっぱら理にかなった判断をなす合理性を配し、〈わたし〉の側にときに自制を欠いた行為をなす不合理性を位置づけるものであり、その結果デヴィッドソンは心の分割を「ある脳がみずからまねいた、おそらくは一時的なロボトミーに苦しんでいる」イメージとして語らざるをえない。

デヴィッドソン自身は、ひとつの心に認められるこの二重構造が進化や発達過程のなかで「なぜ形成されたのか」を知りたいと思うといいつつ、これについてはこれ以上言及していない。デヴィッドソンはまた心の分割を、複数の信念がひとつの心の内部で「ある隠喩的な壁」[41]によってわけ隔てられる状態と説明するが、バッハが批判するように、それが「なんの隠喩なのかについて正確には語っていない」[42]。じっさいには、心のなかの「ある隠喩的な壁」や「一時的なロボトミー」といった不可解なものを想定する必要はまったくない。われわれはだれもが〈わたし〉という個人であると同時に、つねに社会の一員としての〈われわれ〉としても考え行動するように教育されてきたのであり、それゆえ自分がものを考えたり行動しようと決断したりじっさいに行為するに際しては、そのつど一人称的で主観的な〈わたし〉の立場ないし視点と三人称的で客観的な〈われわれ〉の立場ないし視点との均衡を意識し考慮するのであって、〈わたし〉という個人が同時に〈われわれ〉であること、したがってわたしというひとりの人間が事実として〈わたし＝われわれ〉であることにはなんの不思議もジレンマもない。また、このふたつの立場の一致は当為としての「自制の原理」であり、理想としての

「美徳」ではあるにしても、そのあいだに避けがたく生じるギャップはすべて、合理性にかんする〈われわれ〉の基準にしたがって判断し行為をなすべき自己からの乖離、逸脱としてつねに不合理だというわけではない。それはむしろ、わたしという現存在の事実性と考えるべきである。

金杉はデヴィッドソンのいう「すべてを考慮した、最善の判断」とこれに反する行為を動機づけるアクラシアの判断について、前者は自制の原理にしたがうべき「俯瞰的視点から下される判断」であるのに対して、後者はたまたまいま自分が置かれている「認知状況に拘束された視点から」下す状況拘束的な判断であるというように区別している。金杉がそこに見こまれている「価値判断における二つの視点」(43)に言及するとき、それはわれわれのいう、一人称的で主観的な〈わたし〉の立場ないし視点と、三人称的で客観的な〈われわれ〉の立場ないし視点の区別に対応しているといってよいだろう。それにもかかわらず金杉が、このふたつの判断はいずれも、それぞれにことなった視点からではあるが、その視点に立って「すべてを考慮した判断」、したがって「ATC（all-things-considered）判断」であると見なして、それらはATC判断であるかぎりで同等の資格をもつというとき、ここにはあきらかにデヴィッドソンが「やっかいな」概念だとする「すべての事情を考慮して」という表現のあいまいさが露呈している。デヴィッドソンの歯磨きの事例において、アクラシアの行為者はすでに一般的な俯瞰的視点から「毎日歯を磨くべきだ」というATC判断を自分に課している以上、それが厳密に「すべての事情を考慮した」判断ならば、タポレットや浅野がいうように、今日たまたま疲労困憊している行為者が、まさにいまみずからが置かれている認知状況に拘束された視点から下した「今日はベッドにとどまる」という判断も、すでにその「すべての事情」にふくまれていなければならない。

じっさいこの行為者が個人的な認知状況に拘束された視点から「今日はベッドにとどまる」という判断を下すとき、すでに見たように、それはかならずしも不合理でも意志の弱さでもないが、それでもそれは、「ベッドにとどまる」というわたしの〈いま・ここ〉の情況における個人的な「理由 r」に加えて「それ以上のもの」をふくむという意味で、俯瞰的視点に立ってすべての事情を考慮した「理由 r'」にもとづく「それでも歯を磨く」という判断に反する決断にはちがいない。金杉はまた、われわれは「身体を持ち環境の中で行為を遂行する主体」である以上、だれもが「俯瞰的視点と認知状況拘束的視点の両方をもって生きている、あるいは生きていかざるをえないような存在である」[44]といい、この点でも人間の存在は事実として〈わたし＝われわれ〉にあると主張するわれわれの立場に近い。それにもかかわらず金杉にとって、俯瞰的視点からのATC判断に反する認知状況拘束的視点からの判断はすべて意志の弱さということになり、それゆえ「自制的行為を可能にする自己コントロールは、俯瞰的ATC判断に認知状況拘束的ATC判断を一致させる働き」だというのである。しかしそうだとすれば、クワインの個人的発話の命題への還元同様、そもそも個人的な認知状況拘束的視点はすべからく俯瞰的視点の合理性へと還元されるべきものということになる。ほんとうのところは、どちらの視点からの判断もことばの厳密な意味でATC判断などではありえず、それぞれの視点に立てばそれなりの理由のある判断であり、だからこそそこにさけがたく葛藤が生じるのだというべきである。そして心の分割とは、〈わたし＝われわれ〉という存在の事実性をいうのである。

自己犠牲という問題にかんしてではあるが、柏端もひとりの人間の心に見られる、わたしとわれわれの「視座」のことなりに言及している。柏端によれば、「自分が ϕ することが他人にとってよい」

とわたしが思うとしても、そのことから「わたしがφしたい」ということは導かれず、他人にとっての善はそれだけではわたしの行為を説明しないが、この判断と行為のあいだのギャップを埋めるのは「われわれにとっての善」である。それゆえ「自己犠牲的行為を、「自分」と「他人」ではなく、「私」と「われわれ」の対比の枠組みの中で定式化しなおす必要がある」[45]。じっさい自分の胸を指差すとき、それが指示しているのは「一人称の私」であると同時に「われわれ」でもある。それゆえ自己犠牲で問われているのは、個人としての「私」的な視座と「私を含むある共同主体」としての「われわれ」的な視座のあいだの対立ないしジレンマであり、それゆえわたしの身体は「ある潜在的な緊張をはらんでいる」という事態である。柏端が「われわれ」という共同行為主体の例としてあげるのは、たとえばM氏が所属する政府機関である。M氏は個人（私）としては、貧しいひとを助けたいとも助けるべきだとも思っていないが、「自分たち政府」としては、貧しいひとを助けるのは義務であると考えている。そして「自分自身の判断と自分たちの判断が衝突するときに、後者にしたがい前者に逆らうような……選択を意図して何かをする」[46]とき、それが自己犠牲的な行為の一般的な特徴づけだというのである。

柏端のいう、ひとつの身体に宿るひとつの心における、「私」的な視座と「われわれ」的な視座の共存と対立という図式は、ひとは同時に〈わたし＝われわれ〉であるとするわれわれの主張と、着想においてきわめて近いものだといってよい。だが柏端のいう「私をふくむ共同主体」としてのわれわれが、まずは政府機関のような「特定の行為とむすびついた特定の行為者――ある共同行為主体」である点で、問題はのこる。柏端自身、自分の定義では「自己犠牲の典型的ケースを取りこぼす」という批判がでることは認めている。柏端の立場からすれば、マザー・テレサのような利他主義的行為も、その根底にある博愛主義的価値は彼女個人の価値である以上、それは「利他的な行為をすることによって利己的な行為をする（利己的な目的を達成する）ケース」ということになるし、海難事故でロープつき浮き輪を見ず知らずの他人に譲って自分は命を落とすような、一般には自己犠牲の典型とされるケースであっても、ここにあるのは自分の命を救うことと他人の命を救うことのジレンマであって、いかなる共同行為も関与していないから、「私」的な視座と「われわれ」的な視座とのあいだの対立における自己犠牲は生じていないということになる。要するに柏端にとって問題なのは、「私」個人の信念や価値判断と、自分が所属するという点では「われわれ」にはちがいないが、ある特定の制度的な共同体の信念や価値判断のあいだの対立であり、しかも後者はわたし個人にとっては外的なものとして強制と従属を要請するものである。それゆえジレンマは、じっさいに「私」の信念や意図に反して「われわれ」として行為せざるをえない、わたしの身体における緊張と葛藤である。だが自分を指さして「われわれ」というとき、それは自分が所属する制度的な共同行為主体としての会社や組織よりは、まずは自分の家族や仲間や国、さらには「われわれ人間」を指示するというのが自然で、そのような意味でトーマス・ネーゲルがいうように、われわれはみな自分が、世界に住まいおなじ本性をもった「すべての他者のあいだのたんにひとりのひと」にすぎないとする「形而上学的」観念を必要としているというべきである。わたしが自分の命は重要だと考えるのと同時に他者の命も重要だと考えるとき、ここでのジレンマは個人としてのわたしの内部における〈わたし＝われわれ〉という存在の事実性における緊張と葛藤であり、それゆえ「自分の命と同様、他人の命も救うべし」という信念や判断は、わたしの内なる〈われわれ〉の視点に立つものである。そのかぎりでそれは、柏端がいう「(宗教的なものか人生訓のようなものかあるいはもっと漠然としたものかは分からないが)彼個人の行動原理の一つである」[49]といったものではない。そしてふつうわれわれは、自分の命をかえりみず他人の命を救ったひとの行為を、かれが自分の〈わたし＝われわれ〉の内なる〈われわれ〉の信念や判断の下で〈わたし〉の信念や判断を犠牲にし、その結果自分の命をなくした行為として、これを自己犠牲と呼ぶのである。

それゆえわれわれとしては、デヴィッドソンの心の分割に対して、むしろネーゲルにならって「世界の内なる特定の個人がもつ遠近法と、その個人とかれの視点をもふくむ、おなじ世界についての客観的な見方(view)はどう結びつくのか」[50]と問うべきだろう。人間とはそのように、「統一した立場には生まれつき縁がない複雑な存在」なのである。それゆえ個人的な視点と客観的視点の「どちらか一方の立場に軍配をあげるのではなく、いずれの言い分もそこなわずにその対立をはっきり心に銘記するのが正しいやり方」である。そうだとすれば日常的な実践的合理性の場面も、デヴィッドソンのように心の三人称的で規範的な〈われわれ〉(「理由r'」)の部分、ネーゲルのいう「客観的見方」の部分が一方的に合理性の規範を主張し、これを逸脱する心の一人称的で個人的な〈わたし〉(「理由r」)の部分はもっぱら不合理とされるのとはことなったものになる。というのも「絶対に客観的な根拠を実践的推論で手に入れるのは、理論的推論のばあいよりもさらに困難なので、もっとひかえめな戦略が求められる」からである。いま感じている衝動や欲求と思慮分別とをひきくらべて、わたしとしては思慮分別に完全にはしたがわないという選択をするばあいでも、わたしはなるほど「これらの衝動をまるごと是認しないまでも、それとその成就とを客観的な立場から容認はしなければならない」(51)のであって、この意味においてそれはやはり客観的な見方の影響下にある。そして、そのかぎりでそれは「自由の追求の一例」なのである。

このように〈われわれ〉の客観的自己は、われわれを世界の内側と同時に外側にもおくことで「超越の可能性」を提供する。批評のルールが可能なのも、わたしは〈わたし〉という主観的な自己であると同時に〈われわれ〉という客観的な自己でもあるという存在の事実に支えられてのことである。デヴィッドソンにしても、心の分割のもとでの「あるかたちの自己批判と改心」(52)についてふれて、これらは「合理性のまさに本質であり、自由の源泉であるとさえ考えられてきた」という。ここでデヴィッドソンが「自己批判や自己改善に対するわれわれの有益な努力」というのは、自分自身に対して適用された批評のルール、いわば自己批評のルールといってよい。信念主体が、自分がいまもってい る自分でもどうしようもなく抵抗できない信念、たとえば「飛行機は危ない、怖い」にかんして、〈われわれ〉の立場から第三者的に「わたしは飛行機は安全であると信じるべきである」という自己批評のルールと、それが含意する行為のルール、たとえば「飛行機がいかに安全であるかをよりくわしく調査するべし」を自分に課すことはある。このとき信念主体は、一方で一人称的信念所有の主体と、他方で自己反省的、自己批評的な三人称的で認識共同体的な主体とにいわば分裂するが、それが世界の内側に制約された自己の超越の可能性を提供し、その結果自己改善に成功することもあるだろう。ネーゲルのいうように、「人生をじっさいに送るひとりの人物」に内側からと外側からの、〈わたし〉と〈われわれ〉とのふたつの態度が共存しなければならないとしても、「この人物は、自分の人生についてふたつの相対化された判断を下せる第三の立場に立ってはいない」し、それゆえ外側からの視点も「たんなる傍観者」にとどまることはできず、内側からの視点とともに「この人生に参加し、この人生を送らなければならない」[53]のである。

6　感情の義務論

本章の冒頭に言及しておいたように、信念の義務論におけるドクサ的熟慮や不合理性の問題は、あるしかたで信念を気分づけており、信念と同様に不随意な情態的了解としての気分や感情の合理的認可にかかわるある種の当為や不合理性の問題、いわば感情の義務論にも通底するものである。じっさいにもクリスマンは、セラーズの批評のルールは「道徳的〈ある－べし〉」がだれに対しても適用されうる普遍的立場を提供し、それゆえ〈なす－べし〉ではなく〈ある－べし〉にかかわるドクサ的当為にとってよいモデルを提供するとした上で、ドクサ的当為を保証する「情報を追求し伝達するという点で優良な存在である」という認識的理想は、「適切な感情についての道徳的理想に類比的である」[54]という。寛大さという道徳的理想からは、「ひとは慈善のためにほどこしをするときは快を感じるべきである」が帰結するが、これはじっさいに「快を感じる」随意行為についての〈なす－べし〉ではなく、そのように「快を感じる」情態性で〈ある－べし〉とする批評のルールである。そしてその意味で、ドクサ的当為は定言的であるということもできる。たとえば「ひとは虐殺について憤りを感じるべきである」[55]は「同情（compassion）や人格の尊重という道徳的理想から由来する定言的な批評のルール」と考えることができるし、そしてそれは「万人は、人びとが虐殺について憤りを感じるようになるために自分のできることを（他の事情がおなじならば *ceteris paribus*）なすべきである」という行為のルールを含意するという。じっさいにもわれわれは、道徳的理想が要請する道徳感情をもつべく、他者の悲惨な情況についての資料や映像を見て認識を深めるとか、とりあえず慈善事業に参加するとかの、自分の感情に対して間接的な影響をもつ行為を随意に遂行することはあるだろう。すでに見たようにソロモンは、感情は判断であり判断を下すことはひとつの行為であるから、感情は随意的な選択が可能であると主張し、また感情が自分の世界の「神話」ないし「超現実」がどうあるべきかにかかわっているかぎりで、感情は「われわれ自身の企投である」という。だがソロモンのいう「感情の選択」にしても、「ある感情をもつことを決断する」ことではなく、情況についての正しい判断をなすべく議論したり説得されたり証拠を探したりといった「諸活動を遂行することで自分が怒るようにしむけたり、怒ることをやめるようにしむけたりすること」であり、そこで想定されているのはあるべき感情についての批評のルールとそれが含意する行為のルールであって、ソロモンはこれを〈なす－べし〉にかかわる実践的当為と見誤ったのである。一八世紀の「美しき魂」も道徳的理想にもとづく感情状態にかかわる批評のルールといえようが、つとにシラーが示すように、この一人称的信念ないし欲求と三人称的信念ないし当為との美しい調和状態は、現実世界を生きる個人にとってはおそらく永遠に実現不可能な目標である。だからといってひとは、美しき魂をもてないでいるほとんどすべての個人の存在情況を、いわゆるアクラシアや自己欺瞞、希望的観測や抵抗できない信念に対するのと同様に、感情的なアクラシアや「御しがたい感情」と見て、これを不合理であり悪であると断罪するだろうか。

感情的なアクラシアについてはマッキンタイアが、マーク・トゥエインの小説の主人公ハックルベリー・フィンが黒人の友人ジムを逃すのに手を貸したエピソードにかんしてふれている。ハックはいったんジムを逃しておきながら、それは所有者からその財産を奪う法律違反であるという当時の奴隷制社会の規範や道徳をまえにして「良心の呵責」を感じて、やはりジムを所有者にひきわたすべきだと決断するのだが、しかしその機会が訪れたときには、自分が結局はジムへの同情ないし共感や友情といった感情に引きずられて、最善の判断とは正反対のことをしてしまい、自分の意志の弱さを責める。これについてマッキンタイアは、なるほどハック自身にとってはこれはアクラシアだが、だからといって「アクラシアはかならずしも不合理ではない」という。じっさいわれわれの熟慮にかかわる合理的な能力には限界があるし、いわゆる「すべての事情を考慮した判断」にしても、個々の主体があらゆる観点から見てすべてを考慮しているなどということは現実にはありえない。それゆえ、自分が現時点で最善と考えている理由に対立する「自分にとってより基本的な動機」が、ほんとうはその最善の理由より合理的な理由だとは気づかずに、その動機にしたがって行動するとき、当人がこれをアクラシアとして自分を責めるとしても、それはある点でまちがった「最善の理由」にしたがって行動することに対する「安全バルブのような機能を果たしうる」というのである。(56) タポレットは、ハックを自分の道徳原理を無視するように導いているのは、ジムに対する友情や同情といった「かれの感情状態である」として、こうしたケースを「感情的アクラシア」と呼ぶ。そもそもハックの「すべての事情を考慮した、最善の判断」は、ジムが自分の友人であること、ジムの信頼や感謝、ジムの自由への欲求といった、ハック個人にとっては重要なジムに対する顧慮を無視しており、この点でハックの感情的アクラシアはむしろ「道徳的に賞賛するべきであるのみならず、より合理的でもある」[57]。デーリングも、規範的判断へとみちびく「推論の連鎖は、感情から出発する」とする自分の〈感情＝情動的知覚〉論の傍証として、ハックのこの感情的アクラシアを引きあいにだす。ジムを守るために嘘をつくハックの行為は、ジムに対する友情と同情という感情に動機づけられており、しかもハック自身は自分のこの感情を「是認しておらず、自分自身の弱さを非難する」[58]のだが、ここで重要なのは、作者は読者にハックが「じっさいには正しいことをなした」と信じさせようとしていることだという。じっさい読者はハックのジムに対する同情を共有することで、ハック自身が自分のこの感情を弱さとして断罪したのとは反対に、当時の社会の道徳規範である奴隷制のほうが非人間的でそれゆえ廃止されるべきだと判断するにいたるかもしれず、そのようにある感情はひとを新しい、よりよい、より包括的な原則の定式化へと導くかもしれない。というのも「主観の一人称的遠近法からすればアクラシアないし意志の弱さを示すこの感情的行為は、三人称的で、おそらくはより客観的な視点からすれば合理的と見なされる」[59]からだ、というのである。だがわれわれは、不正を働いたものを親しい友人だからという感情に導かれて隠蔽するのを、道徳的に賞賛するべきだとか合理的だとかいうことはないし、ハックが自分は罪を犯していると考えてアクラシアのジレンマに苦悩するのは、自分が帰属する社会の法やそれにもとづく奴隷制といった社会規範に違反しているという判断があるからであり、そのかぎりでハック自身は、奴隷制を悪とする現代社会の住人であるマッキンタイアやタポレットやデーリングのように、自分の行為が道徳的に賞賛されるとも合理的であるとも感じてはいないにちがいない。

一方でメレは、感情的アクラシアとは別に、「アクラシアの行為」とパラレルな「アクラシア的感情」に言及する。それはたとえば、自分が劣等感を感じ嫉妬していた友人が仕事に失敗したと聞いてひそかにこれをよろこぶといったケースである。友人の失敗をそのようによろこぶべきではないというのが、わたしが受けいれている客観的な規範であるにもかかわらず、わたしが「そのニュースを楽しむのを自分に許容することを選択する」[60]とき、それはその情況に不適切で是認されない不合理な感情としてのアクラシア的感情だというのである。だが、もしもわたしが友人の失敗を「よろこぶのを許容することを選択する」ことができるのであれば、わたしはそもそもそれを「よろこばないことを選択する」こともできねばならないが、ここにいう嫉妬やそれゆえの友人の失敗をよろこぶ感情は、わたしがそれに自責の念をもつとしても否応なくわたしに湧いてくるものであって、わたしはこのこと自体を選択したり制御したりはできない。そもそも妬みとは、グリーンスパンやダームス＋ジェイコブソンがいうように[61]、たんに自分がもたないものをもっている他者を対象とする感情というのではなく、むしろメルロ＝ポンティがいうように[62]、自分がほんらいもつべきものが他者にうばわれたという自分の情況についての、なるほど不合理だと頭でわかっていても御しがたい、われわれ人間にとって根深い感情である。これをグリーンスパンのように「不適切」で「不合理」だというのは、すでに第一章で言及したように、ダームス＋ジェイコブソンのいう「道徳主義的誤謬」、すなわちある事態を「妬ましい（enviable）」と感じる経験の事実を、思慮分別ないし道徳的な「適切さ」にかかわる「是認」や「認可」の問題ないし当為と混同することである。友人の成功という事態が、自分がほんらいもつべきものがうばわれたという自己の存在情況として了解されるかぎりで、それは妬ましいものであり、そしてこのことは道徳的には問題があることを当人も自覚していたとしても、感情の事実として、たんに道徳的に「不適切」で「不合理」だとして断罪されるようなものではないというべきである。

メレが、「われわれが自分がなにを感じるかについて、また自分がそれを感じるその強度に対してある種の制御をもっていることはあきらかである」(63)というとき、かれが想定しているのはたとえば、映画を見ていて感じる不快感を、それがたんなるフィクションであることを思いだすことによって制御するとか(64)、自分の子に対するあまりにつよい怒りは親子関係をそこなうと考えて、かつてその子と過ごした大切な時間に注意をむけることで、自分の感情に影響をあたえようとするといった事例である。だが、わたしが友人の失敗のニュースを「楽しむのを自分に許容することを選択する」というメレの表現が意味しているのは、そうしたよろこびを感じるかどうかの選択ではなく、すでにそのよろこびを感じてしまっている自分を「よしとして許容する」か「卑しいと責める」かの判断の選択である。それを卑しいこととして許容しないとき、なるほどメレがいうように、自分の仕事に没頭することで自分が感じているこの卑しむべき感情に終止符を打とうと努めることはできるだろう。だがこれは、わが子との大切な思い出に集中することでその子に対してすでに感じているつよい怒りを鎮めるべく「影響をあたえようとする」ことと同様、「そうした感情をもつべきではない」という感情の義務論における批評のルールとそれにふくまれる行為のルールの問題であって、アクラシアの問題ではない。悲劇の主人公の苦悩や悲しみをまえにして、あるいは映画の過度の暴力シーンに対して観客が感じる不快感を、それがたんなるフィクションであることを思いだすことによって制御するというのは、伝統的には「悲劇の快」という、快と不快の同時存在のパラドクスとしてよく知られた経験である。グリーンスパンは、妬みとは自分の友人が名誉となる賞を「獲得したこと」を対象として、これを友人のために喜ぶ一方で、もらえなかった自分のために悲しむという、相反する評価的態度をふくむ「ふたつの感情のあいだの葛藤」ないしアンビヴァレンスの経験で、そのときわれわれは快・苦が混ぜあわされた「混合感情（mixed feelings）」(65)をもつというが、これも悲劇の快にかんしてしばしばもちだされてきたのとおなじ主張である。だがのちに第七章で論じるように、これらはいずれも観客自身の感情の制御にかかわる問題ではないし、そもそも相反する感情の「混合」というのがいったいどのような心的状態をいうのかは謎のままである。

感情が、自分の〈いま・ここ〉にある存在情況についての了解的情態性である以上、われわれは自分の感情を自由に選択したり制御したりはできず、こうした感情に対してわれわれができることはせいぜい〈ある－べし〉にかかわる批評のルールにしたがって、そうあるべく行為のルールをこころみることである。しかもそう努力したからといって、シャッファーの悟りをひらいた禅師(66)のように、無の境地にいたることはたいていのひとにとっては無理な、したがって「高すぎる要求」というべきである。じっさいわれわれはいくつになっても理不尽な嫉妬を感じることをやめられず、そうした自分に対して困惑しつつ自責の念をもつこともしばしばである。だがこうした自責の念をディナ・メンドンサのように、理不尽な嫉妬の感情に対する「メタ感情」と呼んで、感情とはそのように「層をなすことができる」(67)と主張するならば、これもまた謎めいた混合感情のアポリアに踏みこむことになる。

おそらくここにいう困惑や自責の念は、嫉妬とおなじレベルでの感情というよりは反省的な思考による思念や態度であり、あるいはライルのいう心の「動揺」というのが正しいだろう。この点ではダームス＋ジェイコブソンが、一方で友人の成功を「妬ましい」とみる感情の事実性を認めつつも、これに対してひとが反省的にもつ「道徳的配慮は、この攻撃的感情（the offending emotion）を軽減することなく、自責の念（guilt）を引きだすことができる」[68]というのはまことに正しいといってよい。自分が嫉妬していることに気づいたわたしは、自分が受けいれている客観的規範にもとづく批評のルールにしたがって、これを恥ずべきものと理解し自責の念に駆られつつ、なんとかこの理不尽な感情から解放されようと、友人の成功自体はかれの功績であって、がんらい自分とはなんのかかわりもないことなのだとなんども自分にいいきかせるのだが、この行為のルールにしたがう試みはしばしば徒労に終わり、そしてそのことにわたしは困惑するというのが、こうした事態の正しい記述であるだろう。とはいえ、この意味での感情の義務論における批評のルールとそれが含意する行為のルールと、そしてその結果もたらされるべき、虐殺に対する憤りや、その犠牲者に対する同情のようないわゆる道徳感情が、ただちに道徳的行為をもたらすかどうかはまた別の問題である。それゆえわれわれは次章で、あらためてこれについて論じることにしよう。

第五章　道徳の情操主義

1　感情移入

われわれはだれもが〈わたし〉であると同時に〈われわれ〉でもあるということは、それ自体なんのふしぎもない存在の事実性である。しかし、わたしが住んでいる世界は、まずは自分の〈いま・ここ〉についての自己定位信念にもとづいた、わたしに中心化された世界であり、わたしの信念世界である。それゆえ、わたしの心の内部に一人称的で主観的な視点と三人称的で客観的な視点のあいだの緊張と葛藤がある一方で、個々人がそれぞれにもつ「わたしの信念世界」相互のあいだにも、おたがいが共有すべき規範をめぐる緊張と葛藤があるのだが、これもまた存在の事実性というべきである。なるほどわれわれがおなじ人間として、ある情況に対して比較的共通した特定の感情的反応を示す性向をもつのは事実である。それはすでに見たように、おそらくは進化によって開発された、それゆえある程度動物とも共有する情動の自然種としての基礎感情をベースにして、自分が帰属する社会において共有されたパラダイム・シナリオの相互主観性と社会学習にもとづくのだろう。こうしてわたしは他者が感じている感情を三人称的に観察し、これを当の他者に客観的に帰属することで、それが社会的規範に照らして合理的で適切なものとして認可されうるかどうかを判定することもできるようになる。だが他者の感情についてのわたしの観察と理解、そしてその合理性の判断と認可にしても、わたしの自己についての了解と気がかりにもとづくかぎりでの他者に対する顧慮だとすれば、ここにあるのはどこまでもわたしに中心化された世界における、いわば独我論的な顧慮であって、ほんらいの意味で利他的な「感情の倫理」が問われる地平はなお隠されたままだといわざるをえない。それゆえわれわれとしてはあらためて、たんに感情の三人称的で合理的な正しさと認可ではなく、わたしの〈いま・ここ〉の〈現〉に構造化された情態的了解としての感情が、同等の資格でやはりひとつの〈わたし＝われわれ〉である他者の〈現〉に構造化された情態的了解としての感情といかにかかわりうるか、多くの意識が大勢で演じる「生きられる独我論」において感情の倫理がいかにして可能かと問わなければならない。そしてそれは、古来の哲学的難問である「他者の心」の理解の可能性を、とりわけ感情にかんして問うことでもある。

この問いに対しては、残念ながらハイデッガーはあまり当てにはできない。ハイデッガーにあって、たとえば日常的なふるまいとしての「見まわし」において出会われる事象は、まずは道具である。たとえばボートという道具は、それを使おうとする知人ないし見知らぬだれかを指示しており、そのようにして環境世界における道具連関のうちに出会われる他者は、世界内存在としてのわたしの世界にあって、わたしと「ともに現に存在している」という意味で「共同現存在（*Mitdasein*）」である。また世界も、「さしあたり、すでにいつもわたしの世界である」にしても、同時に「わたしが他人たちと分かちもっている世界」としての「共同世界（*Mitwelt*）」である。日常生活にあってわれわれは、他者との交際のなかで雑談を交わしたり噂話に興じたり、ときに嫉妬したりするが、そのように他者への好奇心や嫉妬を経験している共同現存在の様態を、ハイデッガーは「共同情態性（Mitbefindlichkeit）」と呼ぶ。ひとは他者が直面している恐るべき情況に対して「その他者のために懸念する（fürchten *für* den Anderen）」し、苦境にあるひとに対する顧慮から「慰めに気を配る」が、これもまた他者との共同情態性のひとつのあり方である。とはいえ他者とは、さしあたりわたしには「およそ閉ざされている主観」であるから、ハイデッガーは「他者の精神生活の了解」の方策として、心理学的現象としてのいわゆる「感情移入（Einfühlung）」は避けがたいものとして認める。もっとも感情移入という語が「自分の存在の〈他者のなかへの〉投射」[1]を含意するかぎり、そこにはつねにひとを誤らせる契機があるから、他者についての正しい理解のためには「感情移入についての特別な解釈学」が必要だともいう。しかしその解釈学についてハイデッガーは、マックス・シェーラーの『同情の本質と形式』を参照するように指示するのみで、それ以上みずから言及することはない。

　感情移入というこの問題多い概念は、すでに一八世紀にヘルダーが「他者との共感情（同情、Mitgefühl）」という意味で、「自分自身を他者のうちへと、いわば移入して感じる（uns selbst in andre gleichsam hinein fühlen）」[2]というかたちで用いていたが、一九世紀になると、ドイツの哲学者テオドール・フィッシャーがこれを建築の形式にかんして用いたのを受けて、その子ロベルト・フィッシャーが『視覚的形式感情について――美学への寄与』[3]において美学上の術語とした。さらに一九世紀末から二〇世紀初めにかけてテオドール・リップスは、心理学的美学を展開するなかでこれを主要な概念として用いて、当時の心理学や美学、哲学に大きな影響をあたえた。英語圏ではリップスの影響のもと、一九〇九年にエドワード・ティッチナーがドイツ語の「Einfühlung」を、語形の上でこれに対応するギリシャ語の「empatheia」をもとに「empathy」と訳したのが最初の用例である。[4] しかしドイツでも英語圏でも、その後この概念がとくに注目されることはなかった。ところが六〇年代以降この概念は英語圏において、感情論への関心の高まりと軌を一にしてあらたに注目されるようになり、近年では美学や心の哲学はもとより、精神分析のような患者の心と向きあう臨床心理学や、幼児期における他者理解とそれにもとづく「向社会的（prosocial）」で利他的な行動にかんする発達心理学や社会心理学、理性にもとづく道徳法則を主張する伝統的な倫理学に対して他者への感情的関与を強調するケア倫理学などにおいて、この概念にかんする多様な議論が展開されるようになった。さらに九〇年代の認知科学や脳科学の領域においては、他人の身体の動きに共鳴して自動的におなじ動きをしたり、他人の感情に共鳴してそれを分有する際に脳内で活性化しているとされる「ミラー・ニューロン（mirror neuron）」が発見され、これを感情移入の現象とむすびつける考えかたも注目されている。[5]

感情移入という語はまたマスコミでもひろく使われ、バラク・オバマも大統領選のキャンペーンでしばしばこの語を使用している。たとえば二〇〇七年七月一七日の「家族計画法」についての演説で、最高裁判所の裁判官の選出にかんして「われわれは、若い、十代の母親であるとはどのようなものであるかを認識する心、感情移入をもつだれかを必要としている。それはまた、貧しいということ、アフリカ系アメリカ人であるということ、ゲイや障害者や老人であるということはどのようなものであるかを理解する感情移入である。それこそが、わたしがわたしの判事を選ぼうとする際の基準なのである」[6]と語っている。近年のこのいわば「感情移入ブーム」[7]にあって、「Einfühlung」という概念の発祥の地であるドイツ語圏でも「皮肉なことに、いまやこの語をあらためて〈Empathie〉として、その英語訳から逆翻訳する」[8]ことで、日常言語においても「Einfühlung」が「Empathie」に取って代わられるという事態が生じているという。

さまざまな領域で多様な観点から議論されるようになった結果、感情移入を他者の心を理解し読みとるための特権的手法と考える点では多くの論者は一致するものの、現在ではこの語の多義的な使用はインフレ状態にあるというのも事実である。感情移入をめぐる多様な議論のなかでもある程度共通した論点を整理してみれば、おおむねつぎのようになるだろう。

（1）感情的感染（contagion）

（2）他者の思念や感情の、推論や想像を介しての「代理的共有」

（3）他者に対する「共感（sympathy）、同情（compassion）、顧慮（concern, care for）」

（4）「個人的苦悩（personal distress）」――他者の受難に対する反応感情ではあるが、他者に対する同情とはことなって、他者の苦難に対して自分が感じる居心地の悪さ（警戒する、嘆く、狼狽する、心配する、動揺する、混乱する、困惑する、苦悩するなど）の経験であり、そこから向社会的行動が帰結するとしても、それはただ自分の不快の「情況から逃れようとする」[9]行動だとされる。

感情的感染とは、友人たちが楽しげに騒いでいるパーティに加わって自分もその雰囲気に感化されて楽しい気分になるとか、パニックにおちいった群衆のなかで自分もパニック状態になるといった事態をいうが、これは通常「感情移入のもっとも原始的な形式」[10]とされる。心理学ではこれはより一般的に「表情や発声、姿勢、動きを、他人のそれに応じて自動的に模倣し同調することで、結果として感情的に一致する傾向」[11]と定義されるが、これをアルヴィン・ゴルドマンは「低次の」感情移入ないし感情移入的な「反映（mirroring）プロセス」[12]とよび、また「共鳴」ともいう。脳科学の実験では、たとえば吐き気をもよおす臭いを嗅いで顔をしかめる人物が映っている映画を見せられた被験者の脳は、じっさいに吐き気をもよおす臭いを嗅いだ際に反応する部位が活性化されたという報告がある。このことからゴルドマンは、吐き気をもよおしているひとの表情を観察することで、「観察者の脳のある部位は、モデルの脳のこれに対応する部位の活動をシミュレートする」[13]という。ともあれ低次の、したがって前意識的で自動的な感染や反映、あるいは共鳴といった現象があること、そしてそれがミラー・ニューロンといわれるようなある神経システムにもとづいていることは、おそらく本当なのだろう。またアミー・コプランもいうように、これらがほんらいの「感情移入的反応を活性化する」[14]のになんらかのかたちで手を貸すということもあるのかもしれない。だがゴルドマンにしても、感染や反映において生じている共鳴状態がある点でモデルの心的状態に似ているとしても、だからといってそれが厳密な意味で同一だとまでは主張しないし、コプランもこうした自動的な反応感覚を、より一般的に感情移入と考えられている事態からは区別する。そしてわれわれもまた、こうした反応感覚をも感情移入とすることは、この概念のインフレによる混乱を助長するものとして、差し控えるべきだと考える。

一般的に感情移入とされている現象とは「高次の」感情移入、したがってさきに示した、（2）他者の思念や感情の推論や想像を介しての「代理的共有」であり、ゴルドマンはこれを「再構成的感情移入」と呼ぶ。ゴルドマンは、高次の感情移入をミラー・ニューロンが下支えする可能性にはふれつつも、感情移入についての自分の見解が神経解剖学的な証拠にもとづいているわけではないとことわった上で、高次の感情移入は多くの論者が認めるように、感情移入の対象とされる人物がもつ「遠近法を自分のものとすること（perspective-taking）」、したがって「シミュレーションの一形式[15]」をふくむという。感情移入とは、他者の心的状態を自分自身の心の内に再生するべく「演技的（enactment）想像力」を行使することで、それをみずから再経験する試みだというのである。ゴルドマンは感情移入における「演技的」想像力をたんなる「仮想的（suppositional）」想像力と区別する。ゴルドマンによれば、自分が「意気揚々と感じていると想像する」とき、「わたしはたんに、自分が意気揚々としていると仮想する（suppose *that* I am elated）のではない。むしろわたしは、意気揚々とした状態それ自体を実演する（*enact*）、あるいは実演しようとこころみる[16]」というのである。

感情移入という語をもっぱら高次のものに限定して用いるコプランにとっても、感情移入とは「他者がおかれている情況にあることの経験をシミュレートする[17]」想像的プロセスであり、想像力とは「ある心的状態を再創造し、あるいは実演するプロセス」である。コプランは感情移入に本質的な三つの特徴として、「情動の一致、他者指向的な視点設定（other-oriented perspective-taking）、自他の区別」をあげる。「情動の一致」とは、観察者の情動的状態が他者のそれと強度においてはことなるにしても質的に同一であることをいう。そして質的に同一な感情経験が可能となるためには、他者指向的な視点設定が不可欠である。想像力は「自己指向的」と「他者指向的」というふたつのことなった視点をとることが可能である。ひとが「他者の情況にある自分を表象する」とき、それは自己指向的視点設定である。他者の心を読むことにかんするわれわれの初期モードは自己指向的視点設定であり、われわれは通常、自分がこれまでに遭遇した似たような情況とその際の自分の経験や反応を想起し、これをもとにして他者がいまどのような経験と反応のうちにあり、その結果としてどのように行動するかを類推する。そのかぎりでそれは他者指向的視点設定を学ぶための前提となりうるにしても、これにはなお自己中心的なバイアスがかかっており、それゆえ「予測の誤りや帰属のしそこね、そして個人的苦悩」といったものを排除できない。これに対して他者指向的視点設定は、「他者の情況を当の他者の視点から表象する」ことで、他者個人の経験を「あたかも自分がターゲットである当人であるかのように（as though）」シミュレートしようとこころみることであり、その経験をたんに客観的視点から理解するのではなく、それを共有しようとこころみることである。(18) コプランにとってこれが厳密な意味での感情移入であるが、そのためにはひとは、自分に固有の視点を抑制するという心的柔軟性と、当の他者の性格や経験、さらには職業や階層、時代や民族や文化など、かれにかんするある種の知識とならんで、「自他の明確な区別」が必要となる。感情移入は他者に対して「冷静に距離をとる」客観的観察ではないが、他者指向的視点設定の結果自他の区別が失われるならば、臨床心理学ではよく知られた、観察者が患者の経験にまきこまれ患者と「融合する」ことによる混乱は避けがたいからである。

これらが現代の代表的な感情移入論の主張といってよいが、ここには解きがたい問題がある。シミュレーションとしての感情移入が他者の心的状態をたんに理解するのみならず、これをみずから共有すること、したがってともに経験し感じることだとすれば、そのためにひとはまずはシミュレートされるべき当の他者の心的状態がどのようなものであるかを、なんらかのしかたで想定できなければならない。だがスーザン・フィーギンが批判するように、シミュレーションとしての感情移入論は、そうした他者の心的状態についての想定自体がひとつのシミュレーションだというのであり、これによって感情移入論は循環におちいる。じっさい他者の性格や経験や背景についての知識をどれだけ集めてみても、そこから推論を介して想定される心的状態のうちのどれがいまシミュレートされるべきものであるかを、「ひとはいかにして〈知る〉のかはあきらかではない」[19]。要するに、他者の感情を仮想するのみならず、これを実演しその経験を再創造するとされるゴルドマンのいう「演技的想像力」なるものがいかにして可能なのかは、不明なままなのである。これに対してフィーギン自身は、感情移入は他人の心的状態のシミュレーションではなく、他者が信じたり欲求したり感じたり行為したりする、その心的プロセスと「構造的に類似した心的プロセス」と考えるべきだといい、それゆえこのプロセスの所産がそのまま、当の他者がもつ「感情（ないし感覚）」であると考えるべきではないという。

2　反－感情移入

それぞれの主張に微妙な差異はあるものの、感情移入を主張する論者にとって核心をなすのは、観察者は他者の情況に想像的に身を置くことで、他者の心的状態をみずからのうちにシミュレートし再創造し再構成することで、強度はともかく質的には他者とおなじ心的内容を経験するという考え方である。一方で少数派とはいえ、感情移入という現象そのものに懐疑的な哲学者がいないわけではない。たとえばピーター・ゴルディは二〇一一年の論文「反-感情移入」で、コプランが厳密な意味で感情移入とした他者指向的視点設定を「感情移入的視点変換（perspective-shifting）」と呼んで、それは「自分を他人であると想像する（imagine *being*）ために、意識的かつ意図的に自分の視点を変換し、これによって彼ないし彼女の思念や感情や決断、ならびにかれらの心理の他の側面を共有すること[20]」を意味するとした上で、そのような現象に対して懐疑的な立場を表明している。

すでにゴルディは二〇〇〇年の著書『感情』では、ある点で感情移入に肯定的な立場からこれを論じている。幼児はまずは感情的感染を示すが、これは「自己配慮的（self-regarding）反応」としてのミミクリーである。二歳になると、親や世話を焼いてくれる他者の苦痛や苦悩に対して「他者配慮的反応」をもち、それを取り除こうとする同情を見せるようになる。しかしそのばあいでも、幼児自身が他者とおなじ苦悩を感じる必要はない。いずれにせよ、これらはいわゆる感情移入ではない。ゴルディはまた、感情的感染や感情移入と似ているがそのいずれでもない感情的関与の一種として、「感情的同一化（identification）」をあげている。[21] 感情的同一化とは特殊な情況下での自他の境界の消失をいうが、これについてゴルディはシェーラーにならって、ある種の文化で生じるトーテムや祖先との同一化、宗教上のエクスタシー的同一化、催眠術の被験者の催眠術師との同一化、子どもの人形との同一化、母親の自分の子どもとの同一化、真に愛し合っているものどうしの性交時に生じる相互的癒着や群集心理に見られる相互的癒着といった例をあげている。これに対して感情移入とはゴルディによれば、「あるひとが他者の物語（その思念、感覚、感情）を中心的に想像する（*centrally* imagines）、あるプロセスないし手順[22]」である。われわれはたとえば、「わたしは自分が危険な流れのなかにいることを想像する」というように命題的に想像することもできるが、これはゴルドマンのいう仮想的想像力と同種のものである。これに対して「中心的に想像する」とは、「自分自身が他者の物語をまさに経験していると想像[23]」し、その結果共鳴することをいい、それゆえこの想像的プロセスは命題的ではなく、特定の視点と遠近法に立つという意味で「知覚的」である。このときわたしは「自分自身が感情的経験をもふくむ特定の経験を実際にもっているのを……見いだすことができる」。

　ゴルディの「中心的に想像する」という表現はウォルハイムに負っているが、ウォルハイムによれば想像には、想像的に再現された人物に「内的な視点」をもつものとそうでないものとの二種類がある。前者は当の人物を「中心的に想像する」あるいは当の人物の「内部から想像する」状態であり、後者はあたかもフリーズの物語を外から見るように「非中心的に想像する」あるいは「外部から想像する」状態である。この「中心的に」といういささかわかりにくい表現をウォルハイムは、すでに見たクワインの「中心化された」というのとほぼおなじ意味で使っており、それゆえ「非中心的」とは特定の人物の視点をとらないことを意味する。たとえばマホメット二世を中心的に、かれがコンスタンチノープルに入城するのを想像するとは、わたし自身がスルタン・マホメット二世「であると想像する（imagine myself being）」ということである。ウォルハイムにとってもこれがただちに、わたし自身がスルタンと「同一である（being identical with）と想像する」ことを意味せず、またそのようなことは不可能で、これが意味するのは「自分がスルタンの身になって想像する（imagine myself in the Sultan's shoes)」ことである。それはちょうど俳優が登場人物を演じるように、わたしがいわば心の「内なる俳優」として、スルタンの思念や感情、信念などを、じっさいに自分自身のものとしてではないにしても、「あたかも自分自身のものであるかのように」再現し上演することである。そしてその結果としてわたしは、その主人公と「最終的には一体になる（in union with）」[24]が、これが感情移入だというのである。

ここでいわれていることは、すでにわたしが著書『イメージの修辞学』で詳論しておいた[25]、物語論《ナラトロジー》でいう「語りのモード（叙法）」、すなわち「語りの視点」の問題である。ウォルハイムのいう「自己を中心的に想像する」とは、ジャン・プイヨンが「〈ともにある〉視像」と呼ぶ語りの視点に対応する。〈ともにある〉視像ないし視点とは主人公の視点から一連のストーリー展開を語る叙法をいい、読者・観客も主人公の側に立ってその内面のドラマを見守るから、これは主人公に対する共感を容易にする語りとして、わたしが「内面のリアリズム」と呼ぶ近代以降の小説が発明し、こんにちにいたるまでひろくゆきわたっている叙法である。これに対して〈背後から〉の視像ないし視点とは、伝統的には〈神〉の視点とか〈全知〉の視点とか呼ばれてきたものであり、叙事詩を典型とする物語の伝統的な様式である。いずれにせよウォルハイムの議論において問題なのは、かれが共感と感情移入とを区別して、中心的に想像する語りはたんなる共感ではなく主人公と「一体になる」感情移入を可能にするという主張であり、ゴルディが問題にするのもこの共感とは区別された感情移入の内実である。

ゴルディにとって他者を中心的に想像するとは、コプランのいう他者指向的視点設定、すなわち「自分自身を他人と同一人と想像すること」[26]ではない。この点では、ゴルディはウォルハイムとおなじ認識を示している。だがゴルディはさらに、他者を中心的に想像することは、ウォルハイムのいう意味での「ひとの身になって想像する」こととともちがうという。ほんらいの意味での「ひとの身になる想像」とは、ウォルハイムのいうようにあたかも自分がスルタンであるかのように想像することではなく、あくまでも自分が他者のそういう存在情況におかれたらどうなるかと想像することである。それゆえひとの身になる想像の物語の語り手は、他者の特徴のみならず、想像するわたし自身の特徴をもあわせもつ語り手であり、他者の特徴とわたしの特徴との「ある種の混合をともなう人物にとって、それはどのようなものであるだろうか」(27)に応えるものである。そのかぎりでひとの身になる想像は、これを感情移入とするウォルハイムが認めるような「一体となる」ことはもちろん、ゴルディが感情移入にもとめる「共鳴」も欠けているという。これに対して他者を中心的に想像するとは、「ある物語の経験を当の他者の視点から想像すること」であり、ゴルディもこれをたとえばスタニスラフスキー・システムのように、俳優がある登場人物をその性格や背景をもふくめて想像的に造形し演じるのと類比的なものと考える。そしてそのためにはわたしには、登場人物の心理状態や性格、感情的性向、その他かれのパーソナリティの諸側面、かれの感情や気分、さらには背が低い、法廷弁護士である、六〇年代アラバマで育ったなど、当の人物の実質をなす諸特徴についての十分な量の情報と、かれが主人公となる物語の詳細が知られていなければならない。このように「他者を中心的に想像する」感情移入を、他者指向的視点設定や「ひとの身になる想像」から区別した上でゴルディは、そのような意味での感情移入は他者についてのより深い理解をえることで、ある情況や事態に対する他者の「感情的反応を予測する」ことができる、というのである。

ともあれゴルディは『感情』ではなお、かれのいう意味での感情移入、すなわち「他人の視点を引きうけ、そのひとが経験するであろう経験をもつと想像すること」としてのシミュレーションは可能だとするのだが、一方で感情移入には他者の特性をどの程度知っているかに応じて成功のさまざまな程度があるという。自分の親しい友人に対しては、かれの特性についてよく承知しているから感情移入は比較的容易であり、俳優が自分が演じるハムレットに感情移入することもありうる。しかし感情移入をつうじての実践的推論のシミュレーションによる、他者の感情的反応や行為の正確な予測がときに失敗するとしても、それはそもそもわれわれ人間の想像力の限界の結果としてなんら驚くにはあたらない。また感情移入を介して他者の行為をみずからなすべく「動機づけられている」と想像することは、さすがに困難である。というのも他者の思念や感情のすべてを知的に把握したとしても、じっさいの行為を動機づける力をもつ「感情的に負荷のかかった特殊な内容をともなった思念や感情」をみずからもつと想像することは容易ではないからである。それゆえ「われわれは実践的推論にかんするかぎり、シミュレーションにあまり多くを期待するべきではない」という。こうしてゴルディは他者理解において感情移入が果たす役割を認めつつ、じっさいには感情移入は困難であり、「あまり多くを主張しない」ことが重要だというのである。

論文「反 - 感情移入」でゴルディは、『感情』を出版して以降「感情移入的視点変換の困難さについてのわたしの見かたは、ますます否定的なものとなっていった」と告白している。その理由も『感情』においていわれたような、他人についての正しい情報を得るという認識上の制約や、われわれの想像力の限界といったたんに偶然的な条件にあるのではなく、そもそも「行為者（agency）」という観念の核心には「時間のなかで持続するひとりの主体としての自己自身という概念」があり、それゆえ他者の一人称特権にもとづく視点を自分のものとしてシミュレートすることなど、原理的に不可能だからである。ゴルディはここでは、コプランの自己指向的視点設定を「ひとの身になる視点変換(in-his-shoes perspective-shifting)」といいかえるが、これは「ひとの身になる想像」である。コプランはこれを自己中心的なバイアスのかかったものとしてほんらいの感情移入には数えないのに対して、ゴルディは「ひとの身になる視点変換」と「感情移入的視点変換」の両方をいわゆる感情移入のふたつの種類とした上で、自分は感情移入的視点変換には懐疑的だが、ひとの身になる視点変換の可能性に反対しているわけではないという。しかし「ひとの身になる視点変換」にかんしても、あまり野心的なことを主張するべきではないともいう。一方コプランは、性格や職業や文化などさまざまな点で自分とはことなったひとたちのばあいには、「かれらの情況づけられた心理状態をシミュレートすることが不可能となる」[29]こともしばしばであり、それゆえ多くのばあいに感情移入は困難であるということについてはゴルディに同意するのだが、それでもコプランは感情移入に対する障害は偶然的なものであり、たとえその企てがうまくいかないことがあるとしても、唯一自分が主張する厳密な意味での感情移入のみが他者を経験にもとづいて理解することを可能にするとして、総じて感情移入に懐疑的なゴルディに反論している。

他者指向的視点設定や他者の感情のシミュレーションという意味での感情移入に対しては、ダン・ザハヴィも懐疑的である。ザハヴィはシミュレーション主義に共通するものとして、われわれは他者の心を模倣するために自分自身の心をモデルとして利用することができるという主張をあげるが、これに対してザハヴィはシェーラーの議論を踏まえて、「感情移入についての非シミュレーション的な考え方」[30]を主張する。シェーラーは他者の苦痛やよろこびを共にする「共感」ないし「共同感情（Mitgefühl）」は、他者の体験の直接的な理解と、あるしかたでこれに関与することとからなる心的作用だといい、共同感情を基礎づける「理解」を「追体験（Nachleben）」ないし「追感情（Nachfühlen）」と呼ぶ。ここで追感情とは、他者の体験や感情についてのたんなる知識や判断ではなく、「他者の感情の質を感じつつ把握する」ことであり、これをシェーラーは直接的な「内的な他者知覚」ともいう。しかしそれは、「もしもそれが自分に起こったら、それはいったいどのようなものだろうか」といった自分との一種の類比ないし推論にもとづく「思慮（Überlegung）」、したがってゴルディの「ひとの身になる視点変換」に対応するものではない。シェーラーが追感情ということで想定しているのは、なるほど他者の感情と同一の質を感じつつ把握することだが、だからといってそれと同質の現実の感情がわれわれのうちに生みだされることではない。それは知覚されたり、現実に現前するものとしてあたえられたりするわけではないが、それでもわれわれが「想起の意識のなかで主観的に〈見ている〉風景や、おなじように想起の意識のなかで〈聴いている〉メロディ」[31]といえるようなもの、したがって知覚経験と質的にはおなじものと理解された心的イメージと類比的なものである。そのかぎりで、他者の感情の質の理解としての追感情は、なお「他者の体験へのいかなる〈関与（Teilnehmen）〉をも含意しない」。共同感情はこうした追感情にもとづいて、他者の体験や感情にあるしかたで「関与する」ことだが、しかしそれは他者の受苦を自分がともに感受することを意味せず、「わたしの共苦（Mitleid）とかれの受苦（Leid）とは現象学的にはふたつのことなった事実であり……

おなじひとつの事実というわけではない」[32]。それゆえシェーラーは、純粋な共同感情とは「他者とその個人的な状態」のうちへと、自分の現実を「真に飛びこえて立ち入る」ことであり、その意味でひとつの自己超越だというのである。そしてザハヴィは、シェーラーが追体験ないし追感情と呼ぶこの他者理解の方法ないし能力を「感情移入」という語で代表させるのだが、それはシミュレーション主義のいう「自分自身を想像的に他者の情況へと投射するわれわれの能力」[33]としての感情移入ではないという。だがシェーラーのいう追感情による他者の感情の理解、したがってザハヴィのいう感情移入が、知覚経験と同質の心的イメージをいわば想像的に見たり聴いたりすることと類比的に、他者の感情と同質の心的イメージを想像的に感じることだとしても、そもそも「想像的に感じる」とはなんなのか、それは「現実に感じる」こととどうちがうのかがあらためて問われなければならないが、シェーラーやザハヴィにおいてこれは不明なままである。シェーラーにおいてなにより問題なのは、そもそも追感情のような直接的な他者知覚が可能なのも自他の区別以前のわれわれの意識根源的なありかたとしての「体験流」があるからで、これによって他者への共同感情は究極には、自他を区別しない「人間愛《フマニタス》」や、さらには「人格および神に対する愛」へといたるというように、かれがある種の神秘的な形而上学をもちだす点にある。ザハヴィにおいても、「感情移入の基礎的で自動的な形式」は「身体や行動の表現のうちに示される他者の心の生にアクセスするわれわれの能力」だとされるが、それがいったいどのようなものかは依然として謎のままである。

ローレンス・ブラムはシェーラーの共同感情を「同胞感情（fellow-feeling）」といいかえた上で、いわゆる感情移入を同情や共感、顧慮とならんで同胞感情の一種とする。たとえば、自分が望んでいた地位を得ることができずに失望している友人に対してわたしが彼女のために失望するとき、わたしは彼女の失望を「自分の心のなかにしっかりと思い描く（envision）」ことができる。そのときわたしの感情経験は、彼女がどのような経験をしているかについての、たんなる「共感よりもつよく鋭敏な想像を含意して」おり、それゆえこれをたんなる共感と区別してとくに感情移入といってもよいが、だからといってこれは「他者とおなじ心的状態を実際にもつこと」[34]をふくむわけではない。そしてこの意味での感情移入は、わたし自身はいま人生に満足しているという状態となんら矛盾しないし、感情移入をふくむ同胞感情をもったとしても、それが当の他者の助けになろうとするべくわたしを動機づけるとはかぎらないという。ブラムのこの主張は、メルロ＝ポンティが、わたしの友人「ポールは妻をうしなったので苦しんでいる……のだが、わたしのほうはポールが心を痛めているから苦しむ……のであって、両方の情況は重なりあわない」[35]というとき念頭においていたものに近いといってよい。ゴルディが感情移入を「他者の物語を中心的に想像する」ことだとするとき、ここにいう当の他者の「感情それ自体が埋めこまれている物語」[36]とは、当の他者の〈現〉の〈いま・ここ〉の存在情況以外ではなく、だからこそゴルディも結局は、そうした感情移入は原理的に不可能だといわざるをえないのである。じっさいのところ感情移入や共感、同情をどのような意味で用いるにもせよ、そもそも感情がわたしの〈いま・ここ〉における存在情況の情態的了解である以上、メルロ＝ポンティがいうように、わたしの〈現〉の情況と他者の〈現〉の情況とはけっして重なることはなく、したがってわたしの情態性とかれの情態性とはけっしておなじ感情ではありえないというべきである。

3　想像と推察

感情移入やシミュレーションをめぐる論争が混乱している理由のひとつは、これらの議論の根幹にある「想像する」という概念のあいまいさにある。自分のとはことなった他者の信念をみずから「信じていると想像する」こと、他者の経験や感情をみずから「経験していると想像する」こと、「他者であると想像する」こと、自分が他者の立場にいると「ひとの身になって想像する」こと、これらの表現において、いったい想像するとはどのような経験をいうのか。

たとえばリチャード・モランは想像力について、以下のようにいう。

「想像力という概念は哲学においては異質で、それにふさわしいやりかたで理解されてこなかった概念であるという点には、なんの不思議もない。じっさいわれわれは、想像力の行使が世界について、あるいはわれわれがもつ諸概念やわれわれ自身についてなにごとかを学ぶこととどのように関係しているのかについて、ほんのわずかしか理解していない。それでもきわめて重要な事柄について——必然性や可能性の本性について、またわれわれの心がもつ欲求や、道徳的な公正さと不正を特定することについて——情報を得るために、われわれはつねづね、そして哲学の内部でも外部でも、われわれが想像力と呼んでいるなにものかに依存している。というのも、良きにつけ悪しきにつけわれわれは、想像力とはさまざまな種類の知識の媒体であるとする観念に縛られているように思われるからである[37]。

日常の言語使用で「想像する」というとき、それはまずは概念的に思考する働きとの対比で「イメージする」ことと考えられている。ここで問題は、そもそも「イメージ」とはなにかである。この難問については、すでにわたしは拙著『イメージの修辞学』で論じておいたが、その結論の要点は、心的イメージは知覚イメージではないし、ことばの理解とはそのことばが指示する対象の視覚イメージを想起することではないというものである。じっさいバークがいうように、日常会話や読書において「そのような画像は二〇回に一回もつくられたことはない[38]」し、ウィトゲンシュタインも「ひとが命題にそくしてなにごとかを想像することなど、命題にしたがってスケッチを描くことと同様、命題の理解にとってすこしも本質的なことではない[39]」という。心的イメージという現象はたしかにあって、われわれはしばしば心的イメージを「思い描く（picture）」とか「思い浮かべる（visualize）」とかいうが、それはシェーラーがいうような、記憶表象としてのイメージを「見る」という意味での内的知覚ではない。これについてライルは、友人の顔をイメージするためには、ひとはその顔がいかに見えるかについての知識をあらかじめ知覚をつうじて習得している必要があり、それゆえ友人の顔を想い描くことは、その顔が「どのように見えるはずであるかということにかんする知識の利用法のうちのひとつ[40]」、したがって「思考すること」の一例にすぎないし、その顔をことばで記述するのはおなじ知識のもうひとつの利用法だという。

心的イメージを思い描くこと、想像することと、ことばの意味を理解しそれによって記述することが、いずれも知識をあるしかたで利用する思考作用だとすれば、「想像」はなにか特別な独自の精神作用というよりは、むしろ思考や信念、欲求、感情など、あらゆる心的状態に付随するごく日常的な心的作用というべきである。そしてそのような、ごく日常的な思考の一種としての想像作用のもっとも典型的なものは、モランがいうように、反事実的推論において「なんであれ自分が理解している命題が真であると想像する」ことであるが、しかしここで「真であると想像する」ことは、感情移入論者がいうような、他者が真と考えている信念を自分が「もっていると想像する」ことではなく、それを「たんなる仮定として想定する」[41]ことを意味するにすぎない。じっさいわれわれは議論において「……と仮定（想定）せよ」という代わりに「……と想像せよ」ということがあるように、「想像する」という語の日常的な用法の核心は、まずは反事実的な推論における想定ないし推察だといってよいだろう。なるほど想像的推論にも、ときにイメージ化がともなうこともある。「水とおなじ性質をもつ液体がH_2Oではない世界があるとせよ」というとき、この可能世界の理解にはほとんど心的イメージは関与しないだろうが、「月はグリーンチーズでできているとせよ」というときには、われわれは球体のグリーンチーズをイメージして、それを月と見立てるかもしれない。いずれにせよ、これらはごくありふれた反事実的推論であり、ゴルドマンはこれを「仮想的想像力」と呼んだのである。ケンダル・ウォルトンは、小説の読者や映画の観客はフィクションの物語世界を構成している「虚構的命題」[42]を想像的に真と信じており、そのときかれらの想像はたんに知的な関与ではなく「生き生きとした」関与だという。だがモランは、こうした生き生きとした関与とその結果としての「フィクションに対する感情的な関与」[43]があるとしても、それは想像作用それ自体の特性というわけではなく、想像作用にときにともなうわれわれの側の心理的反応というべきだという。それゆえモランは想像的推論とは別に、「演技的想像力」と呼ばれるようななにかとくべつな想像力とそれにもとづく感情移入は認めない。

モランがいうように、想像には感情に動かされることなく距離をおいて冷静に想像したり、感情的にまきこまれて想像したりといった「想像の流儀（*manner*）」のことなりというものがあり、そしてなにかをイメージとして「視覚的に想像する」こともまた、そうした想像の流儀のひとつである。ゴルディが「命題的に想像する」というとき、それは反事実的推論にともなう距離をおいた冷静な想像をいうのだろうし、これには視点変換は必要ない。わたしは罠にかかったネズミを見て、ネズミにとってそれがどのようなものであるかを想像して、それはネズミにとって恐るべき情況であると理解するが、そのためにネズミの視点をとる必要はない。『戦争と平和』の読者が登場人物ピエールが直面した情況がかれにとってどのようなものであるかを想像するとしても、これもネズミのばあいと同様冷静な想像であって、それをピエールの内面から想像することでピエールに感情移入する必要はない。ゴルディもこうした冷静な想像は日常生活では頻繁に用いられるといい、その結果えられるのは他人のもつ経験や感情についての三人称的な理解や説明であって、かならずしも「なんらかの感情が感じられること」[44]は必要ではないという。しかも一方でゴルディは、すでに見たように、他人の感情経験をみずからも感情的にまきこまれて想像するある種の流儀を、すくなくとも『感情』ではウォルトンにならって、その経験をみずから「経験していると想像する」こととしての感情移入だとするのである。だが現実であれフィクションであれ、われわれが他者の経験に感情的に関与したとしても、そのときわれわれが感じるのはモランがいうように、当の他者の情況に対する「想像的関与(45)」の結果としての共感や同情、哀れみ、憤り、恐怖、よろこびといった、あくまでもわれわれのがわの心理的反応であって、他者の経験を感情をともなって想像することは、他者がもっている感情を自分ももっていると想像することではない。かりにわたしが、これから手術を受けようとする友人が感じている恐怖を自分が「感じていると想像する」ことがあるとしても、それは厳密にはけっして友人の恐怖をみずから共有することではありえない。それは、手術を受けるのが自分であれば、そのとき自分はどう感じるかという反事実的推論にともなう想像作用である。じっさいにもわれわれは「かれの気持ちを察してやれ」といったりするが、この「気持ちを察する」ことはけっして、想像的にかれの気持ちと「おなじ気持ちをもつ」という意味での感情移入を意味しないし、そんなことは不可能である。われわれはかれの性格や性向を考慮しつつ、かれがそうした情況に立たされたとすればどのように感じるだろうかと想像的に推察するのであり、「ひとの身になって想像する」というのも、過去の自分の経験やその記憶をもとに、自分自身がかれの情況に立たされたとすればどう感じるだろうかと想像的に推察するのである。そのときわたしが、「かれは怖がるだろう」とか「わたしも怖がるだろう」とかいうとしても、それは想定された情況におけるかれやわたしのありうる心的状態や態度を記述しようとしているのであり、ライルの表現を借りれば、そのような情況にあるときひとは「どのように感じるはずであるかということを思考する」ことなのである。

4　道徳の情操主義

すでに見たように、感情移入という語はしばしば共感ないし同情とおなじような意味で使用されるが、〈共感＝同情〉という語のこうした用法は、感情移入という語がまだ存在しなかった一八世紀イギリスのシャフツベリやハチスンらの道徳感覚論を経て、ヒュームやアダム・スミスに代表される「情操主義（sentimentalism）」的道徳論にすでに見られるものである。

哲学の伝統において、また日常生活においてさえ、ひとは道徳における「情念と理性の闘い」について語り、理性の優位について語ってきたが、これに対してヒューム自身はよく知られているように、「理性は情念（passions）の奴隷であり、また、ただそうであるべきであって、情念に奉仕し、それにしたがうこと以外の任務を果たそうとすることなどけっしてできない」(46)という、きわめて大胆なテーゼを提出する。その主張の眼目は「理性だけではけっして、いかなる意志行動の動機にはなりえない」という点にある。理性と推論にもとづくわれわれの知性の判断がなすのは、諸対象のなかに原因と結果の因果的な結合を発見すること以外ではないが、そうした原因や結果がわれわれにとってどうでもよいものならば、それがわれわれの心を動かすことはなく、したがっていかなる行動を生むことも、いかなる意欲を生じさせることもありえない。理性はただ推論によって因果連関を発見することで、情念が意志に働きかけて行為を動機づけるその方向づけに寄与するのみであって、それゆえ「理性は意志の方向づけに際して、けっして情念に対立することはできない」というのである。そして他者の情念にかんしても、理性によるその因果連関の発見がわれわれの共感を生じさせるという。

ヒュームの「共感」はかならずしも哀れみや顧慮を意味する「同情」に限定されないが、それはまずは「他者に共感し、コミュニケーションによってかれらの性向や心情（sentiments）を――それがどれほどわれわれ自身のそれと異なり、あるいは対立しさえするものだとしても――受けいれるためにわれわれがもたねばならない傾動」であり、そのかぎりで「人間本性」に属する。ヒュームにとって共感という作用の根拠は、「自然がすべての人間のあいだに大きな類似性を保存しておいたこと」にある。ある情動を経験している他者に対してわれわれが共感するとき、「その情動（affection）はまずは、それがもたらす結果、したがってその情動の観念を伝達する表情や会話のうちに示される外的サインによってのみ知られる」のだが、ついでこの観念は想像作用によって、他者によって経験されたもとの情動をそのまま刻印する「印象」へと転換されて「高度の活力と活気とをえることで、まさにその情念そのものとなり、こうしてなんであれ、もとの情動にひとしい感情を生みだす」(47)。ヒュームがここで想定している「生き生きとした観念が印象へと転換される」想像作用は、情動とならんで「意見（opinions）」に対しても顕著にあらわれる。というのも他人の意見に同意するとは、他人がもっている観念を想像によって自分のものとすることであり、自分にとって権威をもつ他人の意見を信奉することほどわれわれにとって自然なものはないからである。それゆえヒュームのいう共感は、想像力によってたんなる観念ではなく、活力と活気という点でより強く、質的にももとの印象とおなじ経験をあたえることで、「われわれが他者の意見や情動の奥深くに立ちいる」ことを可能にするものであり、そのかぎりで現代の「感情移入」とほとんどおなじものだといってよいだろう。

一方アダム・スミスにとって共感とは、自分を他者の「情況へと想像力によって置きいれ……いわばかれの身体のうちにはいりこみ、ある程度においてかれとおなじ人物となることで、かれの感覚しているもののある観念を形成し、その度合いにおいてより弱いにもせよ、その感覚とまったく似ていないというわけではないようななにかを感じさえする」(48)経験だが、これはヒュームの共感とくらべて、コプランが他者指向的視点設定と呼びゴルディが感情移入的視点変換と呼んだプロセスをより明確にふくんでいる。ただしアダム・スミスのいう想像作用には、感情移入的視点変換とひとの身になる想像との明確な区別はみられない(49)。

いずれにせよ、ヒュームやアダム・スミスに代表される一八世紀イギリスの情操主義的道徳論は、他者に対する〈共感＝同情〉をわれわれがもって生まれた自然な感情経験と考え、そうした自然本性に由来する道徳感情がある種の利他主義的行為を動機づける点に、道徳や倫理の根拠を見ようとするものである。そして現代においても、この一八世紀の情操主義的道徳論を積極的に再評価する立場がある。そのもっとも代表的なものはマイケル・スロートである。かれは「理性は情念の奴隷である」とするヒュームの立場から出発しつつ、これをさらに敷衍して、感情は「心の知的な働きのすべてを構成するのに必要である」(50)とする「より一般化された情操主義の心の哲学」、あるいは感情移入を強調する「情操主義的ケア倫理」を構想する。スロートは感情移入を「投射的感情移入」と「連合的(associative)感情移入」というふたつの種類にわける。前者は他者の視点から物事を熟慮することで「他者の頭のなか」を理解するが、後者はそれにとどまらず「他人が感じている感情をみずからに引きうける」のであり、これはたんなる理解にとどまらず、なすべきことへとわれわれを動機づけるものである。そして「道徳の領域においては、連合的な種類の感情移入（そしておそらくは投射的なタイプも）は真の人間的な共感と利他主義にとって必要と考えられる」という。しかもスロートはここから、さらに大胆な一歩を踏み出す。すでに見たように、ヒュームは他者の意見や信念に対しても共感に対応する作用はあるというが、スロートはこれを敷衍して「他者が信じたり論じたりすることに対する知的な共感」があるといい、たとえば「マルセイユはフランスにある」といった世界地理にかんする純粋に知的な信念にも、つねに感情がともなうと主張する。ある信念を抱くことにおいてひとは「まさにこの信念に好意をよせるという軽微な感情をもつ」のであり、心を構成する合理的・知的・認知的要素もすべて感情的なものに浸されているという。だがこれは、いかにも奇妙な主張である。なるほどヒュームもいうように、われわれが他者の信念や思考に共鳴したり同調したりするというのは事実であり、しばしばそのことを「共感する」と表現するのも事実だとしても、しかしこれによって意味されていることは感情移入でないのはもちろん、われわれの側の反応感情としての共感ともことなって、たとえ感情的には認めたくないばあいでも、他者の信念や思考に対する知的な理解や判断によって認めざるをえない「同意」である。それゆえわれわれが「マルセイユはフランスにある」という命題に対して肯定的な態度をもつことにはちがいないにしても、だからといってスロートのように、この信念態度が「好意をよせるという、個々人の感情的態度」[52]だというのはまちがっているし、そうした用語の用い方は、そもそも信念や態度、感情といった諸概念を分析的に使用することを無意味にしてしまうだろう。ともあれスロートは、知的な働きもふくめて「心をひとつに統合する上で、感情的なものはより重要な役割を果たしている」と主張する「情操主義の心の哲学」を構想するなかで、われわれが人間的本性として共感をもつ以上、感情のみならず信念や態度や習慣にかんしても、われわれ人間はすべて原理的には「質的にひとつであり同一である」[53]というのである。

共感において示されるわれわれ人間の原理的な同一性にかんしては、スティーヴン・ダウォールもおなじ立場に立つ。かれは、共感は「規範的な共同体——感情についての規範に同意するおなじ心をもったグループ——の形成に中心的な[54]」役割をになうと主張する。ある子どもが危険な情況にあるのを目撃するとき、ひとはたんに「子どもは安全であるように」という一般命題を対象とする欲求ではなく、それをまさに目の前の「当の子どものために、したがってその子に対する共感的な顧慮」から「非命題的」に欲求する。そして事実として特定の他者の福利を願う共感的な顧慮と欲求は、原理上は特定のひとに限定されず、自分をもふくめた「万人（anyone）」にかかわりのあるものとして、そのかぎりで「定言的な理由」をもっているという。じっさい、だれかが自分自身のためになにかを望むということが道理に適っているとすれば、万人がそのだれかのことを顧慮して、そのひとのためにそのなにかを望むということもまた道理に適っていなければならないし、この意味でわれわれが共感において「自分自身と他者とをケアする者の観点をとることができる」ということこそ、幸福や善という概念にとって中心的なものだというのである。

善悪についてのたんに抽象的な合理的考察には欠けている「動機づけ」の効力を共感に認め、これを利他主義の原理ととらえることで、伝統的な情操主義の道徳を再評価しようとするジョセフ・フィロノヴィッチのような立場もある。かれは、人びとがおたがいに日常的に接するなかで真の利他主義を実践していることは事実であり、その本質的な要因は、われわれすべてがもつ「他者の福利をめざす特定の感情や欲求を経験し、それにしたがって行動しようとする傾向性」だという。これはまた「他者に対する、真に私心がなく（disinterested）、まぎれもなく感情的な顧慮をふくむようなもの——共感、同情、ケア、親切——つまりは同胞感情」[55]ともいわれるが、いずれにせよそこに見られるのは、利他主義という倫理原則はそれを受けいれるものを、それにしたがってじっさいに行為するべく動機づけることができなければならないが、「情動や感情、情念から距離をおいた理性」にはなしえず、他者に対するわれわれの、合理性の外にある感情、すなわちわれわれの心情によらないでは成功しないという、ヒュームと共通した認識である。フィロノヴィッチによれば、シャフツベリはこれを「自然の情動」と呼び、ケンブリッジ・プラトン学派は「愛」と呼び、ヒュームは「人間性の原理」と呼んだが、フィロノヴィッチ自身はこれを「情操的仁愛（sentimental benevolence）」と呼ぶ。

これら現代の情操主義の主張をめぐってはあらためて、感情移入と共感は同一のものか、感情は道徳行為を動機づけるか、はたしてわれわれ人間は原理的に同一であり、共感とは「真に私心のない」万人の立場からする万人にむけての同胞感情なのかが問われなければならない。たとえばゴルディは、ダウォールやスロートが感情移入と共感とを人間的本性にもとづく同一のものとするのに対して、共感は感情移入のように、たんに他者の受難や苦悩を理解するだけではなく、当の他者の困難を気にかけケアすることで、そのような困難を軽減しようとの「倫理的動機づけ」をふくむから、共感には感情移入には欠けている「世界に対するある倫理観——共感はその一種である——も必要である」[56]という。じっさいプロファイリングのように、凶悪犯罪者の心の動きをいわゆる感情移入やひとの身になる想像によって理解したからといって、かれに共感や同情を寄せるということはない。またひとは感情移入やひとの身になる想像ができないばあいでも、たとえば犬や鯨の受難に同情することはできる。こうしてゴルディは、いわゆる感情移入は、それが他者がおかれている感情状態についての理解を拡張し深めることによって共感を増大させあるいは拡張することはあっても、共感にとって必要でも十分でもなく、それゆえ「感情移入はある倫理観へといたる正道ではない」[57]という。カールステン・ステューバーも「情動的な感情移入と共感のあいだのつながりは偶然的なものである」[58]という。一般には感情移入は他者の感じている感情とおなじ感情をもつことを意味するが、共感は他者のおかれている情況に対する反応感情である以上、かならずしも他者の感情とおなじ感情をもつ必要はない。じっさい、他者の苦難を理解しその情況に直接かかわる救助隊員や医者のような職業のひとがいつも同情を感じているとすれば、そのひとはいわゆる「同情疲れ」におちいってしまうだろうというのである。

プリンツのように、道徳判断や道徳的発達、そして道徳的行動への動機づけの「いずれにとっても感情移入は必要ではない」[59]と主張するものもいる。プリンツにしても感情移入という概念はアナクロニズムではないとして、ヒュームやアダム・スミスたちが共感と呼んだものは、自分が感情移入という語で理解しているもの、すなわち他者がおかれている情況を思いやるとき、自分の胸中に他者のそれと「類似した感情がわき上がる」作用だという。その上でプリンツは、われわれは共感なしでも「慈善はよいことである」とか「虐待は悪いことである」といえるが、それだけではわれわれはそうした文が表現しようとしていることを十分理解していることにはならず、それゆえ感情移入の意味での共感は道徳的判断の前提条件だというヒュームに対して、たとえば臓器移植を必要とする五人を助けるからといって、健康なひとりを殺すのは悪であると判断するとき、われわれは五人に強く感情移入するとしても、われわれの道徳判断は感情移入的反応にしたがわないし、脱税や万引きの被害者が国やデパートのばあいには、われわれは国や法人がこうむる受苦をさほど顧慮しないが、それでもこれを悪いと判断できないわけではないといった例をあげて、「感情移入が道徳判断の前提条件であると想定するのはまちがいであるように思える」という。しかし一方でプリンツは、他者の感情をともにするという意味での感情移入ではないが、ある種の感情傾向としての「心情（sentiments）」が道徳判断にとって十分なケースもあるという、一種の情操主義といってもよいような立場を表明する。たとえば死体性愛や獣姦などに対しては、とくにその被害者に対する感情移入を引きおこさないが、それでもそうした行為それ自体に対するおぞましさの感情をひきおこすし、脱税や万引きのような国や法人に対する犯罪は軽蔑を引き起こす。発達心理学的に見てサイコパスには感情移入が欠けており、そのためにサイコパスには暴力を禁じる道徳のルールと、服装についての学則のように感情移入を必要としない慣習的なルールの区別ができないという説に対してもプリンツは、サイコパスは感情移入というよりも恐怖や悲しみといった感情一般を見分ける能力が劣っており、それゆえかれらは、恥や罪悪感や義憤といった「道徳教育を容易にしたり……道徳判断を構成する諸感情を欠いている」のだという。また道徳的動機づけにかんしてもプリンツは、慈善事業に寄付することはよいことであるという一般的な判断を動機づけなしに下すことは可能だが、このたんなる道徳判断をじっさいの行為へと動機づけるのは弱者に対する感情移入だという主張に対して、なるほど怒りは攻撃を促進しおぞましさは忌避を促進するというように「感情は動機づけの状態である」が、だからといってこの感情は感情移入である必要はないし、じっさいにも感情移入が行動を動機づける力はきわめて弱いという。(60)

感情移入が道徳的動機づけに果たす貢献は子どもでは無視できる程度であり、大人ではささやかであり、是認や非難とむすびついた他の諸感情の方がより強い動機づけの衝迫をもつように思われるというのである。

5　共感の党派性

これまでの議論からわれわれとしては、他者の感情をともにするという意味での感情移入や、それを可能にすると考えられている「演技的想像力」などは、感情が個々人の〈いま・ここ〉の存在情況の了解的情態性であるかぎりで不可能である一方で、通常の反事実的推論にもとづく仮想的な「ひとの身になる想像」はごくふつうに行使されるし、それはときにわれわれの側の感情的反応である〈共感＝同情〉をもたらすことがあるというべきである。その上であらためてわれわれは、個人と〈万人＝人類〉のあいだの葛藤は、感情移入や共感を人間の自然本性にもとづくとする道徳の情操主義にとっても避けがたいアポリアであると認めざるをえない。すでにゴルディは『感情』のなかで、共感は「自分にもっとも近くもっとも親しいものに対して顧慮するという、われわれにひろく見られる性向の党派性（partiality）を反映して」それ自身も党派的であり、それゆえ共感は「正義の非党派的要請と矛盾することがありうる」[61]と指摘している。道徳哲学者のあるものは、「われわれが受けいれるべき倫理的立場は、本質的に万人の（あるいはすべての生き物の）視点を非党派的に考慮することをふくむ」と主張するが、こうした非党派的な倫理観は情操主義が考えるように感情移入や共感にではなく、むしろ「よりクールで感情的ではない、非党派的な仁愛（an impartial benevolence）」に依拠する。じっさい、もしも非党派的視点に達しようとしてすべてのひとの身になって想像したとしても、それはわたしがそのうちのある特定のひと、たとえばわたしの息子に感じる「党派的共感」と矛盾するかもしれない。それゆえゴルディは、共感には感情移入には欠けている「世界に対するある倫理観」が必要だとはいうが、しかし「共感は非党派的な倫理観へといたる正道ではない」[62]ともいうのである。

プリンツも、かれのいう感情移入すなわち共感には、自分に近親なものや自分が帰属する集団などをえこひいきする「近さの効果（proximity effects）」や、飢餓や病気のように目立たない事態よりも自然災害や戦争といったニュースバリューのあるできごとにより強く反応する「顕著さの効果（salience effects）」[63]に屈するといった危険がともなうという。こうした偏りを改善して、感情移入や共感を「より広い範囲の人びと」に向けて拡張するには、たとえば「コスモポリタンのものの見かた」[64]を涵養するというカント的アプローチ」やアダム・スミスのいう「冷静で非党派的な観察者の心情」をもつことが必要だが、これは困難である。それゆえより現実味のある方策として、個々の犠牲者にではなく、そこで問題になっている盗みや拷問やレイプ、また邪悪な不正や虐殺といった特定の「行い、い、い、為のタイプ」についての道徳判断をなす努力をすることで「ある種の非党派性」を保つべきであり、その結果われわれはかならずしも自分とは近親ではない犠牲者のためにも、感情移入など介さずとも怒りや義憤といった道徳的な感情をもつことができるようになり、これによって行動を起こすべく動機づけられることになる。それゆえわれわれが非党派的な道徳的立場に立つことを可能にするのは、「ひとが受苦をこうむるのは非道であるという鋭敏な感覚（a keen sense）にむすびつけられた、われわれに共通の人間性についての知的認識」[65]だというのである。

　ゴルディやプリンツが指摘する、共感がもつ党派性と、正義のような非党派的視点に立つ徳やそれにもとづく義憤のような非党派的な道徳感情との矛盾ないし対立の問題については、すでにヒュームがこれを主題的に論じており、ゴルディ自身この点でヒュームの洞察を高く評価している。[66]ヒュームは、共感は「すべての人為的徳の内なるわれわれの道徳的心情を生む」[67]という一方で、共感というものはその対象がわれわれに近親かどうかという「隣接性（contiguity）の関係」に応じて変化しやすく、それゆえわれわれの道徳的心情もおなじように変化しやすいという事実についてもはっきりと認識している。ヒューム自身、この矛盾は自分の「共感の体系」を危うくすることを認めた上で、この問題に対するひとつの解決を与えようとする。利己心は人間的本性とは不可分である。この党派性と一般性のあいだの「矛盾を防止し、物事についてのより安定した判断にいたるためには、われわれはある確固として一般的な視点を定めて、思考する際にはつねに、自分の現在の情況のいかんにかかわらずこの視点に自己をおく」ことで、自分に近いか隔たっているかに応じた「そのつど瞬間の見かけを、この反省によって修正する」必要がある。なるほど理性はそのように万人に対する非党派的な行動を要求するとしても、情念は理性にもとづく一般的な判断が下す裁定に即座にはしたがわない。そこでヒュームは、現実の因果連関を推論する純粋に知的な理性とは別に、「情念に対立できる理性」をあらたにもちだす。ヒュームによれば、これはじっさいにはある種の情念なのだが、これがしばしば理性と混同されるのは、それが「激しい情念」と種類においては同一の情動ではあるが、それよりいっそう穏やかに作用して、気分に少しの乱れもひきおこさない心的活動だからである。この「穏やかな情念」には、「仁愛、恩讐（resentment）、生命愛、子供に対する親愛のような、もともとわれわれの自然本性に生得的な特定の本能」と、「善への一般的な本能的嗜好と悪に対する一般的な本能的忌避」との二種類があるという。ヒュームのいう穏やかな情念の内実はかならずしも明確ではないが、おそらくは一八世紀の道徳情操論が想定する、人間の自然本性に生得的な同胞感情や、善悪を直観的に判断する道徳感覚に対応するものだろう。(68) ともあれ、このいわば理性的情念は「ある距離をおいた視点あるいは反省」にもとづいて、いま直面している事態に対してもつべき情念を一般的で穏やかなやりかたで裁定する作用であり、そしてこれが、個々人に相対的な共感や利己心にもとづく激しい情念が示すような、そのつど変動する不安定な基準とは別の一般的な価値基準を提供する。

共感の体系からすれば、家族や友人のように自分に近親な他者に対する共感とはことなるにせよ、理性的情念もやはりひとつの共感であって、それはたとえばマルクス・ブルトゥスのような歴史上の愛国者に対して、かりに自分がかれと身近にかかわるとすれば、自分はかれに共感し、かれが身につけた徳に対して情愛と賞賛をささげるだろうということを、わたしは「反省によって知っている」といえるような意味での共感である。こうしてヒュームは、「われわれ個々人に特有の、そのつど瞬間的な情況から生じる」通常の共感は人間にとって自然なものであるとして、これを自己に近親なものに「制限された寛大さ」と呼ぶ一方で、想像的推察が生みだす一般的な徳に対する情念を「拡張された共感」と呼ぶ。(69) だがこれによってヒュームは、「拡張された共感と……制限された寛大さのあいだにあるように見える矛盾」に、あらためて直面することになる。ヒュームによれば、世間でいわれているいる「情念と理性の闘争」とは、正確にはこの「激しい情念と穏やかな情念」の闘争である。ヒューム自身、われわれは自分から隔たったものや、自分に特有の利益になんら資することのないものを心から愛することはまれであるし、たとえ他者の行為が道徳的には正しいことだとしてもそれが自分の利害と対立するならば、当の他者を容認することはなかなかできないといい、また他者の苦痛に共感することでわたしが苦痛を感じるとしても、だからといって自分自身の利害をわずかでも犠牲にする気にはならないという。そうだとして、いったいこの、想像的推察と反省のもとで生じる穏やかな情念とそれにもとづく道徳の、個人的利害や視点をこえて、それゆえ「時間や空間をこえて」拡張される一般的規則は、いかにしてひとをそれにしたがった道徳的行動へと動機づけることができるのか。

この問いに対してヒュームは、このような葛藤ないし闘争の原因と結果は各個人に特有の気性や傾向性に依存しているが、一般的にいえば「激しい情念は意志に対してより強力な影響力をもつ」一方で、「穏やかな情念も反省によって補強され、決断によって後押しされるときには、激しい情念のもっとも激烈な運動さえ制御することができる」(70)という。なるほど身近な善は激しい情念を引き起こすだろうし、隔たっていれば穏やかな情念しか生みださないだろうが、だからといって穏やかな情念がかならずしも「弱い情念」とはかぎらない。じっさい反復された習慣がそうであるように、いったんある情念が確固たる行動原理となり、支配的な性向となれば、それは情念の瞬間的な激発がなくとも行為や行動を指令する。要するに、意志を決定する情念には激しい情念と穏やかな情念というふたつの原理があるが、自分の個人的な情念と対立する拡張された共感が生じるとき、当人の性格や現在の傾向性にしたがって、その内のいずれかが優勢に立つ。そしてわれわれが「心の強さ」と呼ぶものは、激しい情念に対する穏やかな情念の優位を含意している。それゆえ激しい情念と穏やかな情念の闘争のありようは個々人のあいだでもことなり、また同一人においてもそのときどきでことなって、結果として「人間の人生を多様なものにする」のだが、「哲学ができることはただこの戦争が見せる、より大きな、そしてより目立ったできごとのほんのいくつかを説明すること」にすぎないという。その上でヒュームは、「道徳感覚を人類にとって根源的な本能に還元する」かれに先だつ道徳情操論は、徳の原因を十分な権威をもって擁護するにしても、さらに一歩進めて道徳感覚を「人類に対する拡張された共感によって説明する」自分の共感の体系がもつ「利点を欠いている」と自負するのである。

ヒュームのいう共感がわれわれに共通の人間的本性にもとづくとしても、ヒュームは利己心も人間的本性とは不可分で、それはいわばわれわれの存在の事実性というべきであって、それゆえ個人の立場と〈万人＝人類〉の立場のあいだのギャップと葛藤は完全には解消しえないものと考えており、この点でヒュームの立場は、われわれは人間として「質的にひとつであり同一である」とするスローや、「万人」に対する共感を主張するダウォール、そして「真に私心がない」同胞感情を主張するフィロノヴィッチら、現代の情操主義とは原理的にことなっている。また現代の情操主義が、かれらのいう感情移入や共感を、知的な要素や道徳や動機づけをもふくむ心の全体を基礎づける感情に数えいれるのに対して、ヒュームの「拡張された共感」ないし「穏やかな情念」は「情念に対立できる理性」ともいうべきもので、それは自分の〈いま・ここ〉の情況のいかんにかかわらず「ある確固として一般的な視点」に自己を立たせることで、共感の党派性を「反省によって修正する」ものであって、その内実は知的な反省にもとづく共感である。そのかぎりでそれは、ほぼモランのいう反事実的推論にともなう想像的推察と、それがもたらすわれわれの側の反応感情に対応するといってよいだろう。

ヒュームが、情念に対立できる理性は徳に対する拡張された共感だというとき、この「理性」が立つべき確固として一般的な視点とは、たとえば徳のような「道徳の一般規則」といえるだろうが、しかし徳も結局はわれわれの自然本性である利己心を前提として、人為的に制度化された「人為的徳」である。それゆえヒュームが、拡張された共感は徳に対する「穏やかな情念」だというとき、それはゴルディが共感は「世界に対するある倫理観」にもとづく感情だというのに近い立場であり、そうだとすれば倫理的動機づけの根底にあるのはたんなる感情ではなく、あるべき世界やなすべき行為にかんするある種の信念体系や倫理観、あるいは徳だということになる。そしてヒュームがいうように、ある個人が特定の道徳上の信念体系や徳にもとづく拡張された共感をもつとしても、本性的に利己的な個人の立場からする、特定の他者に制限された寛大さと、個人的利害や視点をこえ、時間や空間をこえて〈万人＝人類〉に対して拡張された共感とのあいだのギャップと葛藤のありようは、個々人とその情況に応じて多様であり、またわれわれ人間の存在の事実性として完全に解消されることはない。こうして、われわれが感情と道徳のかかわりを議論するなかで、さいごになお解くべき問題として浮上するのは、信念のパズルや感情の義務論で露呈した、〈わたし＝われわれ〉としてのわたしの内部で生じる〈わたし〉と〈われわれ〉のあいだの葛藤と同型の、個人的な共感の党派性と万人の道徳のあいだの緊張と葛藤であり、現実の道徳的行為への動機づけに対して一方で知的で反省的な判断が、他方で共感や感情が関与する、そのあり方である。

第六章　合理的利他主義と感情

1　思慮分別

ゴルディやプリンツに見られるのは、共感や感情移入を道徳判断の基礎とすることには懐疑的だが、ある種の感情は道徳判断にふくまれ、そしてこの感情が動機づけの力をもつことから、道徳判断それ自体は動機づけの力をもつと主張する、いわば弱い情操主義というべき立場である。これに対してネーゲルのように、道徳判断はいっさいの主観的な感情をふくまず、もっぱら客観的な理由にもとづく合理的な動機づけの力をもつと主張する立場もある。ネーゲルのいう「sympathy」は「苦痛をともなう認識」であり、それゆえこれはまずは「同情」と訳すべきものだが、かれによれば同情とはたんに他者の苦境を認識することによって生みだされる不快感というのではなく、他者の苦境を「かれらがそこから救済されるべきなにかとして受けとめる苦痛をともなう意識」(1)であり、それゆえ同情が生じるのにも、それに先だって他者の苦境が「救済されるべき」だとする道徳判断と動機づけの客観的理由がなければならないから、同情は道徳判断にふくまれない。カントも情操論を批判して、「共苦の感情（dies Gefühl des Mitleids）や心やさしい関与の感情」(2)でさえ、それが義務とはなんであるかという熟慮に先立って行為の規定根拠となることがあってはならないという。また動機づけを欲求にみる理論に対してもネーゲルは、自分としては客観的理由にしたがいたくはないが当為としてしたがわざるをえないと考えるばあいのように、欲求なしの動機づけもあるという。それゆえネーゲルは、他者の利害が同情などを介することなくひとにある行為をなす理由を提供することで、それが直接にそのひとの行動の動機づけに影響するという「純粋な利他主義」を主張する。ネーゲルは、自分の主張はカントの立場と似ているというが、その第一の理由は、道徳判断にはじっさいに行為をなす動機づけの力はなく、そのためには道徳判断にはふくまれない欲求のような「ある心理的拘束力」が要請されるとする外在主義にではなく、道徳的主張それ自体の真が定言的命法において道徳的な動機づけを保証するとする内在主義に立つからである。ネーゲルにしても、ひとが他者の利害を追求する際に、ときには「仁愛や同情、愛、転嫁された自己利害、あるいはなにかそうしたさまざまな影響力によって動機づけられることがあるということには疑問の余地はない」(3)し、感情を道徳的言明と動機づけの根拠と見る道徳の「感情主義（emotivism）」ないし情操主義も、ある意味では内在主義であることは認める。しかし同情や仁愛といった心情は気まぐれであり、このような主観的な感情にもとづく立場では道徳的客観性の主張を放棄する「反合理的な倫理説」とならざるをえない。ヒュームはもちろんもっとも影響力の強い反合理的内在主義者だが、ヒュームにとって動機づけの基礎となる、万人に対する「拡張された共感」も結局は主観的な感情であるかぎりで、「人びとのあいだで実践的な不一致が生じる大きな余地が残されている」から、かれの倫理学は心理的偶然性にゆだねられている。これに対してネーゲルのいう利他主義とは「ある倫理的主張の真を認識するものは、それに対応する動機づけをも受けいれなければならない」とする合理的内在主義である。それゆえ倫理学はこの動機づけ構造を明らかにする必要がある、というのである。

ネーゲルが自分の立場がカントのそれに似ていると考える第二の点は、道徳的動機づけを可能にするのは「行為者が自分自身についてもつ形而上学的な観念」だという認識である。カントではそれは「自由の観念」だが、ネーゲルでは「自分自身を、自分とひとしく現に存在する他の人びとのうちのひとりにすぎないとする観念」である。こうした観念自体は、カントにとってと同様ネーゲルにとっても、われわれが人間として「逃れようのない」もの、それゆえこれまでわれわれが用いてきた表現を使えば、われわれ人間存在のそれ以上分析できない事実性である。それがわれわれにとって逃れられない観念である以上、われわれは非道徳的ではありえないし、そしてそれこそがわれわれを人間にしているものである。ネーゲルが利他主義ということで理解しているのは崇高な自己犠牲のようなもののみならず、なんであれ他者が利益を得、あるいは害を避けるという信念によってのみ動機づけられたすべての行動をいう。たいていのばあいそうした利他的行動は、「きみの車はパンクしているよ」とか「きみのハンバーガーにハエがたかっているよ」と注意するばあいのように、われわれ自身のコストはかからず、自己犠牲も崇高さもふくまない日常的な顧慮である。

利他主義的理由は、われわれ自身がもつ自己利害的理由をもとに、それを他者の自己利害的理由へと類推することによってえられるという意味で、「利他主義的理由は自己利害的理由に寄生的である」。それゆえネーゲルはまず、自己利害的理由にかかわる「思慮分別（prudence）の動機」の分析から出発する。思慮分別の理由は「利他主義の原型として役立つ」というのである。思慮分別にとって本質的なのは、自己利害にかかわる未来の情況に対する実践的な見通しである。それゆえ思慮分別の原理は「自分の現在の情況を、時間的な延長をもつ人生のなかの一状態にすぎないとする考え方」、したがって自己は時間的に存在する存在であるとする「人格（the person）にかんするある形而上学」とむすびついている。思慮分別による特定の動機が存在するためには思慮分別による理由が現に存在することが必要だが、そのためには、それに先だって時制をもたず恒久的な「一般的理由」が存在する必要がある。恒久的な理由はその影響力を時をこえて行使するが、現に存在する「日付のある理由」はあくまでも現在時点での特定の目的を促進するための行為の「さしあたっての（*prima facie*）」理由である。たとえばわたしは六週間後にローマに行くことになっており、それゆえ六週間たてばわたしは当地で円滑に行動するという目的のためにイタリア語を話すという理由をもつ。しかしもしもわたしがこの理由を「たんに日付のある理由」と見なすならば、わたしは現時点でイタリア語コースに登録する理由をもつという結論にはいたらない。イタリア語を話すというわたしの理由は、なお六週間のあいだじっさいに存在しないからである。しかしそうすると、わたしがローマ空港に着いてタクシーに乗りこんだまさにその時点でイタリア語を話すという理由がわたしに降りかかるが、そのときわたしはタクシーの運転手に行き先を告げることができず、そのチャンスがあったときにイタリア語を学んでおくべきだったと後悔することもできない。なぜならチャンスがあったときには、わたしはイタリア語を話すことについての「日付のある理由」をもたなかったからである。

いまあげられた事例を実践的推論として分析し公式化してみれば、ある所与の時点において、ある特定の行為をなす理由にかんする時制をもつ実践的判断を受けいれる者は、（a）特定の時点に対してつねにおなじ効力をもつ、それ自体は時制をもたない恒久的な実践的判断と、（b）その恒久的実践的判断をなす現在と、じっさいにその行為をなす特定の時点との関係についてのある信念――いまただちになすべきか、未来のある時点になすべく準備するか、過去のある時点になすべきだったか――とを受けいれなければならない、ということになる。たとえば認識にかかわる事実的判断においても、あるひとが「明日は雪が降る」と予想し信じるとき、それは一般に「雪が降る」条件ないし理由についての時制をもたない一般的な判断と、今日という現在からみて明日という特定の時点にかんして予想されるさしあたりの理由にもとづく時制をもつ判断とからなり、このとき「恒久的な事実的判断から時制をもつ事実的判断への切り替えは、信じられている事柄を変更することはなく、ただひとがその事柄を見る立場を変更するだけである」[4]。それと同様に、ある行為の一般的正当化にかかわる恒久的な実践的判断から、現時点での正当化にかかわる時制をもつ実践的判断への切り替えは、その正当化の内容を変更することはなく、ただひとがそのように判断するその立場を変更するだけだという。

もちろん、信念や認識がかかわる事実的判断とはことなって、実践的判断の理由はなにごとかをなすあるいは欲する理由であって、たんになにごとかを信じる理由ではない。あることをなす理由があると判断することは、そのことをじっさいになすことの正当化を受けいれることをうちにふくみ、それゆえこの「受けいれること」は当の判断の内容の一部をなすことが、これをネーゲルは当の判断にふくまれる「動機内容（motivational content）」と呼ぶ。そしてそのつど現在時制の実践的判断がそれに対応する恒久的な判断を現在時点に適用することでえられる以上、動機内容はすでに恒久的な判断のうちにもふくまれている。たとえば「ローマにいるひとはいつでもイタリア語を話すべき理由がある」という恒久的な実践的判断はたんなる認識や信念にとどまらず、それがいつ何時であろうともローマではイタリア語を話すという行動を促進することの正当化をふくんでいる。だからこそ「六週間たてばわたしはイタリア語を話すべき理由をもつだろう」という未来時制の実践的判断を受けいれることは、先の恒久的な判断を六週間たった時点で「いまこそそのときだ」というかたちで受けいれることを要求するのであり、そしてこの判断の内容としてふくまれている動機づけは、六週間後にイタリア語を話さなければならないという情況に立たされているであろう現在のわたしを、その準備のためにイタリア語コースに登録するべく動機づけるだろう。そしてこのようなことが可能であるためには、自分自身が「時間的延長をもち、未来も現在と同様にリアルであるような存在」であり、それゆえ「現在をもふくむすべての時点を時間的中立の立場から見ることができる」とする、自己についての観念がなければならないというのである。

しかしネーゲルは一方で、動機づけはかならずしも当の行為にじっさいに着手することを含意しないという意味で、「動機内容はかならずしも動機効力（motivational efficacy）を含意しない」ともいう。じっさい、行為のための理由の正当化を受けいれてその行為へと動機づけられていながらも、動機づけがその効力をブロックされることで、実際に行為することに失敗するということはある。たとえばいくつかのさしあたっての理由が相殺しあう場合や、誘惑をまえにしての意志の弱さ、自己欺瞞、そして臆病や怠惰やパニックといった、いわゆる「不合理な行動」がそうである。あるひとが実践的判断を下しながら、その動機づけが作動しないということがあまりにひんぱんに生じるならば、そのひとはたんにリップサービスをするだけで、その判断をほんとうには受けいれていない。いずれにせよネーゲルにとっては、実践的判断がもつ動機内容の失効の事例はいずれも、実践的判断それ自体が動機づけを内含しているという合理性を背景にして生じる、特殊で不合理な事例にすぎない。そもそも思慮分別が可能なのは、ひとが時制をもつ立場と時制をもたない立場という「ふたつの立場から、自分の情況を見つめることができる」からであり、それゆえこの「ふたつの立場の統合（integration）」は「人格的統一（personal unity）の条件」である。それゆえネーゲルにとっては、ひとが思慮分別にしたがうことに失敗するとき、それは「自分の未来、自分の過去からの、したがって全体としての自分自身からの根本的な乖離（dissociation）」(5)を意味することになる。

ネーゲルのいう恒久的な理由と時制のあるさしあたっての理由、あるいは時間的中立の立場とそのつどの時点の立場とは、これまでのわれわれの表現を使えば、三人称的で客観的な立場と一人称的で主観的な立場に対応するといってよいだろう。したがって、このふたつの理由ないし立場の統合としての「人格的統一」とは、個々人の〈わたし＝われわれ〉が調和したありかただということになる。思慮分別は自分の人生、したがって自己利害にかかわる実践的判断であり、そこで問題になっているのは〈わたし＝われわれ〉として矛盾や葛藤なく存在する個人の人格的統一である。これに対して利他主義にとって問題となるのは、思慮分別の主体である〈わたし＝われわれ〉と、おなじく〈わたし＝われわれ〉である他者との倫理的関係である。ネーゲルは、これまでの思慮分別の分析をモデルとして、これをかれのいう純粋な利他主義の分析に適用する。そしてここでも問われているのは、利他主義のケースにおいて信念ないし判断と行為をむすびつける「一般的で、情念をともなわない動機づけ」である。注目すべきはネーゲルがここで、すでにわれわれが「ひとの身になる想像」と呼んでおいた、一種の反事実的推論に言及していることである。ネーゲルによれば、利他主義にとって本質的なのは他者のおかれている現実を認識することであり、そのために「かれらの位置にいる自分自身を想像してみること」[6]である。ここでも重要なのは、他者を自分自身と似た人びととして認識することによって、自分が他者の情況に立たされればもつであろう欲求や利害をたんに自分自身のものとしてではなく、当の他者の欲求や利害へと「拡張すること（extension）」であり、そしてこれがネーゲルのいう、自分の自己利害的理由の他者の自己利害的理由への「類推」の内実である。

　利他主義に対立するのは、行為や動機づけの理由はもっぱら「自分自身の利害と欲求から生じなければならない」と主張するエゴイズムである。だがじっさいには、この意味で真にエゴイズムといわれるものはありえない。というのも、たとえば他者のかかとが自分の靴先を踏みつけているとしても、その苦痛は当の他者のものではないから、エゴイズムの立場からすればかれはかかとをわたしの靴先からどかす理由をもたず、それをどかすようにというわたしの要求は正当な根拠をもたないからである。わたしの要求が根拠をもつためには、踏まれているのが自分であれ他者であれ、普遍的にそのかかとをつま先からどけるべきだということが主張できなければならないが、それは実践的原理には普遍性の要請があるということであり、これによってほとんどのタイプのエゴイズムは排除される。これが、道徳論の最初の形式が「他者の情況におかれた自分自身を想像すること」である理由である。もっとも宗教的狂信者のように、「万人はもっぱら他者の利害のためにのみ行為するべきであって、けっして自分自身の利害のためにであってはならない」と主張するような、純粋な「自己放棄的利他主義」[7]も、じっさいには普遍性を欠いた主観的原理の極端なものである。それゆえ利他主義を主張するにしても、われわれの自然な欲求から由来するある範囲の主観的理由を所与と見なすべきである。その上でネーゲルは、思慮分別では、そのつどの時点の理由と恒久的な理由の統合の条件は「時間において延長する存在」としての自己の統一性にあったのとパラレルに、利他主義における主観的な価値と客観的な価値との統合の条件は、「人間存在の自然本性」にもとづいて、自己を「単一の世界（a single world）にふくまれるすべての他者のなかのたんにひとりのひと」[8]にすぎないとする形而上学的観念だという。それゆえ利他主義の背後にある原理とは、主観的と見えるいかなる価値も客観的な価値とむすびついていなければならないというものである。いいかえれば、「あるひとにとって」ある目的を促進する主観的な理由がある情況においてはつねに、「万人にとって」もそれを促進する理由、したがって客観的な理由がなければならない、ということである。こうしてネーゲルは、たとえひとが主観的原理にしたがって活動し成功するとしても、ひとはそれを、主観的原理が提供するのと「おなじ理由を提供する客観的原理によってバックアップできなければならない」と主張して、これを「合理的利他主義」と呼ぶのである。

2　非人称的判断

利他主義が自己についての上述のような形而上学的観念にもとづくからといって、「自分自身と他者とのある神秘的な同一化や、すべての人物からなる集団的自己（mass self）のようなもの」を想定する必要はない。この観念はむしろ、自己を単一の世界に住み、おなじ自然本性をもつ他者に混じって、一個の、しかし「非人称的に（impersonally）特定しうるひとりの住人」と同定しうるものとみなすことである。ネーゲルによれば「人称的な判断や信念、態度等の本質は、それが世界を、その世界の内なるひとつの特権的な地点（a vantage point）から見ること、そしてそれをなす主観ないし権威主体（subject or author）がその特権的地点を占めているということにある(9)」。これに対して非人称の立場は、世界の内部に自分が占める位置を特定することなく、世界についてのある見かたを提供する。人称的な「わたし」が非人称的な万人のうちのひとりである以上、世界についての完全に非人称的な記述は、人称的記述において「わたし」とされている人物についての記述を包摂するし、一人称で指示される個人について語られうるすべてのことは、これを非人称に変換して書き換えることができる。それゆえ思慮分別における時制の変換と同様に、利他主義における「文法的な人称変換」は、言明された内容を変更することなく、ただ同一の事態についての視点の変換にすぎない。自分自身の情況についての人称的判断や経験のみが存在するという主張は独我論におちいるが、このときひとは「他者のなかのたんにひとりの人物」とする自己の観念から「解離」してしまう。しかし合理的利他主義は、人称的立場における「自分自身の情況と経験の特徴のすべてが、その内容が失われることなく」非人称的立場からも記述され考慮されるとする立場であり、これによって「独我論の拒絶」が可能になるというのである。

非人称的な立場は、個々人がいま現実におかれている、かれに特有の情況を捨象し「抽象する」ものである。それゆえ個々人がなすべき利他的行為にじっさいに導かれるためには、万人にかかわる非人称的判断をそのつど特定の自己の情況に適用して、じっさいの行為への動機づけを発動する人称的判断をえる必要がある。わたしが非人称的立場からみて事態がどのような情況にあるかを認識しているとしても、その情況のなかで「わたしが占める位置（my location）」を知らないならば、わたしはなにをなすべきかを知ることはできないからである。ある集団のひとりが毒を盛られたと認識しても、その毒を盛られたのがわたしなのか他のだれかなのかを知らなければ、この情況に対してどう判断し、なにをなすべきかをわたしは知ることはできない。それゆえネーゲルも、人称的判断を介してわたしが非人称的な信念体系にコミットするにしても、当の非人称的信念体系には包摂されることのない「ただひとつの残余、行為を可能にする基礎的な人称的前提」[10]というものがあり、これによってわたしは自分を非人称的に記述されている世界のなかに位置づけることができるという。ネーゲルの、ひとは自分がなにものであるかを、そしてこの世界のどこに自分が位置するかを知らずに、なにをなすかを一般的なかたちで決断することはできないという主張は、ペリーやルイスのいう「自己定位信念」に対応するものといってよい。非人称的判断にふくまれる客観的な理由と動機内容を現に引きうける個人は、非人称的判断をそのつど特定の自己の〈いま・ここ〉の情況に適用して、自分としてなにをなすべきかについての決断に関与するというのである。

このようにネーゲルは、非人称的判断に包摂されない「基礎的な人称的前提」としてのわたしが占める特権的な地点の「重要性を低く見積もろうとは思わない」といい、非人称的な立場から人称的立場への「変換は根本的な（radical）ものであり……この変換がひとを行為する位置に置く」というのだが、しかもかれはその一方で、ひとは個々の立場のちがいを抽象した非人称の立場から所与の情況についてなにか共通のことをいうことはできるとして、「自分自身であるという事実」も結局は「非人称的立場と人称的立場のスコープの範囲内に包含される」という。そのかぎりでネーゲルにとっては、非人称的立場と人称的立場のあいだの「根本的な」変換もたんに「論理的に避けがたい」文法的な人称変換にすぎず、それゆえその判断内容の変更を意味しない。だがそうだとすると、かれのこの立場は、基本的には個々人の主観的な言明を永久文化し命題化するクワインやデヴィッドソンに代表される命題的態度論や概念主義とおなじく、いったんは個々人の一人称特権とそれを根拠づける自己定位信念を認めつつも、けっきょくはそれらを三人称ないし非人称的な万人にとっての永久文へと抽象することで、利他主義的命題の合理性を確保しようとするものであり、われわれはここにもあの合理性の圧力を認めざるをえないだろう。ここでネーゲルがいう人称的と非人称的の区別は、すでに第四章で見たように、ネーゲルが後年主題的に論じる〈わたし〉と〈われわれ〉の心の分割に対応している。われわれの心が〈わたし〉と〈われわれ〉に分割されるということは、われわれが「自己」というものをこのふたつの立場の統合としての〈わたし＝われわれ〉と見なすという、自己の〈いま・ここ〉の存在の事実性についての「形而上学的観念」にもとづいているのだが、ネーゲルにあって人称的な〈わたし〉は、結局は非人称的な〈われわれ＝万人〉に還元されてしまうのである。

じっさいにはネーゲルにしても、非人称的立場と人称的立場、〈われわれ＝万人〉と〈わたし〉のあいだに現実に生じるギャップと葛藤について言及しないわけではない。これまでに見てきた合理的利他主義の可能性は、個人的な利害にもとづく主観的な理由を万人にも妥当するべく一般化して客観的理由とする「客観化」のプロセスに依拠しているが、現実には個々の〈わたし〉は、自分がおかれている特定の情況に応じてそれぞれにことなった主観的理由をもっている。それゆえこれらを客観化してえられる複数の客観的理由の内のどれを優先的に選択するべきかについては、個々人のあいだで葛藤が生じる。それゆえ一方で客観的理由と利他主義を維持しつつも、「個々人が人間性一般にかかわる諸問題よりは、自分自身にかかわる諸問題や、また自分に近親な者のニーズに対して注意をむけることが正当化される」[11]ような、現実に即した「実質的な」利他主義が可能であるためには、これまで議論されたような形式的で純粋な利他主義に対して、現実に生じる客観的理由相互の葛藤をそれ自体客観的なやりかたで調停するための、ある種の「制約」が必要とされるというのである。

主観的理由を客観化して得られる客観的理由がつねに、「他者のためにある行為をなすべし」という利他主義のかたちをとるとはかぎらない。たとえば各人が生きる自分の人生を他人がかれに代わって生きることはできず、芸術創造や恋愛やキャリアの追求など、当の個人の自立性や自発性、独創性が重要であるような活動に対して、他人がこれを援助することはしばしばいらざる干渉となる。それゆえ、自分の人生を追求するべきだという主観的理由は、視点変換によって万人に妥当する客観的理由にもなるが、そこから引きだされる実践的判断の妥当な結論は、「われわれは他者がそうした関心事に専念する際に、その他者に対する干渉を避ける理由をもつ」というものであるだろう。スポーツやゲームはもちろん、ビジネスや政治、法、ときには芸術にいたるまで、人間活動の様々な領域で認められる競争においても、競争者はそれぞれが成功を目指す主観的理由をもち、そしてそれは競争相手にもおなじ主観的理由を認めるという客観的原理を前提にしているが、だからといって競争相手を利他的に援助するなどというのはナンセンスである。また自分の家族、自分の妻や子どもの幸せを顧慮すること、また自分が所属するクラブや会社、国家といったより大きく緩やかな集団の利害を顧慮することに対しても、客観的な実践的判断の結論は、自分とはことなる他の家族や他の集団に属する人々がその集団に固有の目的追求に専念するのに干渉することを避け、各集団の追求を可能にし容易にする「社会的、経済的、政治的諸条件を整えようとする理由」[12]をもつということになるだろう。

一方で、主観的理由の客観化がほとんどのばあい「基本的な人間的ニーズにかんして、端的に相互人格的な利他主義の要請をふくむ」こともたしかなことであり、われわれはたとえそれが自分の親族や友人や同国人でなくとも、他者を飢えやナパーム弾から守る客観的で利他的な理由をもつ。しかもこのばあいでもほとんどすべてのケースで、複数のさしあたっての客観的理由相互のあいだに葛藤が生じる。たとえば「不幸なひとの境遇は改善されるべきである」と「ひとは自分の幸福を追求すべきだ」というのはいずれも万人に妥当する客観的理由といってよいが、現実に不幸な境遇にある他者を目のまえにしてひとは、それでもなお自分の幸福を追求することがゆるされるかといったのっぴきならない葛藤に直面するだろう。それゆえネーゲルは、このような現実の情況にあってなにをなすべきかについてひとつの決断をもたらすためには、それぞれに葛藤し合う道徳的理由のあいだのバランスをとる、それ自体客観的なある「組みあわせ原理（combinatorial principles）」を優先的に選択することが必要になるという。そしてネーゲルはここでも、各個人がもっぱら自分に特有の事情にかかずらうことをゆるさないという意味で客観的な、「ある人工的に構築された視点」を要請するのである。

たとえば功利主義は、個々の〈わたし〉をたんに論理的のみならず実質的にも〈万人〉に還元して、ことなった人物がじっさいにもつ欲求やニーズ、満足や不満等々を「総体としての一人物（a mass person）」のものであるかのようにあつかうことで、これら諸欲求のあいだのバランスをとるべく「最大多数の最大幸福」といった組みあわせ原理を適用するという点では、人工的な視点構築の一例だが、これでは最大多数から閉め出された不幸な個人の「人間的な人生の還元不可能な意義」をまじめに考えることに失敗してしまう。またロールズのように「集団的な選択の当事者は、社会におけるかれら自身のアイデンティティと地位にかんして、無知のヴェールでおおわれている」[13]と想定することで、多種多様な選択候補が各自の相対的利益にどのような影響をあたえるのかに左右されない、公正な手続きを可能にする「原初状態（the *original position*）」を確保しようとする立場にしても、すでに自分が現に生きている人生をもたんなるひとつの可能性として考えるものであり、いまさら選択しようのない事実としての人生の現実の重みを否定することになる。

　これに対して、相互個人的で客観的な「組みあわせ原理」の選択をするためにネーゲルが提案するのは、個々人すべての人生を「単一の超人生（a single super-life）」へと還元するのではなく、「それぞれにことなった個々人の人生からなるひとつの集合」を想定し、ある人工的な視点に立ってその集合にふくまれる個々の人生のすべてをみずから生きようとすることで、すべての個々人の現実の人生のニーズや欲求や関心に「十全で同等の声」を保証する、というものである。問題は、いかにすればこのことが可能かだが、ここでネーゲルは思慮分別に要請された、自己は時間をこえて持続する一人格であるとする形而上学的観念にパラレルなある観念をもちだす。われわれの人格は発達段階に応じて変化するが、それはかならずしもなめらかな移行を示すわけではなく、そのつどの発達段階において、いわばことなった人格があらたに形成されるということもできる。そのように時間のなかで持続する人格の同一性は、かならずしもそのつどの発達段階の同一性を意味しないとすれば、これを時間の推移を捨象して考えれば、各個人は「ことなった複数の人格のいずれにもなりうる」ということもできようし、その意味で、ひとりのひとがとりうると「予期しうる、それぞれにことなった自己」とその人生のいずれをも「自分のユニークな人生」として生きる、「複数の人格に分裂しているある人物[14]」を想像することもできる、というのである。これはもちろんたんに想像可能な「仮説的な情況」にすぎず、そのかぎりでイメージ以上ではないし、それがじっさいにいかに適用されうるかについては、ネーゲル自身もそれ以上のことはわからないというのだが、そうだとしても、これによってひとは、たとえばロールズが引きだしたのとおなじ結論――「第一に優先されるべきものは、住民のなかでも最悪の状態にある人びとの境遇を改善することでなければならないこと、しかもよりよい状態にある人びとの利益を増進することも、それがかれらよりも劣った状態にある人びとを犠牲にするのでないかぎりゆるされる」――にいたるだろうという。だがここで想定される、複数の人格に分裂して、それぞれにことなった複数の人生のいずれをも自分のユニークな人生として生きることで、それら複数の人生からなる「ひとつの集合」としてあるような人物など、たとえ仮説的情況としてさえ想像可能であるとは、すくなくともわたしには思えない。わたしが思いつくとすれば、それはすでに見てきたような、複数の他者がおかれているさまざまにことなった情況を、そのつどの反事実的推論を介して「ひとの身になる想像」において理解することぐらいである。すでに見たように、ネーゲルも人称的立場から非人称的立場を導く際にひとの身になる想像が必要だというが、かれのいう実質的な道徳理論が要請するのは、たんなる想像的推察にとどまらず、現実の自分のとはことなる他者の人生を自分のユニークな人生として「生きる」ことであり、そうだとすれば、ここで要請されている経験の内実は結局、われわれがすでに不可能だとして批判しておいた感情移入に帰着するといわざるをえない。

ネーゲルがこのように、万人の身になって想像し、想像的にであれそれら万人の人生をみずから生きるための、およそ現実味のない「人工的な視点」を要請せざるをえなかったのも、そもそもネーゲルが合理的利他主義の根拠を導いた、その手順そのものがもつ深刻な問題性のゆえである。ネーゲルにとって主観的理由から客観的理由へといたる手順は、世界を見る〈わたし〉の人称的な視点から万人の非人称的視点へと切り替えることにあり、そしてこのふたつの視点ないし立場ということで想定されているのは、わたしという一個人の内部の〈わたし＝われわれ〉という心の分割という事態である。だが注意しなければならないのは、ネーゲルが要請する視点の切り替えとは、一人称的な〈わたし〉と、彼や彼女といった三人称的な他者をふくむ〈われわれ〉とのあいだの視点の切り替えをはるかにこえた、人称的な〈わたし〉と非人称的でもっぱら理念的な〈万人＝人類〉のあいだの視点の切り替えである。そのかぎりでネーゲルにとって〈わたし〉とは、世界を見る視点を一人称から三人称ないし非人称へと変換しさえすれば、その内容を変更することなく、そのまま〈われわれ＝万人〉とひとつづきであるような自己、すなわち「非人称的に特定できる個人」としての〈わたし＝われわれ＝万人〉だということである。もちろんネーゲルがこの結論にいたったのも当然で、合理的利他主義のモデルは、持続する時間の内なる「自己の統一」ないし同一性にもとづく思慮分別であり、したがって合理的利他主義もなんらかの「自己の同一性」、すなわちわたしや他者をふくむ〈われわれ＝万人〉の同一性を要請するからである。だが思慮分別と利他主義とでは、それらがそれぞれに要請する「人格にかんするある形而上学」の内実がまったく異なっている。じっさい思慮分別の根拠となる、一人格の時間をこえて存続する同一性は、われわれにとってごく自然で基礎的な経験であり、そしてまさにこの「自分自身であるという事実」と特定の「情況において自分が占めている場所」こそは、非人称的立場に還元されない残余として、われわれにとって逃れがたい個々の人間存在の事実性である。もしも合理的利他主義の根拠となる非人称的立場が、この自分自身であるという事実を抽象して得られる〈わたし＝万人〉の同一性にもとづくならば、それはわれわれにとって自然なというよりは、観念論的な「自我」や「精神」、あるいはチザムの「ひとつの自己」のように、わたしの〈現〉の〈いま・ここ〉を抽象することでえられるもの、ネーゲル自身のことばを使えば「論理的」ないし「文法的」な同一性というべきである。それゆえネーゲルのいう、人称的立場と非人称的立場のあいだのたんに「文法的な視点変換」や「人工的な視点」の想定は、自分は「基礎的な人称的前提」のもつ重要性を低く見積もろうとは思わないといい、個々の人間的な人生の「還元不可能な意義」をまじめに考えるべきだというネーゲル自身のことばを裏切ってしまう。ネーゲルのいうふたつの立場ないし視点の切り替えは、〈万人〉にとっての客観的理由が要請する行為を、抽象不可能で逃れようのないわたしの〈いま・ここ〉の現存在に引きうけることを意味する以上、これによって非人称的な実践的判断には、〈万人〉ではない〈わたし〉の現存在の「決断」という、非人称的立場にはどうあってもふくまれないまさに「残余」としての存在の事実性の契機があらたにつけ加わるのである。ネーゲルが、そのことばとは裏腹に、決断とそれをもたらす動機効力にかかわる基礎的な人称的前提をじっさいにはあまりに低く見積もることになったのも、かれの合理的利他主義が要請する実践的判断はその内容として「動機づけ」をふくんでおり、そしてわれわれが実質的にはともかく形式的には〈わたし＝万人〉であるかぎりで、なるほど現実にはしばしば個人が要請された行為をなすことに失敗するにしても、すくなくとも論理的には客観的理由とそれにふくまれる動機内容はそのまま動機効力にもとづく決断をもたらすはずだと考えたからである。

3　動機と性向

ネーゲルの出発点は、動機づけの力をもつ感情や同情が道徳判断を根拠づけるとするヒューム的な情操主義に立つ内在主義に対して、感情や同情には関与せず、もっぱら合理的な動機づけの理論にもとづく内在主義を提供しようとすることにある。そしていまあきらかになったことは、ネーゲルが動機内容と動機効力とを区別するときの、「動機」という概念の意味内実のあいまいさである。ネーゲルは動機について、「自分の意図を形成する」こと、行為が「じっさいに起こるように促す」こと、行為しようと「心が傾く (be inclined)」こと、「行為に導く」こと、ひとを行為するための「準備をなすべく導く」こと、「当の行為にすすんで着手しようとする」ことというように説明しているが、その意味内実はかならずしも一義的ではない。というのも、一方でそれはじっさいの行為へとむかう「準備」や「意図形成」を思わせるが、他方で行為に「導く」とか「促す」とか「着手する」というのは、じっさいに当の行為をはじめることを意味するように思えるからである。前者のいいかたでは、動機づけはある行為に向かう心の性向や傾向性をもつことをいい、ネーゲルのいう動機内容はおそらくこれにあたるが、後者のいいかたは、プリンツが「感情は動機づけの状態」であり、「道徳判断はそれが感情をふくむときには、その本性において動機づける状態である」[15]というときに想定している「動機づけ」、したがってネーゲルのいう動機効力にあたるものである。

第一章で見たようにデーリングにしても、ネーゲルの合理的利他主義にならって、規範的な実践的理由は「動機づけの力をもたねばならない」という一方で、ネーゲルに反して、実践的推論に感情を組みこむことで内在主義のジレンマを解決しようとする。彼女にとってそのもくろみが成功すると見えたのは、たとえば蛇を怖がることはたんに蛇についての中立的な表象ではなく、これを危険なものと表象し「その難を逃れる」という動機づけの力をもっていると思われたからである。しかしここでも問題は、動機という語の意味の両義性である。たとえば動物園の檻から脱出したゴリラを見て恐怖を感じるとき、ひとは難を逃れるためにあるしかたで「行為するべく身構える」[16]というが、ひとがじっさいに行動を起こすかどうかについては、恐怖の感情以外にも、ゴリラと自分のあいだを隔てる障害や距離といった、その情況における他の要因についての判断などが介在するだろう。そうだとすれば、ここで感情がもつとされている動機づけはある種の心の傾向性や身構えとして、むしろネーゲルのいう動機内容に近いものというべきだが、デーリングにはこれと動機効力の区別はない。じっさいには、すぐにも逃げだしたいという激しい欲求に駆られつつも、あまりにも強い恐怖にとらわれてすくみ立つということもある。だがそのときわれわれは、かれがすぐに逃げ出さなかった理由は問うても、その動機を問うということはしない。われわれが動機を問題にするとき、それは多くのばあいすでになされた行為について、その行為を説明する直接の原因となった意図や意欲を帰責的にもとめるばあいである。[17] われわれはDが殺された事件について、AにもBにもCにも「動機がある」というい い方をするが、Dが殺されてもいない時点でA、B、Cそれぞれに動機があるとはいわず、せいぜい かれらはいずれもDを「殺したいと思う」傾向性や性向をもっているというのではないか。デオンナ ＋テローニも、感情と動機づけの親密な結びつきを重要視することで実践的判断における「動機づけ の内在主義という問題含みの形式」[18] を主張する、デーリングのような立場を批判する。しかしその一 方でかれらにしても、感情を「行為をなす用意ができている」と感じる「身体的態度」ないし身構え と考え、それが「主体を特定のやりかたで行為することへと動機づけ、特定の欲求を形成することへ と動機づけることにおいて基本的な役割を演じている」というとき、ここでの動機が心の「傾向性」 なのかじっさいの行為への「決断」なのかはあいまいなままである。

ネーゲルはヒュームの倫理学について、ヒュームのいう動機づけの基礎は自己利害にもとづく感情 に支えられているとして批判しつつも、そこに「行為の正当化にかんするきわめて魅力的な理論」[19] を 見るのだが、その理論とは、いかなる正当化も「個々人の内なるある性向」に訴えねばならないとす るものである。この点からも、ネーゲルが動機内容ということで考えているものは、まずは行為をす すんで引きうけようとする「意欲」や心の「傾向性」、「性向」をもつことといってよいだろう。しか しヒュームにおいても、じっさいの行為がなされるのは、こうした感情や情念の傾向性や衝迫が「意 欲（volition）をひきおこす」[20] ことで意思行動の動機がもたらされることによるのであり、このときの 「動機」はネーゲルの動機効力に近いといえるかもしれない。ともあれネーゲルのいう、非人称的な実践的原理を「受けいれる」というふるまいをあらためて見てみれば、ここにはほんらい二重の契機がある。ひとが自分の主観的理由から出発しつつも、最終的に「自分自身であるという事実を抽象する」ことで非人称的な立場に立って、客観的で普遍的な実践的判断を受けいれるとき、これは判断内容である万人にあてはまる永久文としての命題――「だれもが生きる権利をもつ」とか「難民は救済されるべきである」など――の合理性と真とを判断する行為である。じっさいにもわれわれはだれしも、ネーゲルが人間の自然本性にとって基本的な原理だとする、これら利他主義的な行為の客観的な理由の多くを合理的で真なるものとして理解し共有しているものである。しかし一方でネーゲルにしても、ひとは自分にとって「自然な利己性（natural selfishness）」や「自然な欲求」をもっていることも認めるのであり、非人称の立場で客観的理由を受けいれて要請された行為を欲求する傾向性をもったからといって、どうあっても抽象によって〈万人〉に還元できない残余としての〈わたし〉としては、つねに当の行為をなすべく動機づけられて決断するとはかぎらない。それゆえネーゲルもすでに見たように、実践的判断が行為のための理由を結論し、それを特定の個人が動機内容として受けいれるとしても、ひとをじっさいに行為に導くという動機効力がブロックされるケースは、意志の弱さや臆病、自己欺瞞など多々あることは認める。また、たとえ同国人でなくともできることなら戦争や災害の被災者を助けたいと思っていても、自分自身の生活や仕事、家族にかかわる諸事情をもふくめて、利他的行為に対する賭金が高かったり自分がなしうる個人的な能力をはるかにこえていると思われるばあいには、「独我論的乖離への誘惑」(21)は十分に考えられる。それゆえネーゲルは、利他主義と道徳性が可能なのは人間的本性にもとづいているにしても、だからといって自分は「人間は基本的に善である」と主張したいわけではないといい、またそもそも「人間は基本的に複雑である」し、自分はたんに他者のなかのひとりにすぎないとする自覚を維持することにはしばしば努力を必要とするともいう。それにもかかわらず、ネーゲルにとっては非人称的と人称的のふたつの立場の一致とそれにもとづく「理想的に合理的な行為」こそわれわれのほんらいあるべき姿であって、これに失敗するとき、それは「人間的逸脱」であり「個人的なエゴイズム」であり、〈わたし＝万人〉という自己の統一からの「乖離」だというのである。だが、非人称的と人称的のふたつの立場の葛藤と緊張はむしろ、われわれ個々人の〈現〉の〈いま・ここ〉における存在情況の、〈万人〉の合理性に還元されえない残余の事実性として、むしろネーゲルが要請する「実質的な道徳理論」が引きうけるべき形而上学的前提なのである。

ヒュームが、自分がその一員であると考えている共同体――家族、友人、ひいきのチーム、民族、国家など――としての〈われわれ〉に対する「隣接性の関係」にもとづく自然な心情としての、そのかぎりで党派的であらざるをえない共感と、これに理性による反省を加えることで、自分自身であるという事実の抽象によってのみいたりうる理念としての〈万人〉にまで「拡張された共感」のあいだに生じる矛盾や闘争に言及するとき、かれはすくなくともこの、〈わたし＝われわれ〉と〈万人＝人類〉のあいだの実質的なギャップと葛藤に気づいていた。他者に対して〈わたし〉がとりうる顧慮や配慮といった利他的な態度は、まずはわたしにとって自然な隣接性の関係にもとづく共感から、自分に近親な他者の人格とその人生の声に耳を傾けることである。このときでもわれわれは、一人称的で主観的な〈わたし〉の利己性や自己利害と、自分が帰属する集団や社会を意味するかぎりでの三人称的で客観的な〈われわれ〉に対する「ひとの身になる想像」や共感という、それ自体しばしば対立するふたつの立場の葛藤を〈わたし＝われわれ〉という心の分割として引きうける。その上でさらにわれわれが理性による反省を介して、〈わたし〉の自己利害をも、〈われわれ〉の共感をもこえて拡張されるべき〈万人〉に対する共感や、時制をもたない永久文的な客観的理由にいたりうるとしても、それはけっして〈わたし＝万人〉のような、およそわれわれには原理上不可能な「人工的な視点」に立ってそれを「生きる」などということではありえない。それゆえにこそヒュームは、この「拡張された共感」とわたしの自己利害とのあいだの葛藤の事実を、それ以上哲学が解決できない、ほんらいの意味での「情念と理性の闘争」と呼んだのである。

4　「大勢で演じる独我論」

すでに見たようにネーゲルにしても、人称的な判断や信念、態度は「世界を、その世界の内なるひとつの特権的な地点から見ること」にもとづくというように、いわゆる経験の一人称特権は認めている。それにもかかわらずネーゲルにとってこの〈わたし〉の人称性は、個々人をあらかじめ「非人称的に記述されている世界のなかに位置づける」例化のための論理的な概念にすぎない。それゆえ人称的立場は、個々人によって「世界がいかに考えられているか」についてはことなるにしても、非人称的に「なにが事実と考えられるか」については共通するというかたちで、非人称的で合理的な立場へと還元されてしまう。だがわたしの現存在と、その〈現〉を構成するわたしに中心化された世界、そしてその世界内の存在としてのわたしの〈いま・ここ〉の存在情況の情態的了解は、他者のそれとけっして重ならない。なるほどネーゲルがいうように、利他主義を支えるにはかならずしも共感やそれに類する心情は必要ではないだろうし、あるいは心情だけでは不可能であるかもしれない。たしかにわれわれには、自己の現存在の拘束をこえて、非人称的な実践的判断と客観的理由にいたるべく努めようとする理性が備わっているし、また自分がそうした非人称的な立場からの扱いを受けることを要求するためには、みずからもその立場に立つ必要があるというのも正しい。そのかぎりでは人称的と非人称的というふたつの立場の、それゆえ〈わたし〉と〈万人〉の一致による「自己の統一」は、シラーの「美しき魂」がそうであるように、実践的判断のひとつの理想ではあるかもしれない。ヒュームのいう拡張された共感にしても、たんなる共感のようにもっぱら心情にかかわるのではなく、反省という合理性にかかわる。それゆえ、〈わたし＝われわれ〉の次元における思慮分別やヒューム的な共感の道徳をこえて要請される、〈わたし＝万人〉にとっての純粋な利他主義が可能だとすれば、それはネーゲルがいうように、理性にもとづく客観的で合理的な利他主義たらざるをえないだろう。

だがそうだとしても、ネーゲル自身も認めるように、この合理的な利他主義が提示する客観的理由も自己利害的な主観的理由に「寄生的」であるし、主観的理由はときに共感や心情に支えられることがある以上、主観的理由の客観化のプロセス自体はいっさいの共感や心情をこえて、厳格な理性的推論によってになわれる必要があるとしても、ときにはそのプロセスになんらかのかたちで共感ないし「拡張された共感」や心情が関与することもあるだろう。カントにしてもすでに見たように、「他者に対する共苦（それゆえまた共喜 Mitfreude）をもつこと自体は義務ではない」という一方で、「他者の運命への積極的な関与は義務であるし、したがって結局のところ、共苦の自然な（感性的）感情をわれわれのうちで陶冶し、この感情を、道徳的諸原理やそれに見合った感情にもとづいてみずから関与するためのいろいろな手段として利用することは、間接的な義務である」[22]というのである。

ここでわれわれはクリスマンの、「ひとは虐殺について憤りを感じるべきである」は「同情や人格の尊重という道徳的理想から由来する定言的な批評のルール」[23]であるという考えかた、したがって第四章でとりあげた感情の義務論についてあらためて考えてみる必要がある。カントの定言的命法――「汝の人格ならびにすべての他者の人格における人間性をたんに手段としてではなく、つねに同時に目的として用いるように行為せよ」[24]――は、クリスマン流にいえば定言的な批評のルールである。そして「虐殺に憤りを感じるべきである」という定言的な批評のルールは、普遍的に「だれもが（他の事情がおなじならば）、人びとが虐殺について憤りを感じることをもたらすべく、自分のできることをなすべきである」という行為のルールを含意する。じっさいにもわれわれは、道徳的理想が要請する道徳感情をもつべく、他者の悲惨な情況についての資料や映像を見て認識を深めるとか、とりあえず慈善事業に参加するとかの、自分の感情に対する間接的な影響をもつ行為を随意に遂行することはある。また難民キャンプを視察するといった学習や体験を通じて遠い他者を〈われわれ〉として感じることができ、それが自分のある種の性向ないし徳となるとき、たとえわずかでも〈わたし＝われわれ〉は要請された〈万人〉に近づくということもあるだろう。だが非人称的で〈万人〉に適用されるべき道徳的理想から由来する定言的な批評のルールを、人称的な個人の立場で受けいれるべく、それが含意する行為のルールにしたがってさまざまな努力をしてみるとしても、それでも〈万人〉の非人称的立場の理想ないし理念と一個人の人称的立場の事実性とのギャップは、われわれが神的存在ではない以上けっして埋まることはない。いずれにせよわれわれは〈万人〉を思惟することはできても、またそれは理念として必要だとしても、だからといってネーゲルも認めるように、みずから〈万人〉として行為することはできないし、もっといえば〈万人〉として生きることもけっしてできないのである。そうだとすれば、カントのいう定言的命法やネーゲルのいう自己の統一は理念として、そこで問われるのは、理性による抽象を重ねることで、はたしてどこまで自分を〈万人〉の立場に近づけることができるかにかかわる可能性であり、カントがいうようにそれにむけての「無限にむかう前進」の「不断の努力」[25]以上ではありえない。だからこそクリスマンも、批評のルールから行為のルールへの移行に際して「他の事情がおなじならば、そして可能ならば」[26]という条件をつけるのである。クリスマンがいうように行為のルールには、自分自身の信念や行動基準を普遍的な当為に一致させるべく、自分が納得できる情報を手に入れたりボランティア活動をしたりする、個々人がみずからに課す「行為の人格内的なルール」のみならず、両親や教師のような近親な他者が当の個人をそうした信念や行動基準へと導く、「行為の相互人格的ルール」がある。行為の相互人格的ルールに責任をもつ主体は、クリスマンのいうとおり、当の個人が属する共同体を構成する〈われわれ〉である。そしてこの意味で、感情の義務論における批評のルールとそれが含意する行為のルールは、個々人が〈わたし＝われわれ〉として帰属する共同体における道徳の情操教育にも委ねられているのである。

　そうした道徳の情操教育のなかで、ひとが隣接性の関係に立つ〈わたし＝われわれ〉に自然な共感にもとづいて「虐殺に憤りを感じる」とは、どういうことだろうか。自分が被害者であればもちろんのこと、自分が目撃し、あるいは自分が帰属する共同体内部で発覚した虐殺の事実に直面するとき、おそらく多くのひとはこれに対して、とくに行為のルールを介さずともただちに憤りを感じる性向を身につけていると思われる。ところで、わたしがある感情を感じているということは、現存在としてのわたしが否応なく〈いま・ここ〉に投げられてある自分の存在情況についての、もっとも原初的な次元における自己了解としての情態性である。またわたしの〈現〉の〈いま・ここ〉には、世界とそこに住む他者が構造契機としてふくまれているが、この世界はネーゲルのいうような「単一の世界」ではないし、他者も「単一の世界にふくまれるすべての他者」としての万人ではなく、そしてわたしも「単一の世界にふくまれる他者のあいだのたんにひとりのひと」ではない。それはルイスのいうように、まずはそのつどわたしの〈いま・ここ〉に中心化された世界、その意味で「わたしの信念世界」であり、わたしが頭のなかにもっている信念も、人称の文法的変換によって時制をもたず万人に共有される永久文的な命題的知識にではなく、自分がある知覚情況にいるという非命題的な信念、ペリーのいう自己定位信念やルイスのいう〈自己についての〉信念に根拠づけられている。それゆえわたしの〈現〉を構成する他者も、まずは家族や友人、同国人といった、わたしに中心化された世界に住む、その意味で近親な他者である。そして、わたしがこの世界にかんする〈言表についての〉信念や、この世界でわたしが自分に特有の面識関係において出会う〈事象についての〉信念をもつことは、そのような世界に自分が住んでいるという〈自己についての〉信念をもつことを意味する。それゆえ「虐殺はあってはならない」という信念をもつことは、「自分は「虐殺はあってはならない」が正義とされている世界に住んでいる」という〈自己についての〉信念をもっていることであり、あるいは

「自分は虐殺がないような世界に住んでいるという性質をもちたいと望む」〈自己についての〉欲求をもつことである。自分が虐殺の被害者であるばあいはもちろんのこと、被害者が自分の家族であったり、友人であったり、あるいは同国人のばあいでも、そのように自分に近親な他者が虐殺されているのに対してわたしがじっさいに憤りを感じるとき、それはまずは、自分がじっさいに住んでいると信じ、あるいは住みたいと望んでいる、わたしに中心化された世界が蹂躙されることの憤りであり、そのかぎりでそれは、他者のおかれている情況を形式的対象としてわたしが当の他者のために感じる感情というよりは、その世界の蹂躙がまさにわたしの存在情況であるがゆえの、わたし自身の情態性というべきである。

じつはハイデッガーも、これとよく似た認識を示している。「だれかのために懸念すること(Fürchten für)は共同情態性のひとつのありよう」だが、わたしが他者のためにもつ「懸念」ないし「恐れ」において「〈恐れられている〉のは、自分からもぎとられるかもしれない他者との共同存在である」(27)。そしてこの意味において、他者に対する自分の懸念がまさに「恐れている当のもの(das *Worum*)」、それこそは「みずから恐れつつ存在するもの自身、すなわち現存在である」。すでに見たメルロ＝ポンティのいう共感や同情にしても、ピエールは妻が亡くなったので悲しんでいるが、わたしはわたしの友人ピエールが悲しんでいるのが悲しいのであって、わたしのピエールに対する悲しみは、自分の世界が、自分をもふくむ〈われわれ〉のひとりである友人ピエールが幸福でいられる世界であってほしいというわたしの望みが蹂躙されている、そのかぎりでわたしの存在情況についての情態的了解である。こういったからといって、ハイデッガーやメルロ＝ポンティが独我論であったり、ルイスが自己中心主義であったりするわけではないことはすでに見た通りであるし、そのかぎりでこれはけっしてネーゲルが規定するような意味での自己利害やエゴイズムではない。というのも、わたしが虐殺に対する憤りを感じるのも、わたしに中心化された世界としてわたしが望んでいるのは、まずは〈わたし〉もそのひとりである〈われわれ〉に適用される客観的な道徳判断に支えられる世界であり、また憤りがわたしの情態性であるかぎりで、それはわたしの現存在に対する「気がかり」にもとづくにせよ、この気がかりはわたしの信念世界において出会う他者、したがって〈われわれ〉に対する「顧慮」を構造としてふくむ以上、その意味でやはりそれは利他主義に支えられているからである。なるほどネーゲルが「独我論の拒絶は、われわれ自身とわれわれがおかれている情況を非人称的に見る能力をふくむ」(28)というのはおそらく正しい。だが一方で、われわれの〈いま・ここ〉の〈現〉は他者のそれとはけっして重なることはないというのも、存在の事実性である。それゆえわれわれに課せられているのは、メルロ＝ポンティのいうように「大勢で演じる独我論」である。そしてそのために問われるのは、ヒュームにとってもそうであるように、はたしてわれわれは、現に地球の裏側で行われている虐殺のニュースに対しても、隣接性の関係をこえて憤りを感じることができるのかである。

自分の生活の場所からは遠く隔たった、ほとんど抽象的な観念としてしか理解していないような地域の人びと、さらには一般に〈万人＝人類〉がおかれている虐殺や難民、飢餓といった苦境に対して、おそらく多くのひとは「難民は救済されるべきである」とか「ひとはだれも生きる権利がある」といった客観的な命題を理性において理解し、すくなくとも傾向性ないし性向として、これをあるべき行為の客観的理由として受けいれていると思われる。だからといってネーゲルのように、このときひとは客観的理由にもとづく行為に対して「動機づけられている」というのは、表現としては強すぎる。じっさい多くのひとは、自分がそのためになにができるかについて確信はないし、また自分がなにかしなければならないかどうかという点でも確信はない、というのがふつうである。また「虐殺に憤りを感じるべきだ」とは頭ではわかっているとしても、多くのひとがじっさいに憤りを感じるともかぎらない。だからといって、ほんらいあるべき「自己の統一」として〈万人〉の立場に立つべしなどという、原理上不可能な命法を個々人に課して、それからの逸脱はすべてほんらいあるべき自己の統一からの乖離であり、弱さや怠惰や自己欺瞞といった不合理性だと主張することに意味があるとは思えない。現実に意味のある道徳規範は、ひとはどこまでも〈わたし＝われわれ〉として、すでにこの心の分割のうちなるギャップと葛藤を抱えつつ、しかもこの〈われわれ〉をも超出する〈万人＝人類〉にかかわる定言的な批評のルールを可能なかぎり自分の行動規範とするべく、カントのいう道徳的感情やヒュームのいう拡張された共感の陶冶もふくめて、行為のルールをわが身に引きうけるべきだということになるだろう。

そうだとすれば、いわゆる「個人的苦悩」と呼ばれる態度、共感のように「他者のため」の感情ではなく、他者の苦境に直面して自分が感じる「警戒する、嘆く、狼狽する、心配する、動揺する、混乱する、困惑する、苦悩する」といった不快で居心地の悪い感情を「軽減することを目的とする動機づけや行動(29)」を、おしなべて利他的な倫理的行為や動機づけではないとして非難するのは、たとえ利他的行為であっても義務からではなく「心情（Gesinnung）」から生じたものであるかぎり、それは

「道徳的ではない」[30]とするカント的リゴリズムというべきである。カントは、あるひとが生命の危険を冒して人びとを難破船から救おうと試み、そのために自分自身も生命を失うという例をあげて、この行為は「なるほど一方では義務にかぞえられ、しかしまた他方ではたいていのばあい功績ある行為ともいわれる」が、もしもそれが「自分自身に対する義務」から出たものであったとすれば、この義務の概念はいささか損なわれるように思われるために、「この行為に対するわれわれの評価ははなはだしく弱められるだろう」[31]という。ゴルディも、流血の現場に背を向け、あるいは難民レポートを伝えるテレビのスイッチを切る、また物乞いから逃れたくてかれにお金をやるといったふるまいをあげて、このとき物乞いの苦境を結果として軽減するのは、自分の行動の「意図されざる副産物」であって、それ自体は「共感にふくまれる類いの倫理的動機づけをふくまない」という。だがゴルディはその一方で、そのひとが意図せずに結果として他者を助けるべく行為したのも、当の他者の苦境に直面して「自分が苦悩や懸念を感じた」からであり、それゆえたとえそれが「自分自身の感情」だとしても、それが「他者の苦難にむけられた感情」であるかぎりで、それは「他者指向的」[32]といわれてよく、この点で共感に近いものだという。すでに本章の冒頭で見たようにネーゲルは、同情とは他者の苦境を「かれらがそこから救済されるべきなにかとして受けとめる苦痛をともなう意識」であり、同情が生じるのにも、それにさきだって他者の苦境が救済されるべきだとする合理的な客観的理由がなければならないから、こうした感覚や感情が利他主義の基礎的理由を提供したり「道徳的動機づけの根拠」になるわけではないとして、道徳の情操主義を排除する。そしてこのことは、他者の利益に反する「利己的な行動から結果するであろう罪悪感」や、「他者の苦境についての認識によってもたらされる居心地の悪さの感覚」(33)としての個人的苦悩についても同様だという。だが逆にいえば、そもそも罪悪感や個人的苦痛を感じるということ自体、自分が住んでいると信じあるいは住みたいと望んでいる、自分に中心化された世界が他者の苦境によって蹂躙されているという、自己の存在情況についての情態的了解である以上、当人は利他主義的な客観的理由を受けいれており、かれがたとえ罪悪感や個人的苦悩を軽減するという自己指向的な理由で利他的な行為をなしたとしても、これを倫理的態度から排除する理由はないというべきである。

じっさいボランティアや慈善行為にかかわるひとが、援助の対象となる人びとのおかれた情況の困難さや苦悩に対する共感や同情からそうした活動に参加するとしても、そもそも他者の苦悩を感情移入論者がいうような意味で共有することなど原理上不可能である以上、ボランティアに対して「被災者の気持ちが外部の人間にわかってたまるか」などと批判するのはお門ちがいである。また自分だけが無傷でいることの後ろめたさや、なにもしないでいることの居心地の悪さや、あるいは善良な人間でありたいといった個人的な理由からそうした活動に参加するとしても、それがすくなくとも自分に中心化された世界のあるべき定言的な批評のルールにもとづく行為のルールにしたがっている以上、これを不純だとか逸脱だとか不合理だとかいうのは、理想論としてはともかく、われわれ人間存在の事実性にもとづく実質的な道徳論としては不当といわざるをえない。じっさい自分としてなにかやるべきではないか、なにかできないかと感じつつも、自分の生活や仕事をたとえいくらかでも犠牲にすることに踏み切れないで、ある種の後ろめたさを感じている圧倒的多数の人間にとって、ボランティアや慈善行為にかかわるひとたちのふるまいは、やはり崇高で尊敬に値するのである。そもそも倫理を個人の問題としてのみ論じることは、人間の限界をこえて過大に要求することである。だからこそネーゲルもいうように、客観的理由にもとづいてなされるべき利他的行為の相当部分は「社会的、経済的、政治的諸条件を整える」べく、当該政府や国連や赤十字など、政治や制度がになうべき課題とされるのであり、そのとき個人として要請されるのは、さまざまなかたちでそうした社会活動に関与することであるだろう。

第七章　芸術と感情

一八世紀にはじまる近代「美学（aesthetica）」は、字義通りに訳せば「感性学」である。それゆえ最近では、たんに美や芸術にかかわる哲学の一学科にとどまらず、知・情・意からなるとされる人間の経験や認識の全体のうちで、とりわけ「情」にかかわる原理的な諸問題を主題化し、知覚や感覚、感性や感情などの基本構造を解明する学としての〈美学＝感性学〉の可能性をさぐる動きはとみに高まっている。じっさいにも〈美学＝感性学〉は伝統的に感情を、たとえ主題的にではなくとも、美にふれたときの喜びやおどろきや感動、大自然をまえにして感じる崇高や畏怖、フィクションの読書や観劇にともなうスリルやサスペンスの興奮など、さまざまなかたちでとりあげて論じてきた。それゆえわれわれとしては、ここまでの感情と快についての議論を踏まえて、美的経験にかかわる感情や快ということでいったいなにが名指されており、またそれらは感情のトポグラフィーのなかでどのように位置づけられるのかを、あらためて問うてみよう。

伝統的な美学において美的感情や美的快というとき、そこで問われているのはたとえば以下のような事態である。

（1）美的価値判断にともなう快感情——美的趣味判断の規定根拠は主観的な「快感情（das Gefühl der Lust）」であるとするカントの主張は、それ以後の近代美学にとって有力なテーゼとして受けいれられてきた。だがすでに見たように、われわれは快をなにか特定の感情とは考えない。そうだとしていわゆる美的快とはなにをいうのか、またそれは美的価値判断とどのような関係にあるのか。

（2）美的カテゴリーないし美的概念——美的カテゴリーとは、美的判断によって対象がもつとされる特定の美的質のタイプを名指すものだが、その判定は当の対象を経験する主観の感情経験にもとづくのか、あるいはそうした主観的感情とはかかわりなく、対象の属性として判定されるのか。

（3）作者による感情表現——作者が作品を介して感情を表現するとは、どのような事態をいうのか。またその結果、作品自体がもつとされる「感情的質」とはなにをいうのか。ここにいう感情的質は（2）の美的質と密接に連関しているが、たとえば「この絵は悲しい」とか「この曲は憂鬱だ」というとき、そこでいわれているのはどのような事態か。

（4）悪趣味やキッチュにおける感情の倒錯や感情過多《センチメンタリズム》——「よき趣味」が課す美的規範ないし美的義務に反するかぎりで、これはいわば美的アクラシアとして倫理的に非難されるのか。信念や感情の義務論にパラレルな美的義務論が可能だとして、そこで問われる美的当為とはどのようなものか。

（5）フィクションの登場人物や出来事に対する享受者の感情的な関与や感情的反応——作品につ

いての美的経験の内実は、とくべつに美的感情と呼ばれるようななにか特殊な感情にかかわるものか、それともかならずしも感情をともなうわけではない経験をいうのか。しばしば享受者は登場人物に感情移入して、当の人物の感情と同質の「仮象感情」をもつといわれるが、はたして享受者がもつ作品経験の内実はなにか。作品経験における共感や同情と、いわゆる道徳感情や道徳情操論とはどのようにかかわるのか。

1　美的快

カントによれば、ある対象についての感覚をひとまとまりのかたちをもつ表象像としてとらえる構想力と、このかたちのうちに一定の秩序を把握する悟性とが協働して、これをたとえば「多様の統一」として受けとるとき、このふたつの認識能力のあいだにはある種の調和が生じており、そしてこの調和はわれわれの心に快感情をもたらすが、このときわれわれはこの快感情をもたらした当の対象を美と判定するという。こうしてカント以後の近代美学においては、対象の美醜を判定する美的価値判断は美的な快・不快の感情を根拠にする、あるいは快・不快の感情をともなうという主張が一般に受けいれられてきた。現代においても、たとえばプリンツは「ある行為を道徳的によいということは、その行為に対するある感情を表現している」とするイギリス一八世紀の情操論の主張は的を射ているとした上で、道徳的評価と美的評価とは重要な点でことなるが、いずれも「ある種の情動的基礎をもつ」という点で共通しているといい、さらには「すべての種類の価値づけには感情がふくまれる」(1)という。脳科学の神経イメージングは、美しい絵を見ることが、感情とむすびついた脳の特定の部位の神経反応と相関的であるという結論を引きだしているし、また心理学や脳科学的所見では、スリルを好む性格のひとは再現芸術を好み、かれが絵を描くときには多くの色彩を使用し、あるいは「ホット」な色を好むとか、神経質なひとは高確率で抽象絵画やポップアートを好む、協調的なひとはポップアートを好まないといった結果が報告されており、そしてこれらはいずれも「感情はわれわれの美的選好を方向づけるのにある役割を演じている」という事実を示している。それゆえプリンツは、こうした「自然化された美学」つまりは美学にかんするある種の自然主義にもとづいて、「美的鑑賞をしているあいだ感情が生起し、それは美的選好に影響をあたえ、芸術を鑑賞するのに必要でさえあるだろう」と結論する。

プリンツによれば、作品の美的価値の査定は、われわれの「長期記憶のうちに図式化可能なかたちで貯蔵されたあるルール――もしある作品Wが特徴Fをもつならば、そのかぎりで作品WはNの度合いでよい――」にしたがうが、ここにいう特徴Fとは、作品において知覚される「構成にバランスがとれている、オリジナルである、熟練の技である」といった記述的な事実であり、これを「よい」とか「美しい」というように美的に価値づけることは、そうした特徴に対してわれわれがもつある種の「肯定的感情」に依存している。なるほど肯定的感情自体はたんに主観的で相対的なものであるから、自分が美しいと感じる作品がそれ自体で「内在的によい」と主張するには、自分が肯定的感情を感じるというだけでは十分ではなく、その理由となる論拠を提示する必要がある。プリンツによれば、われわれが長期記憶の内に貯蔵しているルールは、たいていのばあい無意識のうちに作動する「暗黙の美的ルール」であって、肯定的感情をもつ理由を問われてはじめてわれわれは、その作品のなにが自分の美的評価をみちびいたのかをはっきりことばでいいあらわそうとこころみる。こうしてわたしは、自分が肯定的な感情をもったのはその作品の「バランスのとれた構成」に対してであることを、その部分を指さして示すことで「他者がわたしの評価を共有するように説得しようとこころみる」(2)のだというのである。

最新の脳科学や心理学の成果にもとづく「自然化された美学」の企てとしてのプリンツの立論はしかし、予想に反して、おどろくほどカントの議論そのままである。カントにとっても快感情それ自体はたんに主観的な原理だが、それはわれわれの構想力と悟性のあいだの、われわれにとっては無意識に作動する調和にもとづいている。そのかぎりでわれわれは、自分の主観的な快感情が同時に他者にも共有されるはずだとする主観的普遍性の要求をもつのであり、それゆえ「なにが美であるか」について、論証による真偽にかかわる「論争（Disputiren）」はできないにしても、快感情という自分の主観的原理を他者も共有するべく説得するために、他者との「争論（Streiten）」(3)をこころみるというのである。プリンツの「美的ルール」は、すくなくともその理論上の身分からいえば、カントの「調和」に対応するし、ひとは自分の主観的な肯定的感情は他者と共有されるべき感情として、論拠をあげて正当化するべくこころみなければならない。だがそうだとすると困ったことに、カントが直面した「趣味のアンチノミー」、そしてヒュームが「法外なパラドクス」と呼んだ事態にプリンツも直面せざるをえない。というのもプリンツの美的ルールは、まずはわれわれ個々人の長期記憶に貯蔵されたルール、したがってあくまでも主観的なルールにすぎず、それゆえ自分のルールにしたがう主観的な肯定的感情を盾に、それとはことなる他者のルールにもとづく感情の是非を論じることはナンセンスだからである。美的評価は各自の美的ルールにしたがう肯定的感情にもとづくと主張するかぎり、カント同様プリンツも、伝統的な格言「趣味についてては議論できない（de gustibus non disputandum）」を認めざるをえない。カントはこのアンチノミーを回避するために、結局はわれわれ人間に生来の素質としての「共通感覚」をもちださざるをえず、ヒュームも「人間的本性に共通の心情」(4)にうったえるのだが、プリンツの「美的ルール」もやはり人間に共通のものとするほかはない。だがこれによってプリンツは、美的評価の根拠は肯定的な感情であるという主張を撤回せざるをえなくなる。というのもわたしが、自分が肯定的感情をもつ「バランスのとれた構成」という特徴を指さして、友人にもそれに対しておなじ感情をもつべく促すとき、その時点で友人は自分の美的ルールにしたがってそうした感情をもてないでいるから、わたしの忠告をまじめに受けとめて、あらためてすでに自分がその作品に下した否定的評価を見なおすべく、指摘された特徴に注目する必要がある。だがそうしたからといって、この時点でのかれの美的ルールには、この「バランスのとれた構成」を肯定的に感じるルールはふくまれていないから、そのままではかれはいつまでたっても、プリンツが考えるようには「それを肯定的に感じるにいたる」(5)ことはない。そのときかれがとるべき態度はおそらく、自分のルールとはことなる美的ルールというものがあり、それにしたがえばこの特徴は美的に評価するべき理由があると理解すること、そしてわたしの美的評価を信頼して、いつか自分もわたしのようにこの作品を肯定的に感じることができるように経験を積むことである。そうだとすれば、作品の美的評価の根拠には、自分の主観的な肯定的感情のみならず、じぶんの感情にははいってこない別の理由もあるといわざるをえない。いや、わたしが肯定的感情をもてない美的価値に対しても、そのうちのあるものについては彼が、また別のものについては彼女がというように、すべての美的価値についてだれかがかならず肯定的な感情をもっているはずだというならば、原理上われわれはすべての美的価値を肯定的感情によって判定できるある人間、ヒュームのいう一切の個人的偏見や限界から自由になった「人間一般（a man in general）」(6)を想定せざるをえなくなる。そのときプリンツの美的ルールも、カントやヒュームにおけるのと同様に、人間的本性に共通のルールであり、したがって友人がある価値を感じることができないのは、かれがその偏見のゆえにほんらいあるべき人間ではないという、その欠陥のせいだということになる。

経験を積んだ美術商なら、作品に対する特別な感情なしによい作品を選択することができるのではないか。これに対してもプリンツは、そのとき美術商がおこなっているのは美的評価ではなく、それがすでに評価され人気のある作品と似ていて市場に評価されるだろうという判断であるし、かれにしてももともとは作品に対する肯定的感情によって評価していたはずで、もはやそうしなくなったとしても、それは長くその仕事をつづけた結果、作品にいちいち感情的に反応するのに疲れたからだという。プリンツはまた悲しみや恐怖、憤りやおぞましさのような否定的感情を喚起する作品にもよい作品はあるという主張に対しても、そうだとしても鑑賞評価は「ある非感情的な基礎をもたねばならない」ということにはならないと反論する。ひとつの作品が肯定的と否定的の両方の感情を喚起することはできるし、ある種の現代アートのようにひとに「おぞましさ」を喚起するばあいでも、ひとはそのコンセプトに魅了されて肯定的評価を下すこともある。このようにひとつの作品が相互に葛藤する感情を喚起するとき、そのうちのどれがその作品の評価としての資格をもつのかという問いに対してもプリンツは、それら否定的な感情は「肯定的な値（valence）をもつ他の感情」[7]によって強度において凌駕され、全体としてのその作品の美的評価は、肯定的な感情の量的優位によってなされるというのである。ジェロルド・レヴィンソンも、芸術作品はいつも「快い」とはかぎらず、そうした作品は多くのばあい「心を攪乱させ、混乱させ、絶望させ、迷わせるが、まさにそのゆえにこそ価値がある」[8]という。そうした作品に対してわれわれが惑乱や当惑といった、けっして快くない感情を感じるとしても、これはその作品に対するわれわれの側の「直接の、あるいは一階の（first-order）反応」であって、しかしその作品が真に価値ある作品であれば、われわれはこれに加えて、その作品の内容についての「反省的なあるいは二階の反応をふくむ、間接的な」快楽をもつ。たとえば「悲劇によってわれわれのうちにかき立てられる……それ自体は快くない哀れみや恐怖」といった「下層域で生じる攪乱」に対して、これを二階の上層域で受けいれる「メタ反応（*metaresponce*）」[9]においてある種の快い満足を見いだす、というのである。このメタ反応としての快楽や感情という考えかたは、すでに第四章で言及した、「感情は層をなすことができる」と主張するメンドンサの「メタ感情」と共通するものである。ともあれレヴィンソンは、この間接的で二階の快楽が保持されているかぎりで、われわれは直接的で一階の苦境や絶望に尻込みすることなく、これに対する「美的忍耐をもつべく勇気づけられる」のであり、そうした不快や当惑を介してある種の道徳的真理や人間的本性についての洞察を手に入れることができる、というのである。だがこうした主張ものちに見るように、いわゆる「悲劇の快」のパラドクスに対する一八世紀的な解決策とほとんど変わらない。

なるほどプリンツはカントのように、美的鑑賞の根底にある肯定的感情をただちに快感情とすることには慎重である。ある芸術作品を鑑賞することは「それを快として楽しむこと（taking pleasure in it）」であるとすれば、美的鑑賞の根底にある肯定的な感情とは、快いという意味での「よい感じ（good feelings）」、したがって他の感情とならぶ特殊な感情のひとつとしての快楽といってもよさそうである。しかし先に見たような抑圧的であったり、恐るべきであったり、困惑させる作品もあるから、そうした作品に対する肯定的感情はかならずしも快いわけではない。それゆえプリンツは、最終的にはそれを驚きの感情の一種としての「美的驚嘆（wonder）」ないし「驚異（marvel）」とする。だがライルなら、驚きは心の「動揺」ではあっても〈感情＝感覚〉そのものではないというだろう。じっさいわたしが作品のコンセプトに魅了されて「これは独創的ですばらしいと感じる」というとしても、ここにいう「感じる」はウォレン・シブルスもいうように、たとえば「わたしはそれはまちがっていると感じる」というときの「感じる」と同様、かならずしも「感覚（feelings）」や感情を指示しているわけではない[10]」だろう。

ストローソンも、美的判断と快楽とのかかわりには懐疑的である。かれは一般論として、われわれが日常生活においておこなう、「配管工事としてそれは上出来だ」「議論としてそれはよい」のような評価においては、たいていの場合「あるものについての好意的な査定と、そのものを楽しむこと（*enjoyment*）とのあいだになんら特別な関係は存在しない[11]」という。それゆえ美的評価も当の対象を楽しむ、快楽と呼ばれるなにかとくべつな感情経験にもとづくわけではない。なるほどストローソンは、ある種の賞賛には、つねにそうだというわけではないにせよ、あるものを好意的に査定することと、それを楽しむことのあいだにきわめて緊密な結びつきがあるのも事実だとして、われわれが「美的評価と美的楽しみ」と呼ぶケースがこれにあたるという。それでもストローソンは、他の楽しみと区別される「端的な（*par excellence*）美的楽しみ」といいうる、なにかとくべつな経験があるとは考えない。すでに見たようにライルにとっても、テニスを楽しむことは「テニスをすること」と、その結果「ある快い感じをもつこと」のふたつからなるふるまいではないし、その快い感じは絵を楽しむときの快い感じと共通の、それゆえ快と名指されるような特定の感情経験というわけでもない。たしかに、壁紙をはったり配管工事をしたりする作業で、たとえば親方が弟子をほめてその手際やできばえのよさを評価するとき、それがときに驚きや賞賛にいたるとしても、親方がそれを楽しむことはふつうにはないだろう。それゆえわれわれとしては、美的判断ないし美的評価はある種の快、つまり「楽しむこと」をともないやすいというのは事実だとしても、とくべつに美的快と呼ばれるような感情の一種があるわけではないし、また美的評価それ自体が、なんであれ快楽と呼ばれるような経験に根拠づけられているわけでもないと、ひとまずいっておくのが妥当であるように思われる。

2　美的感情

作品の良し悪しをめぐる美的評価は、その作品をわれわれが楽しむかどうかとは別の事柄だとしても、作品はある種の感情を美的に表現し、われわれもまたそこに表現された感情的質に対してあるしかたで美的に反応するとすれば、われわれの美的反応の内実を「美的感情」といってよいのではないか。そしてこの美的感情にもとづいてわれわれは、作品がもつ当の感情的な美的質を美しいとか優美とか、崇高やグロテスク、繊細、情熱的、ダイナミックなどのいわゆる美的カテゴリーないし美的概念を用いて名指すのではないか。

作者が自分の内面を作品を介して表現するという意味でのロマン主義的な「自己表現」にかんしては、ウィムザット＋ビアズリーの「意図の誤謬」[12]を引くまでもなく、作品制作時の作者の心の状態がどのようなものであったかは伝記的、心理学的な問題ではあっても美学的な問題ではないので、いまはおく。美学的な問題としての感情表現ということで問われているのは、あくまでも作品の内に表現され認められる、その作品に固有の感情的質である。たとえばT・S・エリオットが「芸術という形式において感情を表現する唯一の方法は、それに対する客観的な対応物を見いだすことである。いいかえれば、当の特定の感情の定式（formula）となるべき対象のワンセット、ある情況、一連の出来事を見いだすことである。……あなたがたは、眠りながら徘徊するマクベス夫人の心の状態は技巧に満ちたやりかたで、想像された感覚印象を積み重ねることで、あなた方に伝達されていたのを見いだすだろう[13]」というとき、ここにいう感情の表現はもちろん、作者であるシェイクスピアの内面感情の『マクベス』という作品内部への表現をいうのではなく、登場人物であるマクベス夫人の心の状態に対応する「特定の感情の定式」となるべき、特定の感情的質を帯びた情況やできごとの描写や造形であり、それによるマクベス夫人の感じているものの観客への伝達である。ここにいう「伝達」が具体的になにを意味するかは、引用したテクストからはかならずしもあきらかではないが、たとえば観客がそこに造形された感情的質や美的質を理解して、これを「悲しい」とか「陰鬱だ」とか名指すことだとすれば、そのとき当の観客はそのように呼ばれる感情的質をたんに理解するのみならず、みずからもこれと関連する特定の美的感情を経験しているというべきだろうか。

プリンツのいう美的ルールは、作品の記述的特徴の知覚とこれに対する価値づけという「ふたつのステージ」[14]からなり、この点でそれはフランク・シブリーの美的概念論における、対象がもつ感覚的で「非美的特徴」（なめらか、細かい、赤い）と「美的質」（優美、繊細、情熱的）の区別によく似た議論に見える。だがシブリーにとって美的質は非美的で感覚的な「特徴F」にあるしかたで「依存している」にしても、プリンツのあげるルールが想定しているように、特徴Fによって論理的に十分なやりかたで「条件的に決定される（condition-governed）」[15]というようなものではない。なるほどシブリーにとってある特徴Fに対するわれわれの美的反応は、一方ではわれわれにとってある種自然な反応にもとづく。しかしそれ以上にそれは、たとえば親や先生が幼児に対して目の前の黄色くちいさなタンポポの花を指さして「かわいいね」「きれいだね」と教えこむことで、幼児は自分が帰属する言語共同体においてはタンポポに対して美的という点でどのように反応するべきかを会得するようになるというように、社会的学習の結果でもある。そしてこの点では美的用語の習得は、他のボキャブラリーの習得となんらことならない。そうだとすれば、「犬」という語がひとによっては親しみの感情を喚起したり恐怖の感情を喚起することがあるとしても、だからといって「犬」という語の習得や使用にはかならずそうした感情がともなうというわけではないのと同様に、なめらかであるとか細かい、赤いといった非美的特徴に対してはもちろん、これに対応するわれわれの美的反応を名指す優美であるとか繊細である、情熱的であるといった美的用語の習得や使用に対しても、かならずしもある特定の肯定的な感情がともなう必要はないといわざるをえない。じっさいわれわれが子どもに「このタンポポは小さくて黄色くてきれいだね」と話しかけるとき、「小さくて黄色い」という非美的特徴記述に対してのみならず「きれい」という美的用語の使用においても、自分がある特定の肯定的感情をつねにもっているとはかぎらないし、こうした用語をはじめて耳にする子どもならばなおさら、その時点でタンポポに対してなんらかの反応感情をもっているとはいいがたいが、それでも子どもは「きれい」という用語の使用法は身につけるだろう。ストローソンが、バロック、古典的、ゴシックといった様式概念それ自体は、そうした様式をもつ個別作品の良し悪しについての美的評価をふくまないし、また美的評価のための「十分な基礎を供給する」(16)ものではないというとき、ストローソンはここでは様式にかかわる感覚的・形式的に記述可能な非美的特徴を念頭においている。しかしわれわれが様式について語るとき、われわれはたんにバロックのらせん状にうねる動きの形式特徴のみならず、その動きがもつある表現的な質について、これをたとえばダイナミックだとか劇的だとか大仰だといった美的用語によって名指したり、あるいはダイナミックな感じがするといったりもする。だがそのばあいでもわれわれは、そのように名指しされる表現的な質や「感じ」に対応した特定の感情をじっさいに感じている必要はないだろう。

ネルソン・グッドマンも「様式的性質には感情的であるものもあるが、そうではないものもある」(17)という。われわれが「この絵は悲しい」とか「この曲は憂鬱だ」というとしても、そこで名指されている悲しいとか憂鬱といった感情ないし気分をわれわれが感じているわけではない。じっさいグッドマンもいうように、悲しげなひとの顔を見て、そのひとが悲しんでいることを理解し、そのひとに哀れみを感じるからといって、みずから悲しみを感じることはないように、その絵を見てわれわれがどんな感情をかき立てられるにせよ、それが「そこに表現されている感情であることはまれである」[18]。また再現的な主題はもたないが「形式や感じ」を表現する抽象絵画や音楽、舞踊の作品がもつ様式的性質は、特定の感情を表現することはないが、その作品に特有の感じをもつ。あるタイプの抽象表現主義を「ホットな抽象」というとき、「ホットな」という語は作品がもつある美的な感じを名指す用語である。「わたしは悲しみを感じている（feel sadness）」とか「わたしは苦痛を感じている（feel pain）」というとき、ここでの動詞「感じる」の目的語はライルのいうように「同族目的語」[19]であって、「わたしは夢を見た（I dreamt a dream）」というのと同様、動詞と目的語はいずれもひとつの状態についてのふたつの表現にすぎない。同様に「わたしはこの絵を悲しいと感じる」というとき、先述の「わたしはそれはまちがっていると感じる」というばあいと同様に、ここでの「感じる」という語の内容は「この絵は悲しい」ということであって、その語がわたしがもつ感情や感じを指示しているわけではない。

なるほどひとが長じるにおよんで、タンポポや犬に対するさまざまな個人的・主観的なかかわりをもつなかで、それらに対する親しみや恐怖といったかれに特有の感情的反応が定着し、それがかれのある種の性向をかたちづくることもあるだろう。これとは逆に、ある作品をなんどもとりあげた結果それに対してとくになにも感じなくなり、あるいは飽きてしまった批評家が、それでもその作品の美的質をそうした美的概念によって説明するということもあるだろう。いずれにせよ美的概念や美的カテゴリーは、問題になっている対象の質を名指すものであって、そのときにわたしがなにを感じているか、どのような感情をもっているかをいいたてるものではない。ある赤を「情熱的」という美的カテゴリーでとらえたひとが、その美的質をもった対象に対してどう感情的に反応するかは、さまざまでありうるだろう。そのときわたしが感じているもののなかには、当の対象とさほどかかわりのない、わたしに特有の個人的なエピソードとの連想によるものもふくまれることがあるだろうし、それゆえにこそ、作品の美的評価からそうしたものを排除しようとするウィムザット＋ビアズリーのいう「情動の誤謬」[20]の主張にも理由がある。ファビアン・ドルシュもそれとよく似た立場から、美的判断は対象に対する個々人の反応感情にもとづくと主張する、道徳の情操主義と類比的な美的情操主義を批判して、作品の美的価値評価は個々人が学習によって身につけた相互主観的な基準にもとづく推論を介した「理由の認識と査定」[21]にもとづくと主張する。われわれとしても、これらの美的概念ないし美的カテゴリーは、かならずしもわれわれの主観的な感情を根拠にしているわけではないし、またそうした主観的感情がつねにともなうわけでもないといわざるをえない。

3　美的義務論

ある対象に対するわれわれの側の美的反応ないし美的感性とは、シブリーがいうように、進化の過程で人間が身につけた外部世界に対するある種自然な反応の体系を基礎にしつつも、一定の美的共同体においてある対象がもつ特定の特徴をどのような美的質として受けとめるかについてひろく共有されている特定の「ものの感じかた」[22]だと、まずはいえるだろう。しかしいま見たように、この意味での美的感性や美的評価はなお、個々人が自己の存在情況の情態的了解としてもつ感情ではないし、個々人がそうした対象をとりわけて楽しむあるいは好む性向の総称としての「趣味」でもない。一方で、共同体に伝承され共有された感性は歴史的に変化するし、またこれを体現した個人の好悪や選好にかかわる性向としての趣味にしても、個々人にはことなりがあるのも事実である。モーツァルトのオペラはおとぎ話のような他愛もないストーリーが不自然な音楽にのって延々と続くばかりで、わたしはいっこうに楽しむことができないというひとがいれば、オペラ好きなひとや音楽の専門家はあきれ果てたという顔をしてさげすむように、ときには哀れむように「きみはモーツァルトのオペラを正しく聴くべきであり、それによって正しく評価して、正しく楽しむべきである」というかもしれない。パンク・ロックやある種のカルト映画やホラー・スプラッター映画、また安価なスヴニールやセンチメンタルなメロドラマなどはしばしば悪趣味とかキッチュといわれるが、それは「ひととしてそんな低俗なものを好むべきではない」という美的な非難にとどまらず、人格や品位をもうたがう倫理的な非難をひびかせる。じっさい、われわれが美的経験や美的趣味にかんしても日常的に「……べきだ」というようないい方をしているということからは、〈美的〉なものと〈倫理的〉なもののあいだに深いつながりがあることが予想される。それゆえこうした美的経験や美的趣味にかんするある種の「当為」の日常的語法のもつ倫理性について問うならば、それはすでに見た信念や感情の義務論とパラレルに「美的義務論」といってもよいだろうが、近年の認識的義務論の論争にあって美的義務論がとりあげられることはほとんどない。

「モーツァルトはよき趣味であり、ひとはそれを正しく聴くべきだ」とか「『死霊のはらわた』は悪趣味で、見るべきではない」というとき、それは、自分が帰属する共同体がさしあたって是認している「よき趣味」つまりは美的な「正しさの規範」にしたがって、その共同体のメンバー個々人の趣味の良し悪しを判定し、ひととしてあるべき「よき趣味」と恥ずべき「悪趣味」とを美的当為として表明するふるまいである。信念や感情にかんする当為が批評のルールであるとすれば、趣味にかんする美的規範や美的当為もまた批評のルールといわれてよい。じっさいにも、趣味とはなによりも批評の問題である。そして美的な批評のルールも、行為のルールを含意する。共同体が是認する美的当為は、共同体のメンバーに対する美的教育や、ときにはさまざまなかたちでの美的検閲といった行為をともなうだろう。だが一方ですでに見たように、「趣味については議論できない」というふるくから知られた格言もあり、それが意味するのは美的経験や美的趣味の不随意性という事態である。そして美的当為とこの格言のあいだのアポリアこそ、ヒュームの「人間的本性に共通の心情」やカントの「共通感覚」といった三人称的で普遍的な美的規範と、それに完全に回収されえない一人称的で個人的な趣味のあいだの葛藤と緊張である。

美的当為のアポリアの典型的なケースは、あるひとが一般にモーツァルトのオペラをたかく評価する判断があることを十分に承知していながらも、自分としてはこれに趣味がもてず、どうあってもこれを楽しむことができないというばあいである。正しさの基準や合理性にしたがう信念の義務論からすれば、このようなケースは一般にアクラシアや意志の弱さと呼ばれるような事態につうじるものである。そしてこれを美的アクラシアと呼ぶとすれば、そのときわたしの個人的な趣味は、わたしもそれであるところの〈わたし＝われわれ〉の規範からの、したがってデヴィッドソンのいう「当人自身の規範からの逸脱[23]」として不合理であり、あやまりであり、悪趣味として非難されるということになる。だがここでも、わたしは〈われわれ〉の共同体の一員として、大部分が共鳴する「モーツァルトはよき趣味だ」といった常識や規範と、それにもとづいて個人としての〈わたし〉がしたがうべき美的義務や美的当為といった批評のルールを共有している一方で、事実として「なにがよき趣味であるか」についての合理的で客観的な基準にもとづく百パーセント確実な規範などというものは存在せず、そのかぎりで、わたしが批評のルールにしたがわないとしても、だからといって一方的に不合理だとか悪趣味だと非難されるいわれはないというべきである。もっとも美的趣味のばあいには、問題はそれだけではない。信念の不随意性にあっては、たとえば「地球は太陽のまわりを回る」といった命題のように、それが認識判断や論証として百パーセント確信できるものだと理解すれば、ひとはそれを信じると考えてよいだろう。だが美的趣味の不随意性において問題になっているのは、「モーツァルトのオペラは傑作である」という命題が音楽理論として百パーセント確実であると理解したとしても、だからといってひとはみなそれをみずから「好む」とはいえないし、またかならずしも「好むべきだ」ともいえないという事態であり、ここに信念の不随意性との決定的なことなりがある。

　美的規範にかかわる批評のルールにおけるこのアポリアを、ジョセフ・マゴーリス[24]は正当にも、一方で好き嫌いをただ表明する「個人的な趣味」とそれについてのわたしの個人的な理由を提示する「鑑賞（appreciative）判断」と、他方で共同体に共有された「公的（official）趣味」とこれについての三人称的で客観的な理由を提示する「評決（findings）」との葛藤と緊張ととらえた。個々人は特定の公的趣味の規範を共有している共同体に生まれ、両親や学校の先生を介して「よき趣味」を学習するなかで個々人の趣味を身につけていくが、一方で時代の変化とともにそれぞれの世代に属する個々人の趣味も変化し、それが同世代に共有されることで、やがて当の世代のあらたな公的趣味を形成する。そのかぎりでは、いわゆる客観的な美的価値判断としての評決の妥当性はけっして普遍的な人間的本性にもとづくものではなく、どこまでも相対的である。にもかかわらずそれは伝統や慣習のもとで、ひとつの社会において比較的安定した潮流として、そのかぎりで客観的な価値判断としての意味をもつから、マゴーリスはここに「強靱な（robust）相対主義」を認める。そもそも〈われわれ〉の規範的な公的趣味は、〈わたし〉の個人的な趣味とそれにもとづく鑑賞判断にかんしての、カントのいう「争論」を介してのコンセンサスというかたちで徐々に形成されて一定の慣習や規範となり、伝統としての安定性を獲得したものである。逆に個々人にしてもけっしてヒュームのいう「人間一般」ではなく、すでに確立した慣習と伝統のなかに生まれ育ったものとして、規範的趣味の影響下で美的教育などをつうじてそれぞれの趣味を養ってきたのである。趣味と教養とは、つねにこのふたつのレベルのあいだの相互作用とダイナミズムの問題である。いわゆる目利きや批評家のしごとは、比較的安定した相対主義のなかで、個人的趣味と規範的な公的趣味というふたつのレベルのあいだを媒介することである。こうしてかれらは、すでに伝統となっている特定の選好の体系を擁護したり、逆に新鮮な個人的趣味にもとづいてあらたな選好の体系の形成を唱導したりする。わたしにしても、いまはまだ自分の趣味にはいってこないモーツァルトのオペラを、批評家の説く美的価値判断と批評のルールと、それがふくむ行為のルールに促されて自分の趣味とするべく、まずはＣＤをなんども聴いてみるということもできるのである。

よき趣味とは、一般に価値があるとされている作品をみずからも好むという、公的趣味と個人的趣味の一致をいう。だが一八世紀フランスの「よき趣味」にしても、ルイ王朝のパリの宮廷というごくかぎられた貴族社会の規範に一致した趣味のことであって、かれらはこの自分たちの趣味を、時代や民族や文化をこえた人間性にもとづく普遍的な価値と考え、僭称したのだが、じっさいには相対的なものである。そうだとすればTh・グラシクがいうように[25]、あるひとに対する「悪趣味である」という批判がフェアであるのは、自分とおなじ伝統に立ち作品評価の基準についての十分な教育をうけたものが、それにもかかわらずそのような価値評価のコンセンサスを逸脱した好みをもつばあいにかぎられるだろう。逆にいえば、東洋と西洋のようにことなった集団、貴族と平民ということなった階層、クラシックとロックのようなことなったジャンルについては、それぞれにことなった趣味の基準があるというほかはない。貴族が自分たちの「よき趣味」を基準にして、かれらの文化にもともと帰属しない「平民（vulgar）」を低俗とし悪趣味とするのはフェアではない。それはほんらいの美的評価ではなく、かれらの古典的で教養のある階級から見て無知・無教養で低俗な趣味しかもたない、「未成熟で低級な人間」に対する倫理的非難に帰着する。クラシック・ファンがロックを、それが伝統的な音楽「芸術」ではなく、それゆえ「えせ芸術」でありキッチュであるという理由で悪趣味とするのもフェアではない。第二次大戦以前の階層社会ではともかく、現在の日本において純文学と大衆文学ないしエンターティメントは、もはやジャンルのちがい以上の意味をもたない。だがすくなくとも共通の伝統やジャンルの枠内で争論をつうじての趣味のコンセンサスは可能であり、それゆえその内部でなお趣味の良し悪しにかんする批評のルールは有効なのである。

批評家が推奨するからといって、かれはわたしに議論で説き伏せてそれを楽しむようにしむけることはできないし、そうだからといってただちにわたしが悪趣味で無教養で、倫理的にも弱く、「自己の統一」から乖離し、あるいは人間的本性から逸脱しているなどと非難されるいわれはない。なるほど美的規範に照らして、それ自体としてはほとんど価値のないスヴニールやおきまりの甘ったるいポスター・イメージのような典型的なキッチュで自分の私的な空間をかざりたてているひとの美的経験の実質は、「貧しい」かもしれない。だがいかに貧しく素朴であろうとも、当人がそれを楽しみ満足しているならば、より「豊かな」楽しみを知らないことを当人のために惜しむとしても、これを「悪い」とも「低俗」とも非難するいわれはない。それにしてもクラシック音楽とロックを、芸術作品とキッチュを個人的趣味のレベルにおいて、つまりは個々人の好みや快楽という点で同等の権利をもつものとするとき、それは結局は「快楽でありさえすればよい」ということになりはしないか。そのように高級と低級といった価値のヒエラルヒーを、豊かさと貧しさといった快楽の量のちがいへと平準化してしまうことによって、ひとは悪評たかい快楽主義におちいるのではないか。

第三章で見たように、快楽主義とは行動の目的に、この行動がもたらす結果としての特定の生理的・心理的状態としての快楽をおく考えかたであり、それゆえ人生においてそうした快楽をもたらす行動を最優先し他の行動を犠牲にする態度である。だが快楽とはなにか特定の生理的感覚や特定の感情状態ではなく、ある事態や活動を「楽しんでいる」状態ないし態度をいうとすれば、モーツァルトの快楽は「モーツアルトを聴いて楽しむ」ことでしかえられないし、それは「ロックを聴いて楽しむ」こととはまるでことなった美的楽しみである。それゆえ問題となっているのは、わたしの人生の目的や動機として特定の生理・心理的状態としての快楽があるというのではなく、わたしの人生にクラシックを聴いて楽しむ快楽、ロックを聴いて楽しむ快楽があるということ、そしてそのことがわたしの人生を、それがないばあいにくらべてより豊かにしてくれるという事実である。じっさいには、われわれはさまざまなジャンルに対する好みを同時にもち、それがあたえるさまざまな美的経験を楽しむ。そのさい、すべてのジャンルにおいてよい趣味をもつなどということはありえない。たいていのばあい、あるジャンルでよい趣味をもつひとも、べつのジャンルでは悪趣味であるか、あるいはまったく趣味をもたず貧しいだろう。結局のところ、われわれの人生における美的生活が高級「芸術」だけでなりたつわけではなく、いわゆるキッチュと呼ばれてきた美的現象もまた、われわれの日常的な美的生活を構成する不可欠な一部なのである。

4　フィクションと感情移入

T・S・エリオットのいう、作品内部に描写され表現された感情の観客への「伝達」が、マクベス夫人の心の状態を観客自身がともに経験することを意味するとすれば、それはいわゆる感情移入や同一化である。たとえばド・スーザも、われわれが芸術を必要とするすくなくともひとつの要因は、死や復讐や苦痛に満ちた情況が引きおこす感情を、しかし現実としてではなく「経験したいと思う欲求にある」(26)といい、ライルも、われわれは自分がある苦境にあることをただ想像することで「自分のうちに、真正のそして痛切な感情を引きおこすことができる」が、そうした「苦悩や憤りは見せかけの

（feigned）ものである」[27]という。じっさいにも小説や映画の批評には現在でもしばしば、読者や観客が「主人公に容易に感情移入できる」とかできないといった表現が使われているし、また悲劇の主人公とともに読者や観客が涙を流し、アクション映画を見てハラハラドキドキして手に汗にぎることも、ホラー映画を見て「きゃー」とか「怖い」とか叫んだりすることも、ごくふつうの経験である。だが、もしもフィクションの経験が感情移入や同一化だとすれば、われわれはプラトン以来哲学者たちを大いに悩ませてきた、そして現代においても依然として論争が絶えない、伝統的には「悲劇の快」と呼ばれる解きがたいアポリアに踏みこむことになる。『オイディプス王』の悲劇を見る観客が、アリストテレスがいうように「恐れ」を感じ、あるいは『ハムレット』の観客がハムレットの苦悩や悲しみをともにするというのが事実だとすれば、現実の自分の人生ではできるかぎり避けたいと思うそうした不快の経験を、なぜまた観客はお金まで払ってわざわざ見たいと思い、あるいは主人公とともに涙まで流しておきながら、これを貴重な快楽として楽しむことができるのか。

「悲劇の快」をめぐる哲学者たちの諸説のなかでもひとつの典型をなすのは、一八世紀フランスのデュボスの主張である。事物の模写は、その事物が現実にひきおこす情念の模写をもわれわれにおこさなければならない。「人工の情念」[28]、たとえば人工の苦痛はほんものの情念と質的には同種の苦痛であるが、強度においてはそれほどふかくも真剣でもなく弱いものである。一方で、こうしてかき立てられた情念の興奮自体は、それがたとえ苦痛のようなものであっても、人間にとって退屈を紛らわせてくれる現実の快であり、これが人工の苦痛の弱い不快を強度において凌駕するというのである。ここには、一八世紀ドイツのモーゼス・メンデルスゾーンが快と不快の「混合感情（die vermischten

Empfindungen)」[29]と呼んだ事態が認められるが、これが一九世紀のE・フォン・ハルトマンになると、観客は主人公と同一化した「仮象自我」[30]として、主人公が感じる苦悩と同種の人工の「仮象感情」を経験する一方で、現実にわたしであることをやめない観客の「実在自我」は、仮象感情の不快を凌駕する、その作品全体の美に対する実在の快感情をもつのだという。リップスはこうした快・不快の混合感情を、赤と黄の混合色としての赤黄色や、甘みと酸味を混ぜあわせた甘酸っぱさにたとえるが、現代のケニーにしても「赤と青の中間にある色というものがありうるように、恐怖と好奇心の中間に立つ感情というものがありうる」[31]として、これを感情の「混合（blending）」と呼ぶ。また第四章で指摘したように[32]、グリーンスパンも「混合感情」に言及している。

こうした考えかたの前提には、近代美学のひとつの標準的な立場としてこんにちまでひろく受けいれられてきた、いわゆる「美的仮象論」がある。絵を見る鑑賞者や小説の読者が作品世界に没入しているとき、かれらはそこに描かれた世界を「あたかも現実であるかのように」経験する。しかし他方でもちろん、それは現実ではなくたんなる再現模倣による見かけ、すなわち「仮象」でしかないことをも、かれらは意識している。美的仮象論とはこのように、いったんは現実とおなじ経験をしながらも、同時にそれをたんなる見かけの仮象であるとすることで、これによって生じるある種の意識の二重構造、コンラート・ランゲのいう「意識的な自己欺瞞」[33]や、オイゲン・フィンクのいう「独特の自我分裂」[34]を美的経験の特徴とする主張である。この意識の二重性の現代版とでもいうべき主張は、たとえばグレゴリー・カリーに認めることができる。かれは、フィクションの登場人物が実在しないと信じているにもかかわらず、その人物に同情し顧慮するというパズルを解決するべく、フィクションのできごとを現実の「事実の報告」として読み、そのできごとの経験をみずからシミュレートする「仮想的な読者」を想定することを提案する。現実の読者は実在しないイアーゴの心的状態をシミュレートすることはできないが、イアーゴを実在の人物であると信じている仮想的読者に「感情移入し、あるいはその役割をになう」(35)ことで、仮想的読者がイアーゴへの感情移入によってもつその心的状態をシミュレートすることによって、間接的にイアーゴの心的状態をシミュレートする、というのである。だがフィーギンが批判するように、カリーのこのいささか「バロックな」(36)説明が主張する「想像的ロール・プレイ」において、そもそも虚構を事実として受けとめる「仮想的読者であると想像する」(37)とはなにをいうのかはまったく不明である。

すくなくとも英語圏で、このアポリアに対する説明としてもっとも成功していると評価されているウォルトンの一九七八年の論文「フィクションを怖がる」がとりあげるのは、たとえばつぎのような、ごくふつうにわれわれのだれもが経験する事態である――「チャールズは、恐ろしい緑のスライムが登場するホラー映画を見ている。……スライムはスピードを上げながら、こんどはまっすぐ観客の方に向かってくる。チャールズは金切り声を上げながら、必死になってぎゅっと椅子をつかむ。そのあと、まだ震えながらチャールズは次のように告白する。僕はあのスライムが「怖かった」よ(terrified)」と」(38)。チャールズがホラー映画を見るのは、もちろんそれが面白いからである。にもかかわらず、かれは一方でそれを怖いと感じてもいる。チャールズが「怖い」というとき、かれの筋肉は緊張し、ぎゅっと椅子をつかむ。鼓動が早まり、アドレナリンが噴出する。それゆえチャールズが感じているこのような「生理学的／心理的状態」は、症状としては「純然たる恐怖の症状」といってよいが、にもかかわらずそれはやはり現実の恐怖ではない。というのも、現実の「恐怖には自分が危険な情況にいるという信念がともなっていなければならない」が、チャールズは自分が危険な情況にいるとは信じていないからである。それゆえウォルトンはこれを「準恐怖（quasi-fear）」と呼ぶ。

「チャールズは怖がっているが、怖がっていない」というパラドックスを解くべく、ウォルトンは「虚構的命題」という概念を提出する。たとえば「「リリパット人」と呼ばれる小人たちの国が存在する」という命題は『ガリバー旅行記』の虚構世界においては真であるという意味で、その命題は「虚構的真理」である。虚構的命題は芸術作品のみならず、ごっこ遊び、夢、想像にも見られる。子どもたちのままごとで泥の塊を指さして「パイがある」というとき、これは「ごっこ遊びにおいて真」の命題であり、その意味で「ごっこ的真理（*make-believe* truths）」である。ここからウォルトンは、ホラー映画を見ているチャールズを、たとえば父親が怪物になって突進し、これにさけびながら逃げまわる怪物ごっこの子どもと同様に考えることを提案する。チャールズは、「自分は緑のスライムによって殺されそうになっている」ということをごっこ上で信じており、そのかぎりでこの虚構的命題はチャールズにとってごっこ的真理である。ここでウォルトンは、「ごっこ的」「ごっこ上で」を that 節内部の命題 p に対する「虚構オペレーター」とすることで、チャールズは命題 p が現実に真ではないことをはっきりと認識しつつも、この命題 p をごっこ上で主張しているという。「スライムが迫っている」という命題を現実ではないと認識しつつ、これをごっこ上で信じ主張するとは、「ある主張をするふりをしている」ことである。チャールズは、スクリーンの映像を小道具として用いつつ、「かれ自身がひとりの登場人物であるような個人的なごっこ遊び」[39]をしているのだ、ということになる。

　さてこう見てくると、一九七八年に発表されたウォルトンの理論がかくもひろく受けいれられた理由は、それが当時英語圏の分析哲学でホットトピックとなりひろく受けいれられていたある理論、すなわち信念や様相の不透明さにかんして、これを「内包的オペレータ」を用いて論理的にあつかおうとする命題的態度論や様相論理と、それをモデルとした感情の命題的態度論を、あらたにフィクションと想像にかんする命題とその経験とに適用して見せたという点にあったといえるかもしれない。だがその議論の道具立ての新奇さはともかく、その主張の内実を経験に照らしてつぶさに検証してみれば、基本的なところでは一八世紀のデュボスの「人工の情念」説や美的仮象論とくらべて、さしたる新味があるとは思えない。そもそも「スライムに追いかけられている」というごっこ的命題を「想像的に信じる」ことなど、「信じる」という語を字義通りに理解するかぎり、すでに論じた信念の義務論からしてもありえない。

　ウォルトンを批判する少数派の哲学者のなかでも、もっとも的確な批判を展開したといってよいスティーブン・デイヴィスは、ウォルトンがいうように、チャールズが自身ひとりの登場人物として劇中のスライムとごっこ遊びをくりひろげるのだとすれば、それはテレビゲームのような「相互行為的なフィクション」のふるまいであって、小説や映画における読者や観客の経験とはことなると批判する。その上でデイヴィスは、チャールズが「怖かった」というとき、かれは「自分の反応に誤ったラベルを貼ってしまっている」[40]のであり、チャールズがホラー映画でじっさいに経験しているのは、より正確には「恐怖ではなく、ホラーやサスペンス、ショック、あるいはギョッとする刺激」だという。

ウォルトン自身も、「わたしはごっこ的恐怖という、チャールズが経験するある特別な種類の恐怖がある、といおうとしているわけではない。かれが実際に経験するもの、つまり準恐怖の感じは、恐怖の感じではない」といい、「なにかしらのサスペンスは、ほとんどの作品においてわれわれがそれを経験する際の重要な要素」[41]であり、『ジャックと豆の木』を読む子どもは「ジャックの活躍に対する賞賛や冒険のスリル、そして結末における壮快感」を感じるともいう。しかもウォルトンが準恐怖について、「ごっこ上では、それは恐怖の感じである」というとき、たんに身体的・生理学的状態にとどまらず、それ以上に心理的・感情的反応としてそれがいったいなんなのかは、謎のままである。そのかぎりでウォルトンの「準恐怖」という用語は、デュボスの「人工の情念」と、その意味内実においてほとんど変わるところがないといわざるをえない。またウォルトンが、悲劇の観客は現実にはヒロインが残酷な運命に苦しむことでそれが悲劇となることを望みつつ、ごっこ上ではヒロインに共感し彼女が残酷な運命からのがれることを望むのであり、観客のなかでこれら「ふたつの欲求は完全にうまく共存しうる」というとき、これは意識の二重性と混合感情をいいたてるフォン・ハルトマンらの主張ともほとんど変わるところがない。だがフィクションのパラドックスにおいて問われているものこそ、この人工の情念である「準恐怖」の経験の内実なのである。

ウォルトンは一九九九年に発表した論文「洞窟探検、シミュレーション、そしてスライム」では、近年心の哲学や認知科学においてさかんに議論されるようになった「心的シミュレーション」は「感情移入という古い観念と関係して」いるが、それは「わたしのごっこ理論とおどろくほどぴったりと適合している」[42]という。ウォルトンのいう準恐怖とはまずは「チャールズの息づかいや、心拍数や、血圧や、脳をふくむ諸器官に配分される血流や、電気皮膚反応や、瞳孔の拡張や、髪の毛の逆立ち」や、それにともなう「身ぶるい、汗ばんだ掌、冷や汗、そしてこれらにともなう諸感覚」のような状態をいい、たしかにホラー映画を見ているとき、ひとがこのような身体的な情動を感じるのは事実だろう。感情移入論者のゴルドマンなどはこの状態を「感情的伝染ないし感染」ととらえることで、「怖がっているひとの顔を見ることは、観察者のうちに閾値下における恐怖の状態をひきおこす」(43)として、ウォルトンの「準恐怖」というあいまいな主張をむしろ批判している。しかしこの感覚はデイヴィスがいうように、それ自体はショックや緊張時に「自動的に生じる生理学的な変化」というべきものであって、それは恐怖にかぎらず、喜びや驚き、怒りや嫌悪、悲しみといった感情的情動にもともなうものである。だがフィクションに対して読者や観客がもつのは、感情移入やシミュレーションによる準恐怖のような仮象感情ではなく、目の前でくりひろげられるストーリー展開を理解しつつフィクションを追うことで得られる、われわれの側の反応感情である以上、それはたんなる自動的な「情動的反射以上のもの」(44)である。想像を反事実的推論の一流儀とするモランも、「いまあるひとがスライムに追いかけられているとせよ」と仮定するとき、かれがどれほど怖い思いをしているかを想像的に推察することはできるが、だからといって「わたしが怖がる」ということが結果するわけではないとして、ウォルトンを批判する。フィクションに対するわれわれ観客・読者の側の反応感情としてのいわゆる「虚構感情（fictional emotions）」は、過去のもはや存在しないという意味ではおなじく非現実の対象についての「慰撫や哀惜、悔恨、ノスタルジー」(45)のようなごく日常的な感情経験と同様、「なんら特別なパズルを提供する」ことはない。かつて自分が経験した自動車事故をのちに思いだして身震いすることはあるが、だからといってひとはそのときかつてとおなじように、自分の車にむかってきたトラックに対して恐怖しているわけではない、というのである。これに対してウォルトンはモランに反論するかたちで、このような現実に起こった出来事の想起においても、フィクションと同様に、ひとは想像において生き生きと「想起された経験を生きなおす（*relives*）」のであり、「想像のなかでそのトラックを怖がっている」のだという。しかもウォルトンは、そのときそのひとが「現実にもトラックを怖がっている」とあえていう必要はないし、いずれにせよ心的シミュレーションにおいてひとがその対象を「字義通りに経験するか、あるいはたんにそれを経験していると想像するだけ」なのかは「たいした問題ではない」という始末である。[46]

記憶のなかの別離や喪失に対して、わたしが自分の〈現〉の〈いま・ここ〉においてむきあうその身構えや情況は、じっさいにそれを経験した過去の時点での情況とはことなる以上、ウォルトンがいうようにかつての切迫した生々しい欲望や恐怖を心的シミュレーションのうちに「生きなおす」などということはありえない。それはすでにわたしが別の機会に論じたように、久しい時を隔ててようやく可能になった美的で甘美な追憶であったり、悔恨のうちにそれをとりもどしたいという絶望的な望みであって、そこで想起されている過去の自分の経験の実質とはまるでことなっている。「思いだしても恐怖がよみがえる」というばあいでも、ここでの恐怖はやはり、かつてわたしが遭遇した事故や事件の、そのかぎりで過去の時点でのわたし自身の存在情況の情態性としての恐怖ではなく、かつてのそのような情況をかえりみている現在の存在情況の情態性として、もう二度とおなじ思いをしたくないとか、しかしいつまたそのような情況に陥るともかぎらないといった不安や懼れ、あるいはそれ[47]

にともなう苦痛や嫌悪というべきである。いわゆるトラウマや心的外傷後ストレス障害（PTSD）というものがあるではないか、というかもしれない。だがこれらにしても、かつて自分が経験した事故や事件、戦争といった耐えがたい苦痛になお囚われている現在の病的情態性をいうのであって、そのようなひとにとってはおそらく、現実にはすでに過去のものとなった、かつて自分が身をおいた事故や事件、戦争といった情況が、いまなおあるしかたでかれの〈現〉における存在情況を構成しており、したがって現時点でかれが感じている苦痛や苦悩も、かつてのそれとひとつづきの生々しく切迫したものとして耐えがたいのである。

5　共感のストラテジー

フィクションの経験にとって重要なのは、それを経験している現実のわたしは読者であり観客であるということ、したがって殺人現場の目撃者であったり上司や権力から不当に扱われたりする情況に現にあるのではなく、「フィクションを楽しむ」という美的な存在情況に〈現〉にあるという事実である。じっさい絵を見る経験にしても、すでに第一章で見たように、そこに描かれた世界を「あたかも現実であるかのように」経験することではなく、端的に「絵」を見る経験である。そのときわたしの目は、この絵がまさに見てもらいたいと要請し、楽しんでもらいたいと願うものを見ようとする。そこにわたしは、まぎれもなく実物のリンゴの美的品質とはまったくことなった、独自の流儀で構成された色彩や明暗や構図やタッチからなる絵画的描写に特有の実在性、ひとつの「視覚デザイン」(48)を認める。絵にしばしうっとりと見とれるということはある。われをわすれて仮象世界に遊ぶ、といういいかたで考えられているのは、たいていはそのようなばあいである。だがこれも文字どおりの意味で、わたしが絵に描かれた仮象世界の住人として仮象自我を生きるというようなことではない。それは結局のところ、わたしがその絵の独特の美的品質に魅了されて美的な快を味わう現実の経験であって、けっして「擬似－経験」などではないのである。わたしはあえて、絵の風景のただなかに自分をおいてみることもできるかもしれない。だがそれは、もはやほんらいの「絵を見る」美的経験ではなく、この絵を見る経験に促されて「想像する」という別の現実経験である。デイヴィスもいうように、真夜中まで夢中で偏執狂的な殺人鬼のスリラー小説を読んでいて、とつぜん吹き込んだ風でカーテンが大きく揺れたとき、自分が文字通りの「恐怖に襲われる」(49)といった経験はある。しかしこのときも、自分が震え上がったのはストーリーのなかの殺人鬼に対してではなく、たとえ一瞬でもわたしが窓の外にひそんでいるかもと疑ってしまった現実世界の殺人者に対してであるし、この恐怖の現実経験は小説の経験ではない。ホラー映画『リング』を見たあとで、テレビのある部屋で電気を消して寝る気にならないのも、おなじような経験である。トロンプ・ルイユにあざむかれるとき、わたしが最初に目にするのは絵ではなく、たとえば現実のボードに貼りつけられたはがきや切り抜きである。近づいてみてこれが絵だとわかったとき、わたしはだまされたことに不愉快になるか、あるいはだました側のあざやかな手並みに思わず苦笑をもらすかもしれないが、そもそもここにはなんのパラドックスもありはしない。同様にフィクションを経験することは、最初からわれわれが当の小説や映画を楽しもうとして、ほかならぬ読者であり観客であろうとすること、すなわち自分の〈いま・ここ〉の美的な存在情況に身をあずけ、これを楽しむ美的な情態性に身を委ねることである。

「フィクション」という語を、たとえば「歴史もフィクションだ」とか「科学におけるフィクション」とか、「このニュースはフェイクでフィクションだ」というように、一般的に「虚構」すなわち「虚偽」の意味で使うのではなく、小説のような伝統的なフィクション作品に限定してつかうかぎり、作者はまずは読者を楽しませるべく要請されているのであり、作品とは徹頭徹尾読者や観客を楽しませるための狡知に長けた人工の「仕掛けもの」、いわば美的な快楽装置というべきである。この点でもデイヴィスは、正しい認識を示している。かれによれば「ホラー映画というものは、ひんぱんにショックを引き起こすべくデザインされて」おり、映画制作者はショックやギョッとする刺激といった「自動的な生理学的変化」を喚起する予想外のイメージや音響のシークエンスをコントロールすることで、観客に緊張に満ちた期待や宙づりのサスペンス、スリルといった「不安定な状態」を作りだすのであり、そしてこれは「映画制作者がチャールズの直感的な反応を操作するために用いるテクニック」である。[50]モランも、ウォルトンがゴッホの《星月夜（Starry Nitgt）》に見られる粗いブラッシュ・ストロークは、鑑賞者が描かれた「虚構世界に没入する」ことでごっこ遊びの「ゲームに関与するのを邪魔する」[51]というのを批判して、作品とは「人工物という身分」をもつものであり、その眼目は、演劇における「音楽（歌をふくむ）や照明、比喩的なことば、ストーリー展開のテンポ、時間の圧縮、そして感情的な強調や情調を提供する他のさまざまな効果」のような、観客を感情的にまきこむためには効果的だが、ウォルトンのいう「なんらかの虚構的真理の構築」にはいかなる役割も果たさない「顕著な諸特徴を、入念に作り上げること」[52]にあるという。

物語のなかで次々と不幸や絶望、戦慄すべき殺人や恐るべきモンスターの場面が展開するとしても、読者や観客自身がその場面に対して不安や絶望、戦慄や恐怖を感じるわけではない。グッドマンは、ある場面が恐るべき情況であることを理解するためにも観客の側の恐怖の経験が必要だというが[53]、想像的推論によって場面の状況を理解することは、その場面の恐怖の疑似経験をすることではない。作品が悲劇と銘打ち、ホラーと銘打っているとしても、読者や観客がそれでもお金をはらって本を買い劇場にはいるのは、それが読者や観客に、フィクションのドラマトゥルギーを駆使して美的な快楽を約束しているからである。「この映画はあなたを止めどなく泣かせます」とか「思い切り怖がってください」といった宣伝文句は、このことを証している。そしてこれは、だれもが知っているごく当たり前の事実である。それにもかかわらず「悲劇の快」をめぐる議論がこんにちにいたるまで混乱を極めている理由のひとつは、哲学者や美学者たちにしても、かれらが小説を読んでいるときはまんまと作者の術中にはまっているのに、生来きまじめにすぎるために、そもそもフィクションというものは奸計に満ちた仕掛けものだという事実をしばしば忘れるからである。

観客であるという美的存在情況においてわたしが経験するのは、正確には、いま発端がひらかれた物語の暗示によってかきたてられたわくわくするような焦燥と、舞台に登場した主人公の行く末に対するおさえきれない懸念や関心の興奮というべきである。やがてつぎつぎとあかるみにさらされる、まがまがしいたくらみとこれに対する憎悪、復讐とがもつれあうさまざまな人物たちの葛藤に立ち会うわたしは、そのつどの期待や予感、宙づりのサスペンスやスリル、予想外の発見のおどろき、急転の緊迫と大詰めの圧倒的な高揚感という、全体的な劇的経験をもつ。そして観客は終始これらを楽しんでいるという意味で、これらはいずれも快楽なのである。深い闇のなかから舞台に姿をあらわした前国王の亡霊に対して、ホレイショーは、そしてハムレットはこの物の怪に慄きつつ、いまだにわかには定めがたい凶事への不安と恐れと疑念とに身をさらす。だが平土間の観客としてのわたしがおなじように不安や恐怖を感じているというならば、それはチャールズの準恐怖と同様に、記述をまちがえている。カイヨワがジェットコースターの経験を「心地よいパニック」[54]と呼ぶのも、悲劇の経験を快と不快の混合感情とする伝統的な混乱を共有するからである。ジェット・コースターの乗客がいかにこわがりパニックにおちいっているように見えようとも、実情はちがうということは、かれらが「きゃー」とか「こわい」とかさけびながらも、おたがいに笑いあったりはしゃぎあったりしていることからも容易に知れる。そしてジェットコースターの設計者と同様、悲劇やホラーの作者も観客や乗客に快楽を約束する以上、かれらは原則として、一瞬たりとも観客や乗客に不快や恐怖を感じさせてはならないというべきである。ジェットコースターを拷問機械と感じるひとももちろんいて、そのひとは最初からこれに乗ろうとはしない。しかしジェットコースターの設計者は、たとえば宇宙飛行士の訓練に用いられるような、乗客の多くにとってそれが字義通りの苦痛や恐怖をあたえる拷問機械となる一歩手前で、これまでになかったような目新しいスリルやサスペンスをあたえることができるように腐心する。ホラー映画の監督が、多くの観客が気持ち悪がるだろうと知りつつ、あえて限度をこえたおぞましいショットを挿入するということもときにはあるだろう。だがこれも、ストーリー全体の尋常ならざる劇性を高める効果を狙ってある種の薬味を効かすという美的戦略のひとつ、というのが本当である。

アリストテレスのいう、悲劇の観客が主人公の「不幸を身にひき較べて(55)」感じる「恐れ（phobos）」にしても、ここにいうわが「身にひき較べて」というのがいわゆる「ひとの身になる想像」を意味するとしても、それがモランのいうような意味での想像的推察だとすれば、観客が感じているのは厳密にいって主人公が感じている恐怖ではなく、そのような恐るべき情況に立つ人物に対してもつある種の懸念や顧慮というのが記述としてはより正確である。こうした懸念や顧慮はもちろん現実にも経験されるが、いずれにせよこれはそれ自体として快ではないが不快でもない。一方アリストテレスのいう「憐れみ（eleos）」はそのままこんにちの同情ないし共感といってよいが、「弁論術(56)」によればそれは、それに「ふさわしくない人が蒙る破壊的な、あるいは苦痛な、誰の目にも明かな禍」に対して感じる「一種の苦痛」である。だがこの「憐れみ」も、はたしてこれを「苦痛」といってよいかどうかは議論の余地がある。同情や共感が、デカルトがいうように「苦しむものに対する同情をもつことで、自分がなにか有徳の行いをしているように思える(57)」という意味で、ある種の快であるとは思えないが、だからといってそれが不快で、したがって苦痛だという必要もないだろう。なるほど主人公ハムレットに共感を寄せる観客としてわたしは、ハムレットの苦境の原因となる巨大な敵役クローディアスに対して、一般に憎悪や憤りと名指されるような、敵対的な反応感情や態度や身構えをもつ。それでもそれは、現実に自分を不当にあつかう権力や上司に対してわたしがもつ憎悪や憤りとは、その内実においてことなっている。自分が不当に扱われている情況にあるということ自体、すでにしてわたしには耐えがたい苦痛であり、この情況の拒絶と抵抗の身構えが、当事者であるわたしの苦痛をともなう憎悪や憤りである。だが観客がハムレットの側に立って感じる同情や共感にもとづいて、敵対するクローディアスに対して感じる憎悪や憤りは反転して、ふたたびハムレットに対する同情や共感、懸念や顧慮をつよめ、これによってハムレットの今後のなりゆきに対する観客の関心をつなぎとめ増幅するのであって、クローディアスはそうした美的効果を担う敵役、憎まれ役という、いわば主人公への共感の増幅装置として舞台に登場する。ひとによっては不安定な宙づり状態に焦れてイライラが高じた結果、これを不快に感じることもあるかもしれない。それでもかれが観客に踏みとどまるのは、この懸念や期待の宙づりには、自分がフィクションを楽しむという美的存在情況に身をおいているかぎりで、いずれかならず作者の手で、たとえば詩的正義や勧善懲悪といったフィクションの慣習にしたがってしかるべき解決があたえられるであろうことが前提されており、読者や観客は安んじて大団円へむけての宙づりのサスペンスやスリル、そのつどのホラーやショックを楽しむことができるからである。「カタルシス」を有意味な語として用いるのであれば、フィクションが仕掛けたこうした宙づりのサスペンスをさいごは狙い通りの美的感興の内に落着させる、そのストラテジーと効果をこそ名指すべきである。

いわゆる「想像的抵抗（imaginative resistance）」にまつわるパズルに見られる混乱にしても、想像を「想像的に経験すること」と考えるあやまった前提に由来する。想像的抵抗の原型は、自分のとは相反する道徳的基準にもとづく「賞賛や批難、愛や憎しみといった心情(58)」に対しては、想像的にでもこれに共鳴しみずからそのような心情をもつことはできないというヒュームに見られる。たとえばタマール・ジェンドラーにとって想像力とは「たんなる仮説的推論ならば要求しないある種の関与を要求する(59)」ものであって、それゆえ殺人のような悪行を正当化するような想像は、自分がそれに関与すること、したがってそれに荷担することを要求するから、われわれはそのような想像に抵抗するという。近年盛んになった「不道徳な芸術」論争にしても、たとえば『マクベス』の評価をめぐる道徳主義と不道徳主義双方に共通して見られる混乱は、マクベスに共感することは、かれのような極悪人の価値観や態度をみずからに引きうけ想像的に経験することだと考える点に起因する。ウォルトンも、現実にはありえないことがらを描く「サイエンス・フィクションはあるのに、どうしてモラリティ・フィクションはないのか」と問い、道徳にかんしてはわれわれは、自分が是認しない道徳原理を正しいと「信じていると想像する（imagine believing）」ことに抵抗するからだという。だがくりかえしていえば、知的にせよ倫理的にせよ、読者が現実の自分の信念とはことなる信念体系を、たとえ想像的にでも信じること、したがってこれを受けいれることなどそもそも不可能である。ホメーロスの英雄や現代のアクション映画のヒーローの暴力や殺人に対する考えかたや、グレアム・グリーンの『情事の終わり』の基調をなすカトリックの信条など、フィクションの登場人物はしばしば、読者であるわたしとはことなった信念体系をたずさえている。コールリッジなら、こうした作品をそれでも楽しむために読者には、これら登場人物たちの信念に対する自分の「不信の自発的宙づり（the willing suspension of disbelief）」が要請されるというだろう。ここからウェイン・ブースは、読者は読書中作品の信念、したがって「作者のものと一致しなければならない信念をもつ自己」すなわち「模擬読者（mock reader）」になる必要があると主張する。だがいま見たように、そんなことは想像的にでも不可能であるし、ビアズリーがいうように、虚構世界の人物が高潔であるとか、その行動は悪であるというように、その性格や行動やできごとの意味を理解するためにも読者は、自分がたずさえている信念や価値観を棚上げするどころか、「理解のための信念条件」(63)として必要とする。そしてしばしばそうであるように、登場人物や作品全体の基調をなす信念と自分のそれとの不一致があるとしても、フィクションの経験で問題になっているのは信念の真偽にかかわる認識上の同意・不同意ではなく、当の人物に対する読者の側の美的反応としての共感・反感である以上、読者はそうした信念の不一致が一定の許容範囲にあるかぎりで、これを無視したり、これに寛大な態度をとることで、読者であるという美的情況にとどまるのである。読者は自分が是認しない道徳原理を信じ受けいれることに対して、たとえたんなる想像のレベルでも抵抗するということで想定されている事態は、じっさいには虚構の人物の信念体系やそれにもとづく行動が、どうあっても読者の信念に照らしてその許容範囲をこえていて、この人物に共感をもてないにもかかわらず、どうやらテクストは読者にこの人物への共感をもつように要請しているケースである。そしてこのばあいには、読者はその物語世界を想像的に楽しむことに抵抗をおぼえ、小説を閉じて読書をつづけることを断念するほかはないということである。

『マクベス』は、悲劇の主人公は善人でなければならないとするアリストテレスの知らなかった「悪漢の悲劇」である。マクベスのような悪人が悲劇の主人公として登場することが可能なのは、自分の利益のために他人を殺害し暴力をふるうかれらの考えかたや行動が標準的な道徳観には抵触するとしても、かれらがおかれているさまざまに個人的な情況や事情からして、それがなお観客の許容範囲をこえないかぎりで、観客がかれらに共感しつつ物語をたのしむことができるように作品を操作する、シェイクスピアの際だった共感のストラテジーのゆえである。かれはたとえばダンカン暗殺に向かうときのマクベスの内面の恐怖や葛藤を独白によって観客に知らせることで、マクベスのような極悪人でさえ、悪におびえる憐れむべきひとりの人間なのだと思わせ、マクベスに対する同情を喚起する。だからといってこの劇に想像的に関与する観客が、マクベスの内面をシミュレーションや感情移入によって共有したり、かれの悪徳と悪行に賛同して共犯になることなどありえない。そもそも主人公であるというだけで、その人物は他のだれにもまして、観客の共感を得る特権的な位置に立つ。観客も読者も、まずは自分がこれから立ちあうことになる物語の主人公がだれなのかをさがすことからはじめる。なぜなら主人公とは、たんに物語世界の中心に位置する主要な人物というにとどまらず、なによりもこの物語のストーリーの全体を観客や読者が見とおすのに特権的な視点だからである。そしてそのことを可能にするためにフィクションは、すでに第五章でふれた主人公と〈ともにある〉視点、すなわち主人公が見たり聞いたり考えたり感じたりすることを、したがってかれの目に映り、かれが経験するとおりの世界のありようを語る語りの視点を設定し、読者や観客にもこの視点に立つべく指示する。それはいわば劇場というテクストのうちに構造化され、観客に指定された観客席であって、この視点をとることにかんして読者や観客に自由はない。とはいえ読者や観客がこの視点に立ったからといって、かれらにとって主人公はどこまでも他者であり、かれらが主人公と一体化することなどありえない。読者や観客が主人公と〈ともにある〉視点に立つとは、共感をもって主人公の「側に立つ」ことである。こうしてフィクションは、感情移入のように読者や観客を主人公と一体化させるのではなく、読者や観客を主人公の側に立たせることで、たとえ主人公が悪人であっても、一定の許容範囲内でかれへの共感を確保するのである。

悲劇は「悲しい」と、ひとはいう。だが観客としてのわたしが、自分の息子の死という情況に立ちそれを悲しむ情態性にあるというのとおなじ意味で、ハムレットの死を悲しむことはない。わたしは恋人に去られて悲しく、試験におちて悲しく、子どもをうしなって悲しい。そしてまた、悲劇を見て悲しい。ほんとうのところ、これらをおなじ「悲しい」という粗雑な呼称でくくるには、ひとがおかれている個々の情況はそれぞれあまりにことなっており、したがってその感情経験の内実も、ほとんど似ていないにちがいない。ハムレットがわが身の受難に苦悶と悲痛のさけびをあげ、あるいは死にたえんとする場面で観客が涙するとしても、それは正確には苦悶や悲しみの涙ではない。それは、主人公であるハムレットの側に立ってかれに対する同情と共感を終幕までうしなうことのなかった観客が、無残な苦境に陥ってもかれがついに失うことのない誇りや気高さ、健気さを目の当たりにして、これら悲愴とか崇高といった美的カテゴリーによって名指される美的質に反応して感じる、切々と胸にせまる感動の涙である。結局のところ「悲劇は悲しい」というのは「この絵は悲しい」というのと同様に、当の作品がもつある種の美的効果や美的質を名指すさいの言語習慣であり、それはその作品を美的に楽しむわれわれの経験や反応感情を名指すものではない。このあいまいな言語習慣を美的経験の実質と混同するところに、「悲劇の快」のパラドックスが由来したのである。

注

第一章

（1）Ludwig Wittgenstein, *Zettel*, 518, in: *Werkausgabe*, Bd. 8, Suhrkamp, 1984, S. 395.
（2）Donald Davidson, *Problems of Rationality*, Oxford U. P., 2004, p. 16.（『合理性の諸問題』、金杉武司他訳、春秋社、二〇〇七年）
（3）John R. Searle, *Intentionality*, Cambridge U. P., 1983, p. vii.（『志向性』、坂本百大訳、誠心書房、一九九七年）
（4）William James, *The Principles of Psychology*, Vol. 2, Henry Holt, 1910, p. 449.
（5）Jesse J. Prinz, *Gut Reactions: A Perceptual Theory of Emotion*, Oxford U. P., 2004., p. 5.
（6）Ronald de Sousa, *The Rationality of Emotion*, The MIT Press, 1987, p. 182.
（7）アリストテレス「ニコマコス倫理学」1104b12、加藤信朗訳、『アリストテレス全集　13』、岩波書店、一九七三年、四四ページ。
（8）de Sousa, op. cit., p. 126.
（9）Robert C. Solomon, Emotions and Choice, (originally appeared in *The Review of Metaphysics*, XVII, i, 1973), in: Amélie Oksenberg Rorty (ed.), *Explaining Emotions*, Univ. of California Press, 1980, p. 251f.
（10）アリストテレス「弁論術」1378a23-24、山本光雄訳、『アリストテレス全集　16』、岩波書店、一九六八年、一〇〇ページ。
（11）ここでソロモンは典拠としてセネカの「怒りについて」第二巻をあげているが（Solomon, Emotions and Choice, p. 271）、それはおそらく以下のような箇所と思われる――「不正の表象が惹起させた、あの最初の心の興奮」（兼利琢也訳、『セネカ哲学全集　1』、岩波書店、二〇〇五年、一二三ページ）はなお怒りという情念ではなく「情念の準備」であり、心の「最初の運動」である。次いで、意思が「わたしは害されたのだから報復すべきである」というような「判断によって生じる運動」がつづく。その結果意思ないし理性がこの二番目の運動に「自身を委ねる」とき、「三番目の運動」としての怒りの情念が生じる。この意味で感情には判断が関与するが、二番目の運動は「場合によっては、慣れと耐えざる訓練の結果、軽減はできるかもしれない」。それゆえセネカは、「二番目の、判断によって生じる運動は、判断によって取り除かれる」（二二四ページ）というのである。

(12) Solomon, Emotions and Choice, p. 271.

(13) Ibid., p. 257.

(14) Robert C. Solomon, Emotions, Thoughts and Feelings: What is a 'Cognitive Theory' of the Emotions and Does it Neglect Affectivity?, in: Anthony Hatzimoysis (ed.), *Philosophy and the Emotions*, Cambridge U. P., 2003, p. 4.

(15) R・M・チザム『知覚——哲学的研究』、中才敏郎・中谷隆雄・飯田賢一訳、勁草書房、一九九四年、二四〇ページ。

(16) W. V. Quine, *Word and Object* (1960), Martino Publishing, 2013, p. 27.（『ことばと対象』、大出晁・宮舘恵訳、勁草書房、一九八四年）

(17) Franz Brentano, *Psychologie vom empirischen Standpunkt*, hrsg. von Oskar Kraus, Meiner, 1924, S. 124.

(18) Alexius Meinong, *Über Möglichkeit und Wahrscheinlichkeit* (1915), in: *Gesamtausgabe*, Vol. VI, hrsg. v. R. Haller und Rudolf Kindinger, Akademischer Druck- und Verlagsanstalt, 1972, S. 244.

(19) Edmund Husserl, *Ideen zu einer reinen Phänomenologie und phänomenologischen Philosophie*, erstes Buch, neu hrsg. von Karl Schuhmann, Martinus Nijhoff, 1976, S. 120f. フッサールによる対象の二重化に対する批判については、植村玄輝「フッサールのノエマとインガルデンの純粋志向的対象——志向性理論から世界の存在をめぐる論争へ」、『フッサール研究』第七号、二〇〇九年、を参照。

(20) Solomon, Emotions and Choice, p. 272.

(21) Ludwig Wittgenstein, *Philosophische Untersuchungen*, 476, in: *Werkausgabe*, Bd. 1, Suhrkamp, 1984, S. 426f.

(22) Anthony Kenny, *Action, Emotion and Will* (1963), 2nd ed., Routledge, 2003, p. 50.

(23) アリストテレス「弁論術」1382a21-22、一一六ページ。

(24) Kenny, op. cit., p. 132.

(25) Donald Davidson, Hume's Cognitive Theory of Pride, in: *Essays on Actions and Events*, Oxford U. P., 2001, p. 284.

(26) Solomon, Emotions' Mysterious Objects, in: K. D. Irani and G. E. Myers (eds.), *Emotion: Philosophical Studies*, Haven Publishing Corporation, 1983. p. 21.
(27) Solonon, Emotions and Choice, p. 253.
(28) Solomon, Emotions' Mysterious Objects, p. 39.
(29) Kenny, Preface to the New Edition, in: *Action, Emotion, and Will*, 2003, p. xi.
(30) Solonon, Emotions and Choice, p. 258.
(31) Robert C. Solomon, *The Passions*, Hackett Publishing Company, 1993, p. 182.
(32) Ibid., p. 135.
(33) Solomon, Emotions and Choice, p. 275.
(34) Solomon, *The Passions*, p. 182.
(35) Solomon, Emotions, Thoughts and Feelings, p. 8.
(36) Solomon, *The Passions*, p. ix.
(37) Solomon, Emotions and Choice, p. 276.
(38) Solomon, *The Passions*, p. 130.
(39) Solomon, Emotions and Choice, p. 276.
(40) Ibid., p. 264. サルトル「情緒論素描」(1939)、『哲学論文集』、竹内芳郎訳、人文書院、一九五七年、三〇三ページ以下参照。
(41) Solomon, *The Passions*, p. 135.
(42) Ibid., p. 194.
(43) Ibid., p. 160.
(44) Solomon, Emotions and Choice, p. 274.
(45) Martin Heidegger, *Sein und Zeit* (1927), Max Niemeyer Verlag, 1972, S. 25.
(46) Ibid., S. 64.
(47) Solomon, *The Passions*, p. ix. これはおそらくハイデッガーの「気分づけられている (das Gestimmt sein)」

(*Sein und Zeit*. S. 134) という表現を指すのだろう。

(48) Ibid. p. 128. ここにいう「関心づけられている」とは、ハイデッガーの「気がかり(Sorge)」にあたる。これについては、本書第三章第一節を参照。

(49) Patricia S. Greenspan, *Emotions and Reasons: An Inquiry into Emotional Justification*, Routledge, 1988, p. 6, p. 19. ここにいう「thought(ドイツ語ではGedanke)」はしばしば「思想」と訳されたりもするが、日本語の「思想」はたんなる「思考内容(thought)」としての「思念」をこえて、特定の哲学的な立場やイデオロギーを意味するから、本書ではこれを「思考内容一般」という意味で「思念」と訳すことにする。

(50) Justin D'Arms and Daniel Jacobson, The Significance of Recalcitrant Emotion (or, Anti-Quasijudgmentalism), in: Anthony Hatzimoysis (ed.), *Philosophy and the Emotions*, p. 131.

(51) de Sousa, op. cit., p. 153.

(52) Sabine A. Döring, Seeing What to Do: Affective Perception and Rational Motivation, *dialectica*, vol. 61, No. 3, 2007, p. 374.

(53) Sydney Shoemaker, *The First-Person Perspective and Other Eaasys*, Cambridge U. P., 1996, p. 58. 後出のタイラー・バージの「知覚的観念」も、これと類似の概念である(本章、注68参照)。

(54) ジョン・マクダウェル『心と世界』、神崎繁他訳、勁草書房、二〇一二年、一〇二ページ。ブライアン・ロアも、主観がもつ信念の一人称的心理状態を「知覚的思念(perceptual thought)」(Brian Loar, Social Content and Psychological Content, in: Robert H. Grimm and Daniel D. Merrill (eds.), *Contents of Thought*, The Univ. of Arizona Press, 1988, p. 108)と呼んでいる。

(55) Christopher Peacocke, Does Perception Have a Nonconceptual Content?, *The Journal of Philosophy*, Vol. XLVIII, No. 5, 2001, p. 242.

(56) Wilfrid Sellars, The Role of the Imagination in Kant's Theoty of Experience, in: *Kant's Transcendental Metaphysics*, ed. by J. F. Sicha, Ridgeview Pub. Co., 2002, p. 423.

(57) 村井忠康「知覚と概念――セラーズ・マクダウェル・「描写」――」、『科学哲学』四五巻二号、二〇一二年、一〇〇ページ。

(58) Wilfrid Sellars, The Structure of Knowledge, in: H. Castanada (ed.), *Action, Knowledge, and Reality: Studies in Honor of Wilfrid Sellars*, Bobbs-Merrill, 1975, p. 305.
(59) I. Kant, *Kritik der reinen Vernunft* (1781), 2. Auflage, 1787, S. 180.
(60) Sellars, The Role of the Imagination in Kant's Theory of Experience, p. 426.
(61) Sellars, The Structure of Knowledge, p. 304.
(62) Sellars, The Role of the Imagination in Kant's Theory of Experience, p. 429.
(63) 村井、前掲書、一〇三ページ。
(64) 同上、一〇九ページ。
(65) 美的仮象論については、本書第七章参照。
(66) M・メルロ＝ポンティ「眼と精神」、『眼と精神』、滝浦静夫・木田元訳、みすず書房、一九六六年、二五七ページ。
(67) Tyler Burge, Perceptual Objectivity, *Philosophical Review*, Vol. 118, No. 3, 2009, p. 290.
(68) Tyler Burge, Wherein Is Language Social?, in: C. Anthony Anderson and Joseph Owens (eds.), *Propositional Attitudes*, CSLI, 1990, p. 119.
(69) Robert Kraut, Feeings in Context, *Journal of Philosophy*, Vol. XXXIII, No. 11, 1986, p. 643.
(70) Ibid., p. 652.
(71) Robert C. Solomon, Emotions, Feelings, and Contexts, *Journal of Philosophy*, Vol. XXXIII, No. 11, 1986, p. 654.
(72) Robert Kraut, Objects of Affection, in: Irani and Myers (eds.), *Emotion: Philosophical Studies*, p. 46.
(73) Ibid., p. 51.
(74) Döring, op. cit., p. 377.
(75) Ibid., p. 386.
(76) アリストテレス「ニコマコス倫理学」1143b14、二〇二ページ。
(77) Döring, op. cit., p. 390.

(78) Julien A. Deonna, Emotion, Perception and Perspective, *dialectica*, Vol. 60, No. 1, 2006, p. 35.

(79) Julien A. Deonna and Fabrice Teroni, *The Emotions: A Philosophical Introduction*, Routledge, 2012, p. 82. プリンツも、その著書の副題に掲げるように「感情の知覚理論」を標榜するが、その内実はジェームズ的な自然主義的感覚理論と認知理論の「調停」(*Gut Reactions: A Perceptual Theory of Emotion*, p.78) をめざすもので、これをプリンツは感情の「身体的査定理論 (the embodied appraisal theory)」と呼ぶ。外部世界の特定の対象の感覚知覚が原因となって「身体状態の変化」が生じるとき、感情はこの身体変化を「恐怖」として知覚する、というのである。プリンツによれば、「自分の子どもが死んだ」とか「毒蛇がいる」といった個々の実質的対象はそれ自体のうちに「喪失」とか「危険」といった形式的対象をもつが、ここで形式的対象とは悲しみや恐怖の「感情を喚起する性質」(Ibid., p. 62) である。デオンナ+テローニはこれを「ネオ・ジェームズ理論」と呼ぶが、このように「志向性を自然化する (naturalizing intentionality) というプログラム」(Deonna and Teroni, p.72) では「感情経験の現象学」は扱えないと批判している。

(80) Ibid., p. 118.「攻撃的なジョーク」については、拙著『プラスチックの木でなにが悪いのか』、勁草書房、二〇一一年、第五章参照。

(81) Justin D'Arms and Daniel Jacobson, The Moralistic Fallacy: On the 'Appropriateness' of Emotions, *Philosophy and Phenomenological Research*, Vol. LXI, No. 1, 2000, p. 75.

(82) Deonna and Teroni, op. cit., p. 86.

第三章

(1) Searle, op. cit., p. 29.

(2) Jerome Shaffer, An Assessment of Emotion, in: Irani and Myers (eds.), *Emotion: Philosophical Studies*, p. 220.

(3) Quine, *Word and Object*, p. 208.

(4) ここでは「Sinn」を「意味」と訳し「Bedeutung」を「指示」と訳したが、英訳ではときにこれらに「sense」と「meaning」を当て、日本語訳でもこれらを「意義」と「意味」と訳すことがある。しかし英訳でもこれらに

「sense（意味）」と「reference（指示）」を当てることもあり、こちらの方がわかりやすいために、本書ではこれを採用する。「思念（Gedanke, thought）」については、本書第一章注49を参照。

（5）Mark Richard, Direct Reference and Ascriptions of Belief, *Journal of Philosophical Logic,* Vol. 12, 1983, p. 442.

（6）David Kaplan, Demonstratives, in: Joseph Almog, John Perry, Howard Wettstein（eds.）, *Themes from Kaplan,* Oxford U. P., 1989, p. 508.

（7）野本和幸「名指しと信念」、市川浩他編『現代哲学の冒険　9』、岩波書店、一九九一年、七三ページ。

（8）Kaplan, op. sit., p. 505.

（9）野本、前掲書、九八ページ。

（10）Kaplan, op. cit., p. 559.

（11）飯田隆『言語哲学大全Ⅲ』、勁草書房、一九九五年、三一五ページ。

（12）Stephen Schiffer, The Mode-of-Presentation Problem, in: C. Anthony Anderson and Joseph Owens（eds.）, *Propositional Attitudes,* CSLI, 1990, p. 260.

（13）Richard, op. cit., p. 430.

（14）Ibid., p. 447. シッファも、命題は「多くのモードのもとでも信じられるだろう」から、信念報告者が「提示のモードの、文脈的に画定されるタイプを指示する立場にはない」（Stephen Schiffer, Belief Ascription, *The Journal of Philosophy,* Vol. LXXXIX, No. 10, 1992, p. 517）という。

（15）Ibid., p. 430.

（16）Nathan Salmon, *Frege's Puzzle,* The MIT Press, 1986, p. 113.

（17）野本、前掲書、一四一ページ。

（18）Salmon, op. cit., p. 117.

（19）Ibid., p. 118.

（20）Gottlob Frege, Der Gedanke, in: *Kleine Schriften,* hrsg. von Ignacio Angelelli, 2. Aufl., Georg Olms, 1990, S. 350.

（21）Frege, Über Sinn und Bedeutung, in: *Kleine Schriften*, S. 147.
（22）John Perry, Frege on Demonstratives, *The Philosophical Review*, Vol. LXXXVI, No. 4, 1977, p. 492.
（23）Ibid., p. 494.
（24）Mark Crimmins and John Perry, The Prince and the Phone Booth: Reporting Puzzling Beliefs, *The Journal of Philosophy*, Vol. 86, No. 12, 1989, p. 695.（J・ペリー他「王子様と電話ボックス」、飯田隆・土屋俊訳、『現代思想』第一七巻第七号、一九八九年）
（25）Ibid., p. 711.
（26）Saul Kripke, A Puzzle about Belief, in: Avishai Margalit (ed.), *Meaning and Use*, D. Reidel, 1979, p. 269.（S・クリプキ「信念のパズル」、信原幸弘訳、『現代思想』、第一七巻第三号、一九八九年）
（27）Kent. Bach, Do Belief Reports Report Beliefs?, *Pacific Philosophical Quarterly*, Vol 78, No. 3, 1997, p. 215. バッハは、条件法や様相文脈でもthat節は用いられるが、これらにおいては「現実の事態や可能な事態がこれらの文の主題」だから、ここでのthat節はそれらの事実・事態に対する指示に用いられている。しかし信念のような命題的態度では、that節は指示するのではなく記述するのだ（p. 238）という。
（28）Ibid., p. 231f.
（29）Brian Loar, Social Content and Psychological Content, in: Grimm and Merrill (eds.), *Contents of Thought*, p. 102.
（30）Michaelis Michael, Belief *De Re*, Knowing Who, and Singular Thought, *The Journal of Philosophy*, Vol. LVII, No. 6, 2010, p. 309.
（31）Ibid., p. 303.
（32）W. V. Quine, Propositional Objects, in: *Ontological Relativity and Other Essays*, Columbia U. P., 1969, p. 147.
（33）Ibid., p. 154.
（34）David Lewis, Attitude *De Dicto* and *De Se*, in: *Philosophical Papers*, Vol. 1, Oxford U. P., 1983, p. 134. 初出は*The Philosophical Review*, Vol. 88, 1979, pp. 513-43（「言表についての態度と自己についての態度」、野矢茂樹訳、『現代思想』第一七巻第七号、一九八九年）。ルイス・パウエルは、ルイスはクリプキの議論に含意されてい

た「信念報告の意味論についての一層ドラスティックな修正」（Lewis Powell, How to Refrain from Answering Kripke's Puzzle, *Philosophical Studies*, Vol. 161, No. 2, 2012, p. 288）を提示しているという。

（35）Ibid., p. 135.

（36）David Lewis, What Puzzling Pierre Does Not Believe, *Australasian Journal of Philosophy*, Vol. 59, No. 3, 1981, p. 286.

（37）Ibid., p. 288. ここでルイスは「自分としてはこれが、クリプキがわれわれを〈言表についての〉信念を考察するべく教示することで意図していたものだと考えたい」（p. 289）という。

（38）Lewis, Attitude *De Dicto* and *De Se*, p. 138.

（39）Ibid., p. 147.

（40）Ibid., p. 152.

（41）Ibid., p. 156.

（42）Dilip Ninan, What is the Problem of *De Se* Attitudes?, in: Manuel Garcia-Carpintero and Stephan Torre (eds.), *About Onself: De Se Thought and Communication*, Oxford U. P., 2016, p. 86.

（43）Roderick Chisholm, *The First Person. An Essay on Reference and Intentionality*, Univ. of Minnesota Press, 1981, p. 1. チザムは自分の、『一人称』に「先立つ定義」は一九七九年の論文（The Indirect Reflexive, in: Cora Diamond and Jenny Teichman (eds.), *Intention and Intentionality*, The Harvester Press, 1979）にあるというが（p. 40）、これはルイスの論文とおなじ年である。

（44）Ibid., p. 37.

（45）これらの「性質P」をチザムは、「それをもつ主体に対してみずからを提示する（*present themselves*）といわれるようなある性質」であるとして、これを「自己提示的（self-presenting）」（p. 79）と呼ぶが、これは「直知」に近いものと考えてよいだろう。

（46）ピーター・マーキィは、チザムのこの主張では、われわれは「自分自身について現に意識していなければ」、つまり自己自身についての反省的意識がなければ〈言表についての〉態度をとることはできず、〈言表についての〉態度は「つねに自己意識（self-awareness）をふくむ」ということになるが、じっさいにはそうでなくとも

(47) われわれは〈言表についての〉態度をとることはできると批判する。デカルトが数学の証明に没頭しているとき、かれは自分についての意識を現にもたないが、数学的な事態を〈言表についての〉やりかたで「思考し信じている」(Peter J. Markie, *De Dicto* and *De se*, *Philosophical Studies*, Vol. 45, 1984, p. 234)。
(48) Kant, *Kritik der reinen Vernunft*, S. 131f.; Chisholm, op. cit., p. 85.
(49) Chisholm, op. cit., p. 86.
(50) Ibid., p. 90.
(51) Markie, op. cit., p. 233.
(52) 野矢茂樹、デヴィッド・ルイス「言表についての態度と自己についての態度」、『現代思想』第一七巻第七号、一五八ページ。
(53) François Recanati, *De Re* and *De Se*, *Analecta*, Vol. 63, No. 3, 2009, p. 263.
(54) Ibid., p. 268.
(55) ところがここまできて、奇妙なことにレカナーティも、自己との同一性関係をふくむ面識関係が潜在的なままにとどまる以上、潜在的な〈自己についての〉思念と潜在的な〈事象についての〉思念を区別する必要はなく、それゆえ「〈自己についての〉思念は〈事象についての〉思念の特殊ケースであるとする主張に異議を唱えるいかなる理由もないだろう」(p. 268) という。だがこの推論を支えているのはまたしても、自己をも事象のひとつとするあやまった考えかたである。
(56) Lewis, Attitudes *De Dicto* and *De Se*, p. 157.
(57) Herman Cappelen and Josh Dever, *The Inessential Indexical*, Oxford U. P., 2013, p. 52.
(58) Ninan, op. cit., p. 105.
(59) Andy Egan, Secondary Qualities and Self-Location, *Philosophy and Phenomenological Research*, Vol. 72, No. 1, 2006, p. 108.
(60) Ibid., p. 114.
(61) Neil Feit, Self-Ascription and Belief *De Re*, *Philosophical Studies*, Vol. 98, No. 1, 2000, p. 37.
(62) P・F・ストローソン『個体と主語』、中村秀吉訳、みすず書房、一九七八年、一一三頁。

(62) Lewis, Attitudes *De Dicto* and *De Se*, p. 147.
(63) Quine, *Word and Object*, p. 221.
(64) レカナーティは二〇一六年の論文「指標的思念」で、ある主観に「中心化された世界」を「当の主観自身と、あるがままの世界」との主観・客観関係でとらえるのではなく、「当の主観に中心化されたかぎりでの、あるがままの世界 (the world as it is, centred on the subject)」ととらえるべきだとして、そのように「主観がそうであると受けとるその世界 (the world as the subject takes it to be)」とはまさに「(ある時点での) 彼女の信念世界」(François Recanati, Indexical Thought: the Communication Problem, in: García-Calpintero and Torre (eds.), *About Oneself: De Se Thought and Communication*, p. 174) だという。レカナーティのこの主張にわれわれは、ソロモンの、世界についてのマイノング主義的理解とはことなって、中心化された世界を「世界とそこに住む住人との対」として定義するルイス的な「現象学」を見てとることはできるだろう。
(65) Heidegger, op. cit., S. 143.
(66) M. Merleau-Ponty, *Phénoménologie de la perception*, Gallimard, 1945, p. 254.
(67) Ibid., p. 485.
(68) Ibid., p. 395. これは後期フッサールのいう「根源的ドクサ (Urdoxa)」である。
(69) Ibid., p. 412.

第三章

(1) Deonna and Teroni, op. cit., p. 76.
(2) Quine, *Word and Object*, p. 213.
(3) すでに見たように (本書第一章、注53)、シューメイカーは「知覚的信念」を「推論によらない〈基礎的〉信念」とする。ロアも、主観がもつ信念の一人称的心理状態を「知覚的思念 (perceptual thought)」(Loar, op. cit., p. 108) と呼んでいる。一方レカナーティは、知覚のような提示のモードによって一定の「記述的思念」が主体に与えられる事態を、ときに「判断」(Recanati, *De Re* and *De se*, p. 258) と呼ぶことがある。
(4) Peacocke, op. cit., p. 255.

（5）Wittgenstein, *Philosophische Untersuchungen*, 245, S. 357.
（6）Recanati, *De Re* and *De se*, p. 268.
（7）Kraut, Objects of Affection, p. 46.
（8）Nishi Shah and J. David Velleman, Doxastic Deliberation, *The Philosophical Review*, Vol. 114, No. 4, 2005, p. 503.
（9）Lewis, Attitudes *De Dicto* and *De Se*, p. 145.
（10）Heidegger, op. cit., S. 335.
（11）Ibid., S. 342.
（12）ハイデガーにあっては、われわれがこうした日常的な配慮や顧慮に忙殺されているかぎりで、それはほんらい気がかりとされるべき「自己」の忘却であり、「自己存在の本来性」からの逃避と頽落としての「非本来性」である。それゆえゴリラに対する差しせまった「恐れ」のような、われわれがそのつどあれやこれやの対象に対する「配慮」に没入して日常的に感じている気分や感情はおしなべて、ほんらいの根本情態性である不安という気分を隠すような「非本来的な情態性」（S. 341）だということになる。しかしいまわれわれは、実存的不安や、世界内存在の「無」や「本来性」にかかわるハイデガーの実存哲学にこれ以上立ち入る必要はない。
（13）Heidegger, op. cit., S. 137.
（14）Solomon, *The Passions*, p. 196.
（15）D'Arms and Jacobson, The Significance of Recalcitrant Emotion（or, Anti-Quasijudgmentalism）, p. 136.
（16）Deonna and Teroni, op. cit., p. 76.
（17）Heidegger, op. cit., S. 134.
（18）Solomon, *The Passions*, p. 72.
（19）Döring, op. cit., p. 372.
（20）Peter Goldie, *The Emotions*, Clarendon Press, 2000, p. 24.
（21）Mark Johnston, The Authority of Affect, *Philosophy and Phenomenological Research*, Vol. LXIII, No. 1, 2001, p. 188.

（22）Solomon, *The Passions*, p. 156.
（23）拙著『フィクションの美学』、勁草書房、一九九三年、第八章参照。
（24）Heidegger, op. cit., S. 138. ハイデッガーはその例として、アリストテレス「弁論術」第二巻とストア派をあげているが、それらは「情動や感情」を、「表象と意欲」とならぶ「心的諸現象」の「第三のクラス」（S. 139）としてきたにすぎないと批判している。現象学、とくにシェーラーについても、かれはなおその「実存論的－存在論的基礎」（S. 139）をあきらかにはしなかったという。
（25）これについては本章、注12参照。
（26）Solomon, *The Passions*, p. 71.
（27）Wittgenstein, *Zettel*, 489, S. 388.
（28）Gilbert Ryle, *The Concept of Mind*, The Univ. of Chicago Press, 2002, p. 85.（『心の概念』、坂本百大他訳、みすず書房、一九八七年）
（29）Wittgenstein, *Zettel*, 491, S. 389.
（30）Ibid., 486, S. 387.
（31）Kevin Mulligan, Emotions and Values, in: *The Oxford Handbook of Philosophy of Emotion*, ed. by Peter Goldie, Oxford U. P., 2010, p. 476. 一方でマリガンは、感情はその基盤となる知覚、予期、記憶、信念、判断、あるいはこれに類した他の行動や状態を彩る「情動的彩り（an affective colouring）」（p. 476）だというが、これはわれわれの観点からすればまちがいである。注37参照。
（32）Ryle, op. cit., p. 93.
（33）つぎに示すように、ライルは別の箇所（p. 107）では「スリル」を「ショック」とおなじ感覚としている。
（34）Ibid., p. 100.
（35）Ibid., p. 83. 気分を文字通りに外界の気象状態との直接的な関係でとらえる特異な立場として、ヘルマン・シュミッツや、その影響の下にあるゲルノート・ベーメの「気候、気象、雰囲気」としての感情という考え方がある。シュミッツにとって感情とは、たとえば曇天や暗闇のような外界の気象状態に身体が共鳴する結果生じる「感知しうる身体の状態感（spürbares leibliches Befinden）」としての『身体を包み込む雰囲気』（『身体と感情の現象学』、小川侃編、産業図書、一九八八年、一〇〇ページ）である。シュミッツは、外界の気象状態と内的な雰囲気としての感情を主観・客観関係でとらえることには批判的だが、しかしハイデッガーの気分の分析を身体とそれを包む外界の気象や雰囲気にまで拡張するシュミッツのこうした「現象学的」記述は、はたして比喩以上の意味をもつのかどうか疑わしい。

（36）de Sousa, op. cit., p. 128. ド・スーザはライルのように、動揺と感覚を区別しない。

（37）Richard Wollheim, *On the Emotions*, Yale U. P., 1999, p. 9. ウォルハイムはまた、信念は自分が住んでいる「世界の像（*a picture*）」を提供し、欲求は「対象を、あるいはめざすべき事物」を提供するのに対して、感情は「世界に対する自分の位置づけ（*an orientation*）、あるいは態度」を提供するといい、それゆえ「もしも信念は世界の地図を描き、欲求は世界をターゲットとして照準するとすれば、感情は世界を色づけ、彩色する」（p. 15）という。だがハイデッガーのいう「情態性」とは、それ自体が世界にある自己の存在情況の原初的了解であって、世界についての判断ないし信念を「色づけ」するようなものではない。こうした考えをゴルディやデオンナ＋テローニは、感情の「付加（add-on）理論」として批判している（Cf. Goldie, *The Emotions*, p. 40; Deonna and Teroni, *The Emotions*, p. 56）。

（38）Goldie, *The Emotions*, p. 11.

（39）D'Arms and Jacobson, The Significance of Recalcitrant Emotion (or, Anti-quasijudgmentalism), p. 139.

（40）Ibid., p. 137.

（41）アリストテレス「ニコマコス倫理学」1153a14、二四一〜二四二ページ。

（42）J. Gosling, More Aristotelian Pleasures, *Proceedings of the Aristotelian Society*, New Series, Vol. LXXIV, 1973/74., p. 34.

（43）Jeremy Bentham, *An Introduction to the Principles of Morals and Legislation*, ed. by J. H. Burns and H. L. A. Hart, Clarendon Press, 1996, p. 39.

（44）G. E. Moore, *Principia Ethica*（1903）, ed. by Thomas Baldwin, Cambridge U. P., 1994, p. 64.

（45）Prinz, *Gut Reactions*, p. 155.

（46）Timothy Schroeder, An Unexpected Pleasure, *Canadian Journal of Philosophy*, Supplementary Volume 32,

2006, p. 265.

(47) Wittgenstein, *Zettel*, 484, S. 387.

(48) Henry Sidgwick, *The Methods of Ethics* (1874), seventh edition, Hackett Publishing Company, 1981, p. 127.

(49) William P. Alston, Pleasure, in: *The Encyclopedia of Philosophy*, Paul Edwards, editor in chief, vol. 6, The Macmillan Company & The Free Press, 1967, p. 346.

(50) Ryle, op. cit., p. 108.

(51) Fred Feldman, On the Intrinsic Value of Pleasure, *Ethics: an International Journal of Social, Political, and Legal Philosophy*, Vol. 107, No. 3, 1997, p. 451.

(52) Fred Feldman, *Pleasure and the Good Life*, Clarendon Press, 2004, p. 56.

(53) Ibid., p. 57. 一方でフェルドマンは、「感官的快は人間にとって主たる善であるという考えを擁護することになんの関心ももたない」(p.57) ともいう。

(54) Alston, Pleasure, p. 346.

(55) Feldman, *Pleasure and the Good Life*, p. 27.

(56) Ibid., p. 32.

(57) John Stuart Mill, *Utilitarianism*, 2nd ed., Longman, Gree, Longman, Roberts, and Green, 1864, p. 11.

(58) Moore, op. cit., p. 269. ムーア自身は、自分は反快楽主義者だと考えていたが、かれが友人や美しいものに対する愛を「内在的善」とするとき、かれのいう「愛」は「内在的な態度的快」といいかえることができるとして、フェルドマンはムーアの立場は唯一快楽を善とするのではないにしても、多元論的価値論における「快楽主義の一形式」(Feldman, *Pleasure and the Good Life*, p. 149) だという。なお「同情」は、対象となっているひとがこうむる「悪いことないし醜いことについての認識」というそれ自体好ましくないものをふくむので、ムーアはこれを「混合された徳 (these mixed virtues)」と呼び、悲劇の鑑賞もこうした徳にもとづいているというが、ここにあるのも悲劇の快における「混合感情」や、バークが崇高にかんしていう、苦痛とのかかわりで生じる消極的な快としての「喜悦 (delight)」(拙著『フィクションの美学』、九五ページ参照) につながる考えかたである。

(59) Feldman, *Pleasure and the Good Life*, p. 118.
(60) Ibid., p. 205.
(61) Ibid., p. 159.「悪趣味」については本書第七章第三節「美的義務論」を参照。
(62) Ingvar Johannson, Species and Dimensions of Pleasure, *Metaphysica*, vol. 2, 2001, p. 57.

第四章

(1) Roderick Chisholm, Lewis' Ethics of Belief, in: P. A. Shilpp (ed.), *The Philosophy of C. I. Lewis*, Open Court Pub. Co., 1968, p. 224.
(2) William P. Alston, The Deontological Conception of Epistemic Justification, in: James E. Tomberlin (ed.), *Philosophical Perspectives, 2, Epistemology*, Ridgeview Publishing Company, 1988, p. 259.
(3) Shah and Velleman, op. cit., p. 501.
(4) Ibid., p. 500.
(5) Ibid., p. 515.
(6) Richard Feldman, The Ethics of Belief, *Philosophy and Phenomenological Research*, Vol. LX, No. 3, 2000, p. 675.
(7) Matthew Chrisman, Ought to Believe, *The Journal of Philosophy*, Vol. CV, No. 7, 2008, p. 356.
(8) Alston, The Deontological Conception of Epistemic Justification, p. 280.
(9) Wilfrid Sellars, Language as Thought and as Communication, *Philosophy and Phenomenological Research*, Vol. XXIX, 1969, p. 508.
(10) Chrisman, op. cit., p. 360.
(11) Alston, The Deontological Conception of Epistemic Justification, p. 290.
(12) Ibid., p. 287.
(13) Ibid., p. 265.
(14) Chrisman, op. cit., p. 366f.

(15) タイラー・バージ「個体主義と心的なもの」、信原幸弘編『シリーズ　心の哲学Ⅲ　翻訳篇』、勁草書房、二〇〇四年。これについては、拙稿「〈美学＝感性学〉における快と感情」、『美学芸術学研究　30』、東京大学美学芸術学研究室、二〇一一年、を参照。

(16) クリスマンのいう「一個人内部の」行為のルールとは、「あなたはあなたがもっている科学の本を読み、両親や教師のいうことを聞くべきだ」というように、第三者からする「あなた」にむけての当為であって、「あなた」自身の内部での一人称的信念所有と三人称的批評のルールとのあいだの「相互人格的な」葛藤と緊張ではない。のちに見るように（本章、注38）、この相互人格的な「社会的相互作用」を「単一の心と人格」（Davidson, *Problems of Rationality*, p. 181）に適用して、一個人内部の葛藤としてとらえようとするのが、デヴィッドソンの「心の分割」のアイディアである。

(17) Davidson, *Essays on Actions and Events*, p. 22.（『行為と出来事』、服部裕幸・柴田正良訳、勁草書房、一九九〇年）

(18) Ibid., p. 26. たとえば第二章で論じたデーリングや、第六章で論じるネーゲルの「内在主義」がこれにあたるだろう。

(19) アリストテレス「ニコマコス倫理学」1147b3、二一八ページ。

(20) Davidson, *Essays on Actions and Events*, p. 32.

(21) J. L. Austin, A Plea for Excuses, in: *Philosophical Papers*, ed. by J. O. Urmson and G. J. Warnock, Clarendon Press, 1961, p. 146.

(22) Christine Tappolet, Emotions and the Intelligibility of Akratic Action, in: Sarah Stroud and Christine Tappolet (eds.), *Weakness of Will and Practical Irrationality*, Oxford U. P., 2003, p. 115.

(23) 浅野光紀『非合理性の哲学』、新曜社、二〇一二年、二五四ページ。

(24) 同上、一八四ページ。

(25) 同上、一九六ページ。

(26) Alfred R. Mele, *Irrationality*, Oxford U. P., 1987. p. 92.

(27) 浅野、前掲書、二七一～二七二ページ。

(28) Richard Holton, Intention and Weakness of Will, *The Journal of Philosophy*, Vol. XCVI, No. 5, 1999, p. 243. 二〇一二年のジョシュア・メイとの共著論文ではホルトンは、一九九九年の論文では拙速にも「意志の弱さはアクラシアではない」と主張してしまったが、それは経験的な反証に晒されたと自己批判した上で、「意志の弱さという通常の観念」はアクラシアをもふくんで、「その適用がさまざまな要因によって影響される、ある種のプロトタイプ的、あるいはクラスター的概念のようなものである」(Joshua May and Richard Holton, What in the World is Weakness of Will?, *Philosophical Studies*, Vol. 157, No. 3, 2012, p. 341) という。

(29) Holton. op. cit., p. 254.

(30) Alfred R. Mele, Two Paradoxes of Self-Deception, in: Jean-Pierre Dupuy (ed.), *Self-deception and Paradoxes of Rationality*, CSLI Publications, 1998, p. 39.

(31) 浅野、前掲書、一二一ページ。デヴィッドソンは自己欺瞞といわれるケースでは、ひとがある命題が真であることが「確実と」見なすことはめったにおこらず、たいていは「その命題をどちらかといえば真でありそうだと見なす」(Davidson, *Problems of Rationality*, p. 200) のであって、それゆえにその命題が偽である証拠を重視し強調したり、それが真である証拠を軽視したりするようになるという。じつは浅野にしても、デヴィッドソンのいう「信じているが確信していない」信念状態はふつう「疑念」や「恐れ」といわれるもので、そのとき自己欺瞞の主体は「疑念がもたらし始めた不安を払拭しようとして…証拠の操作に従事している」(八六ページ) と考えても不都合はないと認めている。だがそうだとすれば、これは浅野のいう自己欺瞞とはことなる事態といわざるをえない。またマーク・ジョンストンは、「いま」自分に働きかけて「のちに」自分が欺かれるようにするという意図的な計画を自己欺瞞だとする「時間差 (time-lag) 理論」(Mark Johnston, Self-deception and the Nature of Mind, in: Brian P. McLaughlin and Amélie O. Rorty (eds.), *Perspectives on Self-Deception*, Univ. of California Press, 1988, p. 78) を批判している。

(32) 金杉武司「自己欺瞞のパラドクスと自己概念の多面性」、『科学哲学』、45－2号、二〇一二年、五三ページ。

(33) こうした美化をブライアン・マクローリンは「自己－誘導的欺瞞 (self-induced deception)」(Brian P. McLaughlin, Exploring the Possibility of Self-Deception in Belief, in: McLaughlin and Rorty (eds.), *Perspectives on Self-Deception*, p. 30) と呼ぶが、これはバッハによれば、自分の記憶を自分につごうよく書き換

えるという意味での「記憶－転用戦略」(Kent Bach, (Apparent) Paradoxes of Self-Deception and Decision, in: Dupuy (ed.), *Self-Deception and Paradoxes of Rationality*, p. 165) であって、本来いわれている自己欺瞞とは異なる。

(34) Bach, (Apparent) Paradoxes of Self-Deception and Decision, p. 167.

(35) 柏端達也『自己欺瞞と自己犠牲』、勁草書房、二〇〇七年、三九ページ。

(36) Davidson, *Problems of Rationality*, p. 230.

(37) Davidson, *Essays on Actions and Events*, p. 40. デヴィッドソンは、心にとって外的で御しがたい「情念や衝動」のような「盲目的な力は、不合理なもの (the irrational) ではなく非合理なもの (the non-rational) のカテゴリーに属する」(*Problems of Rationality*, p. 180) ので、それはここにいう不合理な判断の理由にはならないという。

(38) Davidson, *Problems of Rationality*, p. 181.

(39) Ibid., p. 218.

(40) Ibid., p. 195. ここにいう「全体証拠の原理」とは、「ヘンペルとカルナップが帰納的推論のための全体証拠の要請と呼んだもの」で、それは「行為者に、自分の手持ちの証拠の全体が支持する仮説を受けいれるべく勧告する」(p. 190) ものである。

(41) Ibid., p. 220.

(42) Bach, (Apparent) Paradoxes of Self-Deception and Decision, p. 165.

(43) 金杉武司「行為の反因果説の可能性——意志の弱さの問題と行為の合理的説明」、『哲学』、第六三号、二〇一二年、二一二ページ。

(44) 同上、二一四ページ。

(45) 柏端、前掲書、一二一ページ。

(46) 同上、一七五ページ。

(47) 同上、五五〜五六ページ。

(48) Thomas Nagel, *The Possibility of Altruism*, Princeton U. P., 1970, p. 99.　のちに第六章で見るように、ネーゲ

ルの〈われわれ〉は端的に非人称の〈われわれ＝人類〉であって、自分が帰属する家族や仲間や国といった共同体と人類のあいだに区別はなく、この点が問題である。

(49) 柏端、二〇五ページ。

(50) Thomas Nagel, *The View from Nowhere*, Oxford U. P., 1986, p. 3.（『どこでもないところからの眺め』、中村昇他訳、春秋社、二〇〇九年）

(51) Ibid., p. 132.

(52) Davidson, *Problems of Rationality*, p. 186.

(53) Nagel, The *View from Nowhere*, p. 216.

(54) Chrisman, op. cit., p. 365.

(55) Ibid., p. 363. セラーズは「ひとは遺族に対して同情を感じる（feel sympathy）べきである」という例をあげている（Sellers, Language as Thought and as Communication, p. 509）。

(56) Alison McIntyre, Is Akratic Action Always Irrational ?, in: Owen Flanagan and Amélie Rorty (eds.), *Identity, Charakter, and Morality*, MIT Press, 1990, p. 399.

(57) Tappolet, op. cit., p. 115.

(58) Döring, op. cit., p. 390.

(59) Ibid., p. 390.　読者のハックへの共感は、のちに第七章で見るように、ハックの行為の三人称的判断の合理性への「同意」ではなく、ハックの一人称的な経験・感情への「共感」であり、ここにあるのは作者がフィクションを構成する際に駆使する「共感のストラテジー」の問題である。

(60) Alfred R. Mele, Akratic Feelings, *Philosophy and Phenomenological Research*, Vol. 50, No. 2, 1989, p. 283f.

(61) Cf. D'Arms and Jacobson, The Moralistic Fallacy, p. 73; Greenspan, op. cit., p. 118ff.

(62) メルロ＝ポンティ「幼児の対人関係」、『眼と精神』所収。

(63) Mele, Akratic Feelings, p. 282.

(64) Ibid., p. 282. これは第七章で見るように、伝統的な「悲劇の快」のパラドクスにおいて見られる、フィクションの経験についてのあやまった記述である。

(65) Greenspan, op. cit., p. 111. グリーンスパンは、ここにいう「混合感情」はかならずしも「喜びの興奮と悲しみの苦悶を同時に経験する」ことを意味せず、またそのふたつの感情が「ブレンドされてある種の中間的な情調になる」ことをも意味せず、むしろそのつどいずれか一方の感情が「そのときどきの意識のなかで優勢となる」(p. 111) という。しかしこの主張も、ランゲの、現実性と仮象のあいだの「間断なくゆきつもどりつする振り子運動」（拙著『遊びの現象学』、勁草書房、一九八九年、一九五ページ）や、フォルケルトやオーデブレヒトらの「快と不快の「交替」と「振動」」（拙著『フィクションの美学』、九八ページ）といった、「悲劇の快」における混合感情にかんする伝統的な議論に見られるのとおなじものである。

(66) 本書第二章、四七ページ参照。

(67) Dina Mendonça, Emotions and Akratic Feelings: Insights into Morality through Emotions, in: Sara Graça da Silva (ed.), *Morality and Emotion*, Routledge, 2016, p. 53.

(68) D'Arms and Jacobson, The Moralistic Fallacy, p. 73.

第五章

(1) Heidegger, op. cit., S. 124.

(2) Johann Gottfried Herder, Vom Erkennen und Empfinden der menschlichen Seele, in: *Sämtliche Werke*, hrsg. v. Bernhard Suphan, Bd. VIII, Georg Olms Verlagsbuchhandlung, 1967, S. 200.

(3) Robert Vischer, *Über das optische Formgefühl*, Leipzig, 1873.

(4) Edward Titchener, *Experimental Psychology of the Thought-Processes*, MacMillan, 1909.

(5) 「感情移入」という概念の歴史的展開については、Amy Coplan and Peter Goldie, Introduction, in: Amy Coplan and Peter Goldie (eds.), *Empathy: Philosophical and Psychological Perspectives*, Oxford U. P., 2014を参照のこと。

(6) Cf. Amy Coplan, Understanding Empathy: Its Features and Effects, in: Coplan and Goldie (eds.), *Empathy*, p. 3.

(7) Thiemo Breyer, Empathie und ihre Grenzen: Diskursive Vielheit—phänomenale Einheit?, in: Thiemo

Breyer (hrsg.), *Grenzen der Empathie*, Wilhelm Fink, 2013, S. 15.

（8） Hans Bernhard Schmid, Mitleid ohne Einfühlung. Überlegungen zu Achilles' Gefühlsentwicklung, in: Breyer (hrsg.), *Grenzen der Empathie*, S. 459.

（9） Coplan, op. cit., p. 12.

（10） Stephen Darwall, Empathy, Sympathy, Care, *Philosophical Studies*, 89, 1998, p. 264.

（11） Elaine Hatfield, John Cacioppo, Richard Rapson, Primitive Emotional Contagion, in: M. Clark (ed.), *Review of Personality and Social Psychology: Emotion and Social Behavior*, Sage Publication, 1992, p. 153f.

（12） Alvin I. Goldman, Two Routes to Empathy: Insights from Cognitive Neuroscience, in: Coplan and Goldie (eds.), *Empathy*, p. 33. カールステン・ステューバーは「低次の感情移入」を「基礎的感情移入（basic empathy）」とし「高次の感情移入」を「再演的感情移入（re-enactive empathy）」（Karsten Stueber, *Rediscovering Empathy: Agency, Folk Psychology, and the Human Sciences*, MIT Press, 2006）とする。シェーラーは前者を「感情的感染（Gefühlsansteckung）」（Max Scheler, *Wesen und Formen der Sympathie* (1923), Aischnes Verlag GmbH, 2015, S. 12）としている。グンター・ゲバウアーが「感情移入（Empathie）」や「感情的類似化（emotionale Anähnlichung）」は「同一化でも類推でも」ないといいつつも、これを「仮想的な痛みの感情（virtuelle Schmerzemotionen）」「痛みの感覚への共鳴」（Gunter Gebauer, Empathie und Metaphern Problem der Sprache über Emotion, *JTLA* (Journal of the Faculty of Letters, The Univ. of Tokyo, Aesthetics), Vol. 36, 2011, p. 6）、「負傷による痛みに対する身体的な感情移入」（p. 11）というとき、この「感情移入」は「感染」に近いものである。

（13） Goldman, Two Routes to Empathy: Insights from Cognitive Neuroscience, p. 35.

（14） Coplan, op. cit., p. 8.

（15） Goldman, Two Routes to Empathy: Insights from Cognitive Neuroscience, p. 37.

（16） Alvin I. Goldman, *Simulating Minds: The Philosophy, Psychology, abd Neuroscience of Mindreading*, Oxford U. P., 2006, p.47.

（17） Coplan, op. cit., p. 9.

(18) Ibid., p. 10. のちに第七章で見るように、これは伝統的な美学でいう「仮象論」の定式であり、解きがたいアポリアの原因である。
(19) Susan L. Feagin, Empathizing as Simulating, in: Coplan and Goldie (eds.), *Empathy*, p. 154.
(20) Peter Goldie, Anti-Empathy, in: Coplan and Goldie (eds.), *Empathy*, p. 302.
(21) Scheler, op. cit., S. 16ff.
(22) Goldie, *The Emotions*, p. 195.
(23) Ibid., p. 196. ここで「経験していると想像する (imagine experiencing)」という表現についてゴルディは、これをケンダル・ウォルトン (Kendall Walton, Spelunking, Simulation and Slime: On Being Moved by Fiction, in: Mette Hjort and Sue Laver (eds.), *Emotion and the Arts*, Oxford U. P., 1997) に帰している。
(24) Richard Wollheim, *The Thread of Life*, Harvard U. P., 1984, p. 78.
(25) 拙著『イメージの修辞学』、三元社、二〇〇九年、第五章参照。
(26) Goldie, *The Emotions*, p. 198.
(27) Ibid., p. 179.
(28) Goldie, Anti-Empathy, p. 306.
(29) Coplan, op. cit., p. 14.
(30) Dan Zahavi, Simulation, Projection and Empathy, *Consciousness and Cognition*, 17, 2008, p. 516.
(31) Scheler, op. cit., S. 5.
(32) Ibid., S. 10.
(33) Zahavi, op. cit., p. 514.
(34) Laurence Blum, Empathy and Empirical Psychology: A Critique of Shaun Nocols's Neo-Sentimentalism, in: Carla Bagnoli (ed.), *Morality & the Emotions*, Oxford U. P., 2011, p. 173. もっともブラム自身は、シミュレーション主義者のいう「代理の (vicarious) 悲しみ」とはなんなのか、それは当の他者の悲しみと「おなじないし同型の」悲しみなのかについて、どう考えたらよいのか確信はないという。またシミュレーション主義者の、それは質的にはおなじ感情感覚だが「強度においてより弱い形式」だという説明に対しても、ブラムは「そうかもしれない」(p. 174) という。

(35) Melreau-Ponty, op. cit., p. 409.

(36) Goldie, *The Emotions*, p. 13.

(37) Richard Moran, The Expression of Feeling in Imagination, *The Philosophical Review*, Vol. 103, No. 1, 1994, p. 106.

(38) Edmund Burke, *A Philosophical Enquiry into the Origin of Our Ideas of the Sublime and Beautiful* (1757), ed. by James T. Boulton, Basil Blackwell, 1958, p. 167. 拙著『イメージの修辞学』、一三ページ参照。

(39) Wittgenstein, *Philosophische Untersuchungen*, 396, S. 404.

(40) Ryle, op. cit., p. 270.

(41) Moran, op. cit., p. 87.

(42) Kendall Walton, Fearing Fictions, *The Journal of Philosophy*, Vol. LXXV, No. 1, 1978, p. 10. (「フィクションを怖がる」、森功次訳、西村清和編・監訳『分析美学基本論文集』、勁草書房、二〇一五年、所収)

(43) Moran, op. cit., p. 89.

(44) Goldie, *The Emotions*, p. 181.

(45) Moran, op. cit., p. 91.

(46) David Hume, *A Treatise of Human Nature* (1739-40), ed. by David Fate Norton and Mary J. Norton, Oxford U. P., 2000, p. 266. 注目すべきことにヒュームは情念について、それは他のなにものからも由来するのではない、それ自体で「根源的な存在 (an original existence) である、あるいはお望みならば、存在の様態 (modification of existence) といってよい」(p. 266) という。

(47) Ibid., p. 206., ここで「印象」とは「きわめて勢いよく激しく (with most force and violence) [心に] はいってくる知覚」であり、「観念」とは「思考や推論における、これら印象の淡いイメージ (the faint images)」(p. 7) をいう。「われわれの印象と観念のあいだには、活力と活気の程度のちがいをのぞいて、他のすべての点で大きな類似性」がある。

(48) Adam Smith, *The Theory of Mind of Moral Sentiments* (1759), Dover Publications, Inc., 2006, p. 3.

(49) Coplan and Goldie, op. cit., p. XI.
(50) Michael Slote, *A Sentimentalist Theory of the Mind*, Oxford U. P., 2014, p. xi.
(51) Ibid., p. 17.
(52) Ibid., p. 72.
(53) Ibid., p. 109.
(54) Darwall, op. cit., p. 270.
(55) Joseph Duke Filonowicz, *Fellow-Feeling and the Moral Life*, Cambridge U. P., 2008, p. 5.
(56) Goldie, *The Emotions*, p. 213.
(57) Ibid., p. 180.
(58) Stueber, op. cit., p. 12.
(59) Jesse J. Prinz, Is Empathy Necessary for Morality?, in: Coplan and Goldie (eds.), *Empathy*, p. 213.
(60) Ibid., p. 219. Cf. B・アンダーウッド+B・ムーアの心理学実験によれば、他者の「遠近法を自分のものとすること（perspective-taking）と利他主義」のあいだには信頼すべき関係が認められる一方で、感情移入はそうした「利他主義との信頼すべき結びつき」は認められない（B. Underwood and B. Moore, Perspective-taking and Altruism, *Psychological Bulletin*, Vol. 91, No. 1, 1982, p. 169）。
(61) Goldie, *The Emotions*, p. 217.
(62) Ibid., p. 181.
(63) Prinz, Is Empathy Necessary for Morality?, p. 267.
(64) Adam Smith, op. cit., p. 35.
(65) Prinz, Is Empathy Necessary for Morality?, p. 229.
(66) Goldie, *The Emotions*, p. 217.
(67) Hume, *A Treatise of Human Nature*, p. 369.
(68) ヒュームは「道徳的質に対する賞賛は理性からではなく道徳的嗜好（趣味、moral taste）や、快とおぞましさについての特定の心情に由来する」（Ibid., p. 371）という。

(69) Ibid., p. 374.
(70) Ibid., p. 280.

第六章

(1) Thomas Nagel, *The Possibility of Altruism*, p. 80.
(2) I. Kant, *Kritik der paktischen Vernunft* (1788), in: *Kant's gesammelte Schriften*, hrsg. v. Königlich Preußischen Akademie der Wissenschaften Bd. V, Berlin, 1913, S. 118.
(3) Nagel, *The Possibility of Altruism*, p. 80. ここで「転嫁された自己利害 (redirected self-interest)」とは、いわゆる「個人的苦悩」のことである。
(4) Ibid., p. 71.
(5) Ibid., p. 58.
(6) Ibid., p. 84. ただしこれは特定の他者の「身になる想像」であって、一般にわたしがある情況にあればどうなすべきかについての「仮説的な形式」とはことなる。ネーゲルによれば後者は、だれであれある人物に対するわたしの「主観的原理の適用」にすぎず、それゆえ「個人的な格率 (the personal maxim)」(p. 118) にすぎない。これはゴルディのいう「自己に中心的な想像」にあたる。
(7) Ibid., p. 97. これは柏端のいう自己利害のための「自己犠牲」に当たるものといえるかもしれない。ネーゲルはまた、これと似たものとして「より一般的な独我論」をあげている。これは人称的立場からする実践的判断をすべて放棄することで「すべてがどうでもよいものに見えるような俯瞰的な見かた (an overview)」を手に入れるが、その結果なにごとにも「関与しない (disengagement)」(p. 119) 一種のニヒリズムが帰結するという。
(8) Ibid., p. 100.
(9) Ibid., p. 101.
(10) Ibid., p. 123.
(11) Ibid., p. 133.
(12) Ibid., p. 130.

（13） Ibid., p. 139. ロールズは、この「無知のヴェールの定式化は、定言命法に関するカントの学説に伏在している」（『正義論』、川本隆史・福間聡・神島祐子訳、紀伊國屋書店、二〇一〇年、一八五ページ）という。
（14） Ibid., p. 141.
（15） Prinz, Is Empathy Necessary for Morality?, p. 219.
（16） Döring, op. cit., p. 374.
（17） ネーゲルにしても、これからなされるべき行為にかんする「規範的な理由」にかかわる倫理学と、「なされた行為（actions done）」の理由にかかわる動機理論をひとつにするのは「説明のための探査と規範的な探査との不当な混同」（p. 14f.）と見えるかもしれないと断った上で、それでも「行為が理由によって説明されるとき、それは規範的原理の制御のもとにおかれている」と主張するのである。
（18） Deonna and Teroni, *The Emotions*, p. 84.
（19） Nagel, *The Possibility of Altruism*, p. 10.
（20） Hume, *A Treatise of Human Nature*, p. 266.
（21） Nagel, *The Possibility of Altruism*, p. 124.
（22） I. Kant, *Die Metaphysik der Sitten*（1797）, in: *Kant's gesammelte Schriften*, Bd. VI, 1914, S. 457.
（23） Chrisman, op. cit., p. 366.
（24） I. Kant, *Grundlegung zur Metaphysik der Sitten*（1785）, in: *Kant's gesammelte Schriften*, Bd. IV, 1911, S. 429.
（25） I. Kant, *Kritik der praktischen Vernunft*, S. 123.
（26） Chrisman, op. cit., p. 360.
（27） Heidegger, op. cit., S. 142.
（28） Nagel, *The Possibility of Altruism*, p. 106.
（29） Goldie, *The Emotions*, p. 215.
（30） Kant, *Kritik der praktischen Vernunft*, S. 82.
（31） Ibid., S. 158.
（32） Goldie, *The Emotions*, p. 215.

（33）　Nagel, *The Possibility of Altruism*, p. 80.

第七章

（1）　Jesse Prinz, Emotion and Aesthetic Value, in: Elizabeth Schellekens and Peter Goldie（eds.）, *The Aesthetic Mind*, Oxford U. P., 2011, p. 71.

（2）　Ibid., p. 80.

（3）　I. Kant, *Kritik der Urteilskraft*（1790）, in: *Kant's gesammelte Schriften*, Bd. V, S. 338.「趣味のアンチノミー」については、拙著『現代アートの哲学』、産業図書、一九九五年、第八章参照。

（4）　David Hume, Of the Standard of Taste（1757）, in: *The Philosophical Works*, Vol. 3, Essays Moral, Political, and Literary, ed. by Th. H. Green and Th. H. Grose, Darmstadt, 1964, p. 270.

（5）　Prinz, Emotion and Aesthetic Value, p. 80.

（6）　Hume, Of the standard of Taste, p. 276.

（7）　Prinz, Emotion and Aesthetic Value, p. 79.

（8）　Jerrold Levinson, *The Pleasures of Aesthetics*, Cornell U. P., 1996, p. 12.

（9）　Ibid., p. 18.

（10）　Warren Shibles, *Emotion: The Method of Philosophical Therapy*, The Language Press, 1974, p. 142. Cf. Ryle, op. cit. p. 101.

（11）　P. F. Strawson, Aesthetic Appraisal and Works of Art, in: *Freedom and Resentment and Other Essays*, Methuen & Co. Ltd., 1974, p. 180.

（12）　W. K. Wimsatt and M. Beardsley, Intentional Fallacy, *Sewanee Review*, Vol. LIV, 1946.

（13）　T. S. Eliot, *Selected Essays*（1932）, Faber and Faber Limited, 1976, p. 145.

（14）　Prinz, Emotion and Aesthetic Value, p. 75.

（15）　Frank Sibley, Aesthetic Concepts, *The Philosophical Review*, Vol. 68, No. 4, 1959, p. 424. これについては拙著『プラスチックの木でなにが悪いのか』、五〇〜五三ページを参照。

（16）Strawson, op. cit., p. 188.
（17）Nelson Goodman, *Ways of Worldmaking*, Hackett Publishing Company, 1978, p. 28.
（18）Nelson Goodman, *Languages of Art*, Hackett Publishing Company, 1976, p. 47
（19）Ryle, op. cit., p. 101.
（20）W. K. Wimsatt and M. Beardsley, Affective Fallacy, *Sewanee Review*, Vol. LVII, 1949.
（21）Fabian Dorsch, Sentimentalism and Intersubjectivity of Aesthetic Evaluations, *Dialectica*, 2007, p. 445. 美的判断や批評における「理由」については、ポール・ジフ「芸術批評における理由」（櫻井一成訳、西村清和編・監訳『分析美学基本論文集』、勁草書房、二〇一五年）を参照。
（22）拙著『プラスチックの木でなにが悪いのか』で、わたしはこれを「美的フレーミング」（五〇ページ以下）と呼んでおいた。
（23）Davidson, *Problems of Rationality*, p. 204.
（24）Joseph Margolis, Evaluating and Appreciating Works of Art, in: *Art and Philosophy*, Atlantic Highlands, 1980. これについては拙著『現代アートの哲学』、第8章参照。
（25）Th. A. Gracyk, Having Bad Taste, *British Journal of Aesthetics*, Vol. 30, No. 2, 1990, p. 126.
（26）de Sousa, op. cit., p. 321.
（27）Ryle, op. cit. p. 107. ライルはまた、魚釣りやボートこぎ、旅行、パズル、岩登り、ジョークなどの実践においては「われわれはみずから進んでサスペンスや疲労、不安定さ、当惑、恐れ、驚きなどに自分自身を委ねる」(p. 132f.) という。デカルトも悲劇の快と同種のものとして、「狩りやテニスやなにかそういった類いの、これまたきわめて骨の折れるものであるにもかかわらず、快適であるといわざるをえないような身体運動」(Descartes, *Oeuvres et lettres*, Bibliothèque de la pléiade, nrf, 1953, p. 1211) をあげている。
（28）J-B. Dubos, *Réflexions critiques sur la poesie et sur la peinture* (1719), Septiéme éd., Paris, 1770, p. 26.「悲劇の快」については拙著『フィクションの美学』第四、五章、参照。
（29）M. Mendelssohn, Rhapsodie, oder Zusätze zu den Briefen über die Empfindungen (1771), in: *Gesammelte Schriften*, Jubiläumsausgabe, Bd. 1, Stuttgart-Bad Cannstatt, 1971, S. 394.

（30）E. von Hartmann, *Aesthetik*, in: *Ausgewählte Werke*, Zweite Ausgabe, Bd. IV, Leipzig, 1887, S. 59.

（31）Kenny, op. cit., p. 38.

（32）本書第四章、注65参照。

（33）Konrad Lange, *Die bewußte Selbsttäuschung als Kern des künstlerischen Genusses*, Leipzig, 1895, S. 22.

（34）Eugen Fink, Vergegenwärtigung und Bild. Beiträge zur Phänomenologie der Unwirklichkeit, *Jahrbuch für Philosophie und phänomenologische Forschung*, XI, 1930, S. 308. 美的仮象論については、拙著『遊びの現象学』第六章、参照。

（35）Gregory Currie, The Paradox of Caring: Fiction and the Philosophy of Mind, in: Hjort and Laver (eds.), *Emotion and the Arts*, p. 69. また「混合感情」の現代版は、たとえばマイケル・ツィマーマンに見られる。かれはたとえば、ジョーンズにとって酔っ払うことはそれ自体快だが、明日二日酔いすることを予想して不快も感じるとき、「ジョーンズの心的状態は、まずは快のふたつの状態――すなわち快と不快（displeasure）――……から合成される（composed）ものと見なされるだろう」（Michael J. Zimmerman, On the Intrinsic Value of States of Pleasure, *Philosophy and Phenomenological Research*, Vol. XLI, No. 1-2, 1980, p. 33）という。

（36）Feagin, op. cit., p. 155. これはカリーの「事実にかんする仮想的観察者の理論」に対するゴルドマンの批評だが、フィーギンとはちがってゴルドマンは、この理論はいささか「バロック」ではあるが「けっして不可能ではない」（Goldman, *Simulating Minds*, p. 287）とする。

（37）Feagin, op. cit., p. 155.

（38）Walton, Fearing Fictions, p. 5.

（39）Ibid., p. 18.

（40）Stephen Davies, Responding Emotionally to Fictions, *The Journal of Aesthetics and Art Criticism*, Vol. 67, No. 3, 2009, p. 280.

（41）Walton, Fearing Fictions, p. 26.

（42）Walton, Spelunking, Simulation, and Slime, p. 48. 一方でウォルトンは二〇一五年の論文「感情移入、想像、現象的概念」（Kendall Walton, Empathy, Imagination, and Phenomenal Concepts, in: *In Other Shoes*, Oxford

U. P., 2015) では、ゴルドマンが感情移入と心的シミュレーションを同一視するのを批判して、ひとは一般に特定の「情況にあることをシミュレートする」ことができるが、感情移入はつねに特定の人物――それが「フィクションの、あるいは想像上の、仮定上の、さらにはたんに可能な人物」(p. 2) であっても――への感情移入だという。この意味での「シミュレーション」はコプランのいう「自己指向的視点設定」、すなわち一般論としての「他者の情況にある自分を表象する」ことにあたり、感情移入は「他者指向的視点設定」にあたるだろう。

(43) Goldman, *Simulating Minds*, p. 286.

(44) Davies, op. cit., p. 279.

(45) Moran, op. cit., p. 78.

(46) Walton, Spelunking, Simulation, and Slime, p. 46.

(47) 拙著『フィクションの美学』第八章　悔恨の美学参照。

(48) Monroe C. Beardsley, *Aesthetics*, Harcourt, Brace & World, Inc., 1958, p. 88.

(49) Davies, op. cit., p. 284.

(50) Ibid., p. 280.

(51) Kendall Walton, *Mimesis as Make-Believe*, Harvard U. P., 1990, p. 277.

(52) Moran, op. cit., p. 82.

(53) Goodman, *The Languages of Art*, p. 250. Cf. Levinson, op. cit., p. 18.

(54) ロジェ・カイヨワ『遊びと人間』、清水幾太郎・霧生和夫訳、岩波書店、一九七〇年、三三ページ。

(55) アリストテレス「詩学」1453a5、『アリストテレス全集　17』、今道友信訳、岩波書店、一九七二年、四七ページ。

(56) アリストテレス「弁論術」1385b13-14、一三〇ページ。

(57) Descartes, op. cit., p. 1212.

(58) Hume, Of the Standard of Taste, p. 283.

(59) Tamar S. Gendler, The Puzzle of Imaginative Resistance, *The Journal of Philosophy*, Vol. 97, No. 2, 2000, p. 80.

(60) 拙著『プラスチックの木でなにが悪いのか』、第五章参照。
(61) Kendall Walton, *Marvelous Images*, Oxford U. P., 2008, p. 31.
(62) ウェイン・ブース『フィクションの修辞学』、米本他訳、風の薔薇、一九九一年、一七九ページ。拙著『フィクションの美学』、第三章参照。
(63) Beardsley, op. cit., p. 424.

あとがき

感情は概念的思考や論理にうまくおさめることがむずかしいために、これまで哲学が苦手にしてきたテーマである。一方で美学は伝統的に、哲学が苦手とする感情についてたとえ主題的にではなくとも、美的快や美的感情、感情表現や感情移入、美的共感など、さまざまなかたちでとりあげて論じてきた。美学を専門としてきたわたしにとっても、快や感情は学生のころからいつも気にかかる問題であったし、じっさいにもたとえば「悲劇の快」というよく知られたパラドックスについて、わたしはすでに著書『遊びの現象学』でふれ、『フィクションの美学』ではよりくわしく論じている。また快楽については『現代アートの哲学』でふれている。いまでも感情や快をめぐるわたしの考えかたの基本線は、変わっていないと思う。しかしそれでも、いまにいたるまでずっと、快と感情をめぐる問題群は、わたしにとって依然としてどこかもやもやした謎にとどまっていた。

前作の『プラスチックの木でなにが悪いのか』で、これも謎のひとつだった「美的なもの（the aesthetic）」について、わたしなりに一応の決着をつけたあと、さてつぎになにをテーマにしようかと思案していたときに、どうせあいまいでむずかしくて四苦八苦することがわかっているので、できればかかわりたくはないと思っていた「快・感情」論につい手をだしてしまったのも、この年来のもやもやした感じをはっきりさせたかったからである。こうしてその最初のスケッチを、二〇一二年三月の東京大学での最終講義において提示したが、ともあれ本書でわたしはこの長年の懸案について、現段階で描けるかぎりで、ひとつのかたちを示しえたのではないかと考えている。

これまでのわたしの本がいつもそうであるように、本書も最初から一貫したモチーフで書きつがれたものである。その一部は機会をえて、すでに論文のかたちで発表されている。ここに初出を示しておく。

「〈美学＝感性学〉における快と感情」、『美学芸術学研究　30』、東京大学美学芸術学研究室、二〇一二年（本書第二章、三章）

「美的義務論――〈美的〉と〈倫理的〉をめぐって――」、『哲学』第一三二集、慶應義塾大学・三田哲学会、二〇一四年（本書第四章、第七章）

「感情のトポグラフィー」、『國學院雜誌』、第一一五巻第六号、二〇一四年（本書第三章）

「芸術と感情」、『國學院雜誌』、第一一八巻第八号、二〇一七年（本書第七章）

出版に際しては、編集者の関戸詳子さんにいろいろとご面倒をおかけしたが、ここに記して感謝の意としたい。

二〇一七年　秋

著者

著者紹介

1948年生まれ。
東京大学文学部美学芸術学科卒業、同大学院修了。
東京大学名誉教授。

著書　『遊びの現象学』（勁草書房、サントリー学芸賞）、『フィクションの美学』（頚草書房）、『笑う人間／笑いの現在』（共著、ポーラ文化研究所）、『現代アートの哲学』（産業図書）、『視線の物語・写真の哲学』（講談社）、『電脳遊戯の少年少女たち』（講談社）、『イメージの修辞学』（三元社）、『プラスチックの木でなにが悪いのか』（勁草書房）、『日常性の環境美学』（編著、勁草書房）ほか。

訳書　ゾルガー『美学講義』（玉川大学出版部）、『シェリング著作集3　同一哲学と芸術哲学』（共編訳、燈影舎）、『分析美学基本論文集』（編・監訳、勁草書房）。

感情の哲学——分析哲学と現象学

2018年４月20日　第１版第１刷発行

著　者　西《にし》村《むら》清《きよ》和《かず》
発行者　井　村　寿　人

発行所　株式会社　勁《けい》草《そう》書　房

112-0005　東京都文京区水道2-1-1　振替　00150-2-175253
（編集）電話　03-3815-5277／FAX　03-3814-6968
（営業）電話　03-3814-6861／FAX　03-3814-6854
堀内印刷所・松岳社

ISBN978-4-326-15452-4　Printed in Japan

西村清和編・監訳

分析美学基本論文集

A5 判／ 4800 円
ISBN978-4-326-80056-8

西村清和

プラスチックの木でなにが悪いのか
環境美学入門

四六判／ 3900 円
ISBN978-4-326-65367-6

西村清和 編著

日常性の環境美学

四六判／ 3800 円
ISBN978-4-326-65370-6

西村清和

フィクションの美学

四六判／ 3500 円
ISBN978-4-326-15275-9

西村清和

遊びの現象学

四六判／ 2900 円
ISBN978-4-326-15218-6

R. ステッカー　森　功次 訳

分析美学入門

A5 判／ 5700 円
ISBN978-4-326-80053-7

勁草書房刊

＊表示価格（消費税を含まない）は 2018 年 4 月現在.